Marek Halter / Erik Laurent

Unterhändler ohne Auftrag

Die geheime Vorgeschichte des Friedensabkommens zwischen Israel und der PLO

Aus dem Französischen von
Thorsten Schmidt

S. Fischer

Die französische Originalausgabe mit dem Titel »Les fous de la paix«
erschien 1994 bei Librairie Plon/Laffont, Paris.

Satz: Wagner GmbH, Nördlingen
Druck: Clausen & Bosse, Leck
Printed in Germany 1994
ISBN 3-10-029408-4

Gedruckt auf chlor- und säurefreiem Papier

Inhalt

1 Gibt es einen Koran im Weißen Haus?

Am 13. September 1993, um 3 Uhr morgens, verläßt Bill Clinton seine Wohnräume im zweiten Stock des Weißen Hauses, um sich in den Study Room zu begeben – einen hellen Raum, der an das berühmte Oval Office angrenzt und mit zahlreichen Töpfen aus chinesischem Porzellan geschmückt ist, in denen Grünpflanzen wachsen. An einer der Seitenwände befindet sich eine von zwei Kerzenleuchtern eingerahmte Kommode, auf der eine mächtige Uhr steht. Der amerikanische Präsident, der ein blaues Polohemd und eine beigefarbene Leinenhose trägt, setzt sich an den runden Tisch in der Mitte des Zimmers. Die Wände werden von dem Lichtkegel der Lampe beschienen, die er beim Hineingehen angeschaltet hat.

Er liest sorgfältig einige maschinengeschriebene Seiten Text, den Jeremy Rosner, einer seiner beim Nationalen Sicherheitsrat tätigen Assistenten, verfaßt hat. Es handelt sich um die Rohfassung der Rede, die Clinton in weniger als acht Stunden vor den Fernsehkameras aus aller Welt auf dem Rasen des Weißen Hauses halten soll, um ein historisches Ereignis zu besiegeln, von dem er eine Woche zuvor noch nicht das geringste geahnt hatte: die gegenseitige Anerkennung zwischen Israel und der PLO und die Unterzeichnung eines Friedensvertrages zwischen den beiden – bis dahin – unversöhnlichen Gegnern.

Bill Clinton, der sich dem Vorwurf mangelnden außenpolitischen Weitblicks ausgesetzt sieht, ist entschlossen, diese Rede so sorgfältig wie möglich vorzubereiten.

Den ersten Teil schreibt er völlig um, indem er Anspielungen einfügt, die er aus einer griffbereit auf dem Tisch stehenden und mit zahllosen Anmerkungen versehenen Bibel entnimmt. Danach ändert er den Schluß der Rede, wobei er sich hauptsächlich von dem Buch Josua und insbesondere dem Einsturz der Mauern von Jericho inspirieren läßt.

Um 6 Uhr morgens, als in Washington die Morgendämmerung anbricht, legt er letzte Hand an den Text.

Hillary Clinton liest das Manuskript während des Frühstücks und gibt Bill ihr Plazet.

Um 8.30 Uhr ist der Text fertig, um in Tausenden von Exemplaren gedruckt und an die Weltpresse sowie die 2500 Gäste verteilt zu werden, die zu der für 11 Uhr anberaumten Zeremonie geladen sind.

Um 8.40 Uhr ruft Clintons Sicherheitsberater Anthony Lake im Oval Office an. Verlegen teilt er mit, einem seiner Mitarbeiter sei soeben aufgefallen, daß die Rede des Präsidenten keinerlei Hinweis auf den Islam enthalte, und er fügt hinzu:

– Der Vorsitzende Arafat und die anwesenden arabischen Persönlichkeiten könnten dies als Affront betrachten.

Clinton schweigt einige Augenblicke lang:

– Bringen Sie mir ein Exemplar des Korans.

Trotz intensiver Suche ist in den Amtszimmern des Weißen Hauses kein Exemplar des Heiligen Buches aufzutreiben. Schließlich besorgt ein Mitarbeiter in einer nahe gelegenen Buchhandlung einen Koran.

Ein Experte des Außenministeriums, spezialisiert auf die arabische Welt und islamische Fragen, wird mit der Auswahl einiger Zitate beauftragt. Nachdem Bill Clinton das Manuskript ein weiteres Mal überarbeitet und damit einen diplomatischen Eklat abgewendet hat, bereitet er sich in aller Ruhe auf den Empfang der Gäste vor.

Yassir Arafat war am Vortag eingetroffen. Die Boeing 707, die ihm König Hassan II. von Marokko zur Verfügung gestellt hatte, war am 12. Juli um 15.45 Uhr auf dem Luftwaffenstützpunkt Andrews, unweit der amerikanischen Hauptstadt, gelandet.

Der protokollarische Empfang war auf ein Mindestmaß reduziert worden. Obgleich kein roter Teppich ausgerollt und keine Ehrenformation angetreten war, konnte der PLO-Chef diesen Besuch – seinen ersten auf amerikanischem Boden, abgesehen von einem kurzen Aufenthalt in New York im Jahre 1974, als er vor der Vollversammlung der Vereinten Nationen auftrat – voll auskosten. Bislang hatten ihm sämtliche US-Regierungen – demokratische wie republikanische – mit bemerkenswerter Beharrlichkeit die Einreise in die Vereinigten Staaten verweigert. Vier Tage zuvor war dieser Mann, der von den Politikern in Washington bisher stets als »Terrorist« betrachtet worden war, zu dem demütigenden Schritt gezwungen worden, ein Visum bei der US-Botschaft in Tunis zu beantragen. Zwei Konsularbeamte hatten ihn am Vortag in seinem Büro aufgesucht, um ihm ein Antragsformular zu überreichen. Das Jahr 1988 noch in lebhafter Erinnerung, fügte sich Arafat mit verkrampftem Lächeln. Als er damals vor der UNO verkünden wollte, die PLO sei zum Gewaltverzicht und zur Anerkennung des Existenzrechts Israels bereit, hatte George Schultz, der Außenminister von Ronald Reagan, die zuständigen Stellen angewiesen, Arafat kein Visum zu erteilen.

Am Fuß der Gangway wird Arafat, der eine khakibraune Uniformjacke und Hose sowie seine obligate *kufiya* trägt, von Edward Djerejian, dem Leiter der Nahost-Abteilung des US-Außenministeriums, empfangen. Ein Beamter von mittlerem Rang – doch das stört den Palästinenserführer nicht weiter. Dieser Besuch in Washington ist nach Ansicht eines seiner Vertrauten »die Stunde seines Triumphes«, die den Palästinensern und vor allem seinen Gegnern bei der Hamas und der arabischen Ablehnungsfront deutlich signalisiert, daß die Vereinigten Staaten und die ganze Welt hinter ihm stehen.

Edward Djerejian drückt ihm herzlich die Hand:

– Herr Vorsitzender, im Namen der Regierung der Vereinigten Staaten möchte ich Sie zu diesem historischen Ereignis willkommen heißen, das, wie wir hoffen, zu einer umfassenden Friedensregelung für den gesamten Nahen Osten führen wird.

Arafat, der auf dem Rollfeld von einer kleinen Schar arabischer Botschafter, PLO-Funktionäre und amerikanischer Palästinenser umdrängt wird, erwidert:

– Ich danke Ihnen, und auch ich hoffe, daß unsere Bemühungen zum Frieden führen werden.

Dann steigt er in eine lange schwarze Limousine, die, gefolgt von einer Wagenkolonne, mit vollem Tempo Richtung Washington davonbraust. Djerejian, der unmittelbar vor der Landung des Flugzeugs mit Arafat an Bord einigen wartenden Journalisten mit großer Besorgnis anvertraut hatte: »Ich fürchte, daß Arafat mich küssen wird, wie er es bei fast allen Begrüßungen zu tun pflegt«, fragt nun dieselben Journalisten:

– Hätten Sie verdammt noch mal gedacht, daß es einmal so weit kommen würde?

Und, als antworte er sich selbst:

– Ich habe es immer gehofft.

Eine Stunde später betritt Yassir Arafat durch eine Geheimtür das ANA Westin Hotel und begibt sich, umringt von seinen Leibwächtern, unverzüglich in sein Apartment im neunten Stock. In der Hotelhalle wundern sich die Gäste einer jüdischen Hochzeit und die Delegierten eines Kongresses des US-Verbandes der Pharma-Industrie über das massive Polizeiaufgebot.

Zwei Stunden nach seiner Ankunft empfängt Yassir Arafat Jimmy Carter. Der ehemalige US-Präsident und Architekt des Camp-David-Abkommens ist in aufgeräumter Stimmung.

Kaum daß er Platz genommen hat, erklärt er dem PLO-Chef:

– Ich freue mich, daß unsere Regierung endlich beschlossen hat, direkte Gespräche mit Ihnen aufzunehmen. Das amerikanische Engagement für die Palästinenser ist längst überfällig. Ich bete für Sie.

Nach Aussage eines Anwesenden »schnurrt Arafat gleichsam vor Vergnügen«. Die vollste Genugtuung wird ihm jedoch einige Stunden später, am frühen Abend, zuteil, als George Bush ihm einen Besuch abstattet. Bush und seine Administration konnten die Unterstützung Arafats für Saddam Hussein während des Golfkriegs nicht scharf genug geißeln. Nabil Schaath, einer der engsten Berater Arafats, der an der Unterredung teilnahm, meinte später: »Alles schien vergessen. Sie glichen zwei alten Freunden, die Erinnerungen austauschen und miteinander scherzen.«

– Was machen Sie jetzt, Herr Präsident? fragt Arafat.

– Im Moment gehe ich fast ganz in der Rolle des Großvaters auf. Da bleibt nur noch wenig Zeit für meine Hobbies Jagen und Angeln, antwortet Bush mit einem breiten Lächeln.

Dann fährt er in ernstem Ton fort:

– Ich habe mich zwar aus der Politik zurückgezogen, doch wenn es irgend etwas gibt, was ich für Sie tun kann, dann lassen Sie es mich wissen.

Arafat hat das Gefühl, buchstäblich von der Geschichte getragen zu werden. Die Euphorie, die ihn überkommt, nährt sich aus der Verbitterung, die ihn so lange erfüllt hat. Bis zu diesem Tag war er keinem hochrangigen amerikanischen Beamten, geschweige denn einem Außenminister oder Präsidenten begegnet.

Bevor er zu Bett geht, läßt er sich kurz in der Hotelhalle sehen, um die Schar seiner Sympathisanten zu grüßen. Die Hand zum Siegeszeichen erhebend, verkündet er:

– Die gegenwärtige Phase ist nur eine Zwischenstufe, denn die palästinensische Fahne wird über Gaza und Jericho wehen und, zu guter Letzt, über Ost-Jerusalem, wo wir Seite an Seite mit den Israelis leben werden.

Und er fügt hinzu:

– Zum ersten Mal wird der Staat der Palästinenser auf einer Landkarte auftauchen.

Am folgenden Morgen empfängt er hochrangige Vertreter der Weltbank zu einem Arbeitsfrühstück. Er weiß, daß er in drei Stunden im Weißen Haus neben Bill Clinton und dem israelischen Ministerpräsidenten Jitzhak Rabin stehen wird. Er spricht mit einem Selbstbewußtsein und einer Entschlossenheit, die seine Gesprächspartner erstaunen. Sie erklären sich schließlich bereit, 3 Milliarden Dollar Finanzhilfe zur Verfügung zu stellen.

Während er schwarzen Tee trinkt, den er mit einem Löffel Honig süßt, vertraut der PLO-Vorsitzende seinen Gesprächspartnern an:

– Glauben Sie mir, ich habe nicht die Absicht, mein Leben im Exil zu beschließen, wie es das Los so vieler Führer von Befreiungsbewegungen gewesen ist.

Bestimmt und werbend zugleich, wechselt er zwischen Versprechen und Warnungen:

– Was unseren Bedarf an wirtschaftlicher Unterstützung betrifft, so möchte ich Ihnen sagen, daß wir auf eine erhebliche und nicht an Bedingungen geknüpfte Finanzhilfe hoffen. Andernfalls besteht die Gefahr, daß unsere Gebiete in den gleichen Problemen und Wirren versinken wie die ehemaligen Sowjetrepubliken.

Den Zeigefinger hebend, schiebt er ein:

– Doch Sie sollten wissen: Ich möchte kein zweiter Gorbatschow werden!

Für Jitzhak Rabin hatte der Tag zuvor noch einmal ganz im Zeichen schmerzlich klarer Einsichten gestanden. Am Sonntag, dem 12. Juli, wenige Stunden vor seinem Abflug in die amerikanische Hauptstadt, die er unmittelbar nach Abschluß der Feierlichkeiten wieder verlassen möchte, empfängt er in seinem Amtssitz eine kleine Gruppe von Freunden. Er trägt ein blaues Hemd mit weit geöffnetem Kragen:

– Entschuldigen Sie bitte, daß ich Sie in diesem Aufzug empfange, doch das ist meine letzte Verschnaufpause vor dem Abflug.

Er spricht, wie immer, in gleichbleibendem, langsamem Tonfall, doch fällt den Gästen seine sorgenvolle Miene auf. Er entschuldigt sich höflich dafür, daß er ihnen nicht einmal einen Kaffee anbieten kann.

– Das Küchenpersonal hat seinen freien Tag. Ich kann Ihnen aber Mineralwasser anbieten.

Er selbst schlürft einen Whisky mit Eis.

Als er nach seiner Stimmung gefragt wird, setzt er sich auf ein weißes Sofa im Empfangszimmer und überlegt lange, bevor er antwortet:

– Es gibt nur zwei Möglichkeiten, wie wir uns den Tatsachen stellen können: ein sich lang hinziehender Krieg mit all dem, was er an Gewalt und Terror mit sich bringt, oder die friedliche Koexistenz. Es gibt keinen dritten Weg. Während der Kriege, die wir geführt haben, sind wir Risiken eingegangen. Um den Frieden zu verwirklichen, müssen wir kalkulierte Risiken eingehen.

Mit halbgeschlossenen Augen, übereinandergeschlagenen Beinen und flach auf dem Sofa aufgestützten Händen fährt er in seinem Monolog fort, so als verknüpfe er die Fäden seit langem verschütteteter schmerzlicher Erinnerungen.

– Wir mußten sehr schwere Verluste einstecken. In diesen Kriegen sind fast 17 000 Israelis umgekommen. 1948 war ich Kommandant einer Brigade, die am Stadtrand von Jerusalem Stellung bezogen hatte. In weniger als zwei Monaten hatten wir 200 Gefallene und ungefähr 600 Verletzte zu beklagen, bei einer Gesamtstärke von 1800 Mann.

Einer der Gäste fragt ihn:

– Was werden Sie tun, um die Befürchtungen der Bevölkerung im Hinblick auf die Zukunft zu zerstreuen?

Rabin antwortet mit unerwarteter Deutlichkeit:

– Ich werde den Menschen sagen, daß wir bislang nur leidvolle Erfahrungen gemacht haben, daß sich die Zukunft jedoch anders darstellt oder daß wir doch zumindest die Chance ergreifen müssen, daß die Zukunft anders aussieht. Wissen Sie, ich bin ein alter Haudegen. Ich habe 27 Jahre in der Armee gedient. Mein Sohn war Soldat, und heute dient mein Enkel. Ich wünsche mir, daß er niemals in den Krieg ziehen muß. Ich fühle mich dafür verantwortlich, und ich werde alles in meiner Macht Stehende tun, daß es niemals so weit kommt.

Er hält inne, als plötzlich das links von ihm stehende Telefon läutet. Rabin unterhält sich mit seiner Gesprächspartnerin auf englisch.

– Hallo, Barbara, wie geht es Ihnen?

Nachdem er einige Minuten später aufgelegt hat, informiert er seine Gäste:

– Das war Barbara Walters (eine bekannte amerikanische Fernsehjournalistin).

Worauf einer seiner Freunde lächelnd erwidert: Bist du sicher, daß es nicht Barbra Streisand war?

Rabin scheint überrascht zu sein und runzelt die Stirn in dem ernsthaften Bemühen, sich zu erinnern:

– Barbra wie?

Am Vorabend hatte er während eines Gesprächs gestanden:

– Die Vorstellung, Arafat zu begegnen, erfüllt mich mit tiefem Widerwillen.

Jetzt wird er gefragt, ob sich etwas an seiner Einstellung geändert habe. Schweigend preßt er die Hände gegen den Magen, so als werde er von einem unerträglichen Schmerz gepeinigt.

Kurz vor dem Abschied wagt einer der Anwesenden eine letzte Frage:

– Was halten Sie von dem Abkommen, das Sie am Montag unterzeichnen werden?

Rabin antwortet nachdenklich:

– Ich glaube nicht, daß es das bestmögliche Ergebnis für Israel ist. Ich möchte nicht in die Einzelheiten gehen, doch dieser Vertrag enthält zahlreiche Formulierungen, die mir nicht gefallen.

Im Flugzeug nach Washington bleibt er in gedrückter Stimmung. Er tauscht nur ein paar kurze Scherze mit seinem alten

Widersacher, Außenminister Schimon Peres aus, den er häufig als »unermüdlichen Kungler« beschrieben hat.

Einer seiner Mitarbeiter, der ihn auf dem Flug begleitet, sagt später über den israelischen Ministerpräsidenten:

– Er schien mir in der gleichen Verfassung zu sein wie David Ben Gurion, als er unmittelbar nach der Proklamation des Staates Israel seinen engsten Mitarbeitern anvertraute: »Ich empfinde keine Freude, sondern nur eine große Angst.«

Die demokratische US-Regierung möchte den feierlichen Akt als eine gigantische Showveranstaltung aufziehen, die, in über einhundert Staaten der Erde übertragen, Bill Clinton erlauben soll, die Früchte 25jähriger diplomatischer Bemühungen der USA im Nahen Osten einzubringen.

Ein erhebender Augenblick für einen amerikanischen Präsidenten, der sich bislang kaum um die Außenpolitik gekümmert und noch zwei Tage zuvor seinen engsten Mitarbeitern anvertraut hatte:

– Ich muß jetzt eine globale Strategie entwerfen, doch leider hatte ich noch keine Zeit, mir darüber Gedanken zu machen. Wir müssen nun schleunigst eine solche Strategie ausarbeiten.

Schon um 9.30 Uhr beginnt sich die Menge der 2500 Eingeladenen vor den Toren des Weißen Hauses zu drängen. Auf dem Lafayette Square, vor dem Wohnsitz des Präsidenten, rufen kleine Gruppen chassidischer Juden: »Rabin ist ein Verräter!«, während sie gleichzeitig Schilder schwenken mit der Aufschrift: »Auch Hitler wollte Land gegen Frieden tauschen.«

Einige Dutzend Außenminister, fast einhundert Botschafter, alle wichtigen Mitglieder des Kongresses, Repräsentanten jüdischer und arabischer Vereinigungen, Persönlichkeiten des Showgeschäfts und der Wirtschaft sowie die ehemaligen Präsidenten Jimmy Carter und George Bush suchen ihren Platz auf dem sonnenbeschienenen Rasen des Weißen Hauses. Doch hinter den Kulissen entstehen in letzter Minute Spannungen, die alles in Frage stellen.

Arafat schickt einen Abgesandten ins Weiße Haus, der die protokollarischen Einzelheiten seines Empfangs absprechen soll. Er möchte den Revolver bei sich tragen, den er immer in seinem Gürtel stecken hat, und ihn gleich nach dem Betreten des Weißen Hauses ablegen. Diese symbolische Geste soll seinen Friedenswillen zum Ausdruck bringen. Das Präsidialamt lehnt dieses Ansinnen jedoch rundweg ab.

– Leider ist es nach den geltenden Vorschriften nicht gestattet, im Weißen Haus Schußwaffen zu tragen.

Außerdem ist der PLO-Führer darüber gekränkt, daß Bill Clinton vor der Zeremonie Jitzhak Rabin empfängt, während ihm selbst diese Gunst versagt wird. Auch die Begründung hierfür ist ein Musterbeispiel an juristischer Spitzfindigkeit:

– Der PLO-Vorsitzende vertritt weder einen Staat noch eine Bewegung, die von den Vereinigten Staaten offiziell anerkannt wird.

Bei ihrem Empfang im Oval Office vermittelten Rabin und Peres nach den Worten eines Mitarbeiters von Bill Clinton, der an der Unterredung teilnahm, einen »seltsam gegensätzlichen« Eindruck.

– Peres war, wie immer, wortgewandt und voller Visionen und Zuversicht über die Zukunft des Nahen Ostens, den er als eine Region beschrieb, die durch Handelsbeziehungen und wirtschaftliche Entwicklung befriedet werden würde. Wir hatten nie völliges Vertrauen in Peres, der viel zu sehr geschickter Politiker ist, um sich an festen Überzeugungen zu orientieren. Vor allem wußten wir, daß er in diplomatischer und gefühlsmäßiger Hinsicht Europa nähersteht als den USA. Rabin hingegen hat das Bündnis mit Washington immer als den Schwerpunkt der israelischen Außenpolitik betrachtet. Er machte in Gegenwart des amerikanischen Präsidenten einen besorgten, ja fast verlegenen Eindruck. Es war ihm unangenehm, daß er uns so lange die Geheimverhandlungen in Norwegen verschwiegen hatte, zumal er nun, für die Umsetzung und langfristige Absicherung des Friedensplans, unsere

Unterstützung – insbesondere unsere finanzielle Hilfe – brauchte. Er fürchtete eine bittere oder tadelnde Bemerkung von Bill Clinton. Doch der Präsident löste sogleich die Spannung, indem er zu Rabin sagte:

– Ich habe es Ihnen bereits telefonisch gesagt, doch bin ich stolz darauf, es hier noch einmal wiederholen zu können: Sie haben ein absolutes Meisterstück vollbracht.

Ein Lächeln erhellte das Gesicht Rabins, der mit einemmal erleichtert zu sein schien. Clinton fuhr fort:

– Es handelt sich um ein historisches Ereignis, vergleichbar dem Abkommen, das de Gaulle mit den Algeriern bzw. De Klerk mit Mandela in Südafrika geschlossen hat.

Und der Mitarbeiter des Präsidenten fügt hinzu: Wir alle haben bemerkt, daß der Präsident es geflissentlich vermieden hatte, eine dritte Parallele zu ziehen: die zu den Friedensverträgen, die Nixon mit Hanoi geschlossen hatte und die den Vietnam-Krieg beendeten. Clinton hatte diesen Krieg so sehr verabscheut, daß man sich bei der Einladung ehemaliger US-Präsidenten zu der feierlichen Vertragsunterzeichnung keine besondere Mühe gab, an Richard Nixon heranzutreten.

Bill Clinton erwähnte den Anschlag vom Vortag, bei dem vier israelische Soldaten im Gaza-Streifen einem Hinterhalt zum Opfer gefallen waren, den ein Kommando der islamischen Bewegung Hamas gelegt hatte.

– Ich werde nachher den Vorsitzenden Arafat ersuchen, diese Gewalttat mit aller Entschiedenheit zu verurteilen, erklärte Clinton den israelischen Politikern.

Bei diesen Worten war er sichtlich bewegt. Es war allgemein bekannt, daß er von jeher eine große Sympathie für Israel gehegt hatte, viel stärker als sein Vorgänger George Bush.

Anschließend sprach man über Belanglosigkeiten, so als wolle jeder, wenige Minuten vor dem entscheidenden Ereignis, noch einmal eine Pause einlegen vor diesem geschichtsträchtigen Augenblick.

Als sich der amerikanische Präsident von seinen Gästen verabschiedete, fragte er sie in verwundertem Ton:

– Sie sind gerade erst in Washington eingetroffen. Stimmt es, daß Sie unmittelbar nach der Unterzeichnung des Vertrages wieder abreisen und nicht an dem Bankett teilnehmen wollen, das wir organisiert haben?

Rabin nickte zögernd mit dem Kopf:

– Das stimmt, Herr Präsident. Wir müssen morgen früh vor dem israelischen Parlament sprechen, das zu einer Sondersitzung einberufen wurde.

Auch wenn diese Begründung einen realen Hintergrund hatte, ließ sich doch niemand davon täuschen. Für Rabin war es schlicht unerträglich, sich längere Zeit in der Nähe Arafats aufzuhalten.

Vor dem Weißen Haus drängen sich unterdessen die geladenen Gäste. George Bush versucht sich einen Weg durch die Menge zu bahnen. Ein leitender Beamter des Secret Service, der für den Personenschutz zuständig ist, erkennt ihn und ruft:

– Lassen Sie den Präsidenten durch!

Mit verkrampftem Gesicht korrigiert Bush:

– Nicht Präsident, Ex-, Ex-. . .

Jonathan Schwartz kommt derweil vor dem Nordwest-Tor nicht vom Fleck. Der enge Mitarbeiter von Außenminister Warren Christopher muß geduldig in der langen Menschenschlange, die darauf wartet, die Sicherheitskontrollen zu passieren, ausharren. Ein dickes Aktenbündel unter dem Arm tragend, blickt er nervös auf seine Armbanduhr und ruft immer wieder:

– Es ist sehr eilig, ich muß sofort ins Büro von John Podesta.

Podesta ist der Mitarbeiter von Clinton, der sämtliche Akten des Präsidenten verwaltet. Nach zwanzig Minuten ruft Schwartz entnervt den verdutzten Sicherheitsbeamten zu: »Nun lassen Sie mich doch endlich durch. Ich habe den Vertrag bei mir, der gleich unterzeichnet werden soll!«

– Kaum hatte ich diese Worte ausgesprochen, erinnert sich

Schwartz, als sich die Tore vor mir öffneten wie das Wasser des Toten Meeres vor Moses und den Israeliten beim Auszug aus Ägypten.

Um 10.30 Uhr betritt die palästinensische Delegation mit Yassir Arafat an der Spitze das »Blaue Zimmer«, einen der Salons des Weißen Hauses. Dort sind bereits Vizepräsident Al Gore, Außenminister Christopher, der russische Außenminister Kosyrew und eine große norwegische Delegation versammelt – eine Geste der Auszeichnung dafür, daß Oslo mehrere Monate lang als Gastgeber der geheimen Friedensgespräche gedient hatte. Nach Aussage eines Anwesenden »hatte Arafat das lächelnde Gesicht eines Mannes, für den ein Traum in Erfüllung geht«.

Drei Minuten später betreten die Israelis den Raum. Jede Delegation versammelt sich an einem der beiden äußersten Enden des Zimmers. Man verharrt in eisigem Schweigen. Al Gore versucht die Atmosphäre aufzulockern, indem er allen Kaffee und Orangensaft anbietet. Ohne Erfolg. Ein Mitarbeiter von Clinton, der sich ebenfalls in dem Salon aufhielt, erzählt belustigt:

– Sie glichen zwei verfeindeten Familien, die sich zu einer Hochzeitsfeier versammelt hatten und die gute Miene machen mußten, um die künftigen Ehegatten nicht in Verlegenheit zu bringen. Wir wollten eigentlich ein Photo machen, doch die Atmosphäre war derart eisig und gespannt, daß wir darauf verzichteten.

Vier Minuten vor 11 Uhr bittet Bill Clinton die beiden Delegationen, sich zum Hinausgehen bereit zu machen, da man sich für die Zeremonie auf den südlich des Weißen Hauses gelegenen Rasen begeben müsse. Rabin und Arafat gehen schweigend links und rechts neben dem Präsidenten. Als sie kurz vor dem Eingang angelangt sind, der »Diplomatentür« genannt wird, bleibt der Präsident fast auf der Höhe der das Gewehr präsentierenden Wachen stehen und ersucht die beiden Widersacher:

– Ich würde mir wünschen, daß Sie ein paar Worte miteinander wechseln.

Fast widerwillig und mit düsterer Stimme murmelt Rabin daraufhin zu Arafat, diesem scharf in die Augen blickend:

– Wir werden hart arbeiten müssen, wenn wir Erfolg haben wollen, und das Schwierigste steht uns noch bevor.

Mit tonloser Stimme antwortet der PLO-Chef auf englisch:

– Ich weiß, und ich bin bereit, meinen Teil dazu beizutragen.

Sie treten ins Freie, und der Ausrufer, der am Mikrophon die Namen und offiziellen Funktionen der Mitglieder jeder Delegation bekanntgibt, stellt Arafat als »Vorsitzender des Exekutivrates der PLO« vor.

Es ist ein strahlender Tag, und, abgesehen von einem Hubschrauber des Sicherheitsdienstes, der über dem Weißen Haus kreist, herrscht eine Stille, die von feierlichem Ernst und Nachdenklichkeit durchdrungen ist. Keine Spur von jener Begeisterung, die vierzehn Jahre zuvor die Unterzeichnung des Friedensvertrages zwischen Israel und Ägypten geprägt hatte.

Bill Clinton trägt seine Grußansprache mit der Eindringlichkeit eines Moralpredigers vor. Er beschwört »diese geschichtsträchtige Chance, die das, was bislang kaum vorstellbar war, in greifbare Nähe rückt: daß die Sicherheit des israelischen Volkes mit den Bestrebungen des palästinensischen Volkes in Einklang gebracht werden kann«. Und er fügt hinzu: »Die Nachkommen von Isaak und Ismael haben sich unerschrocken auf den langen Weg des Friedens gemacht.«

Während die Reden gehalten werden, richten sich die Blicke der Beobachter auf die beiden Protagonisten. Arafat lächelt unentwegt den Persönlichkeiten zu, die er in der Menge erkennt. Er kostet jede Sekunde aus. Die Hände hinter dem Rücken verschränkt, die Augen in ständiger Bewegung, scheint er den Reden, die auf der Tribüne gehalten werden, kaum zu folgen.

Eine Stunde zuvor war er von einem hohen Beamten des State Department gefragt worden:

– In der Rede, die Sie 1974 vor der UNO-Vollversammlung gehalten haben, sagten Sie: »Ich komme zu Ihnen mit einem Ölzweig in der einen Hand und dem Revolver des Freiheitskämpfers in der anderen.« Was haben Sie heute in den Händen, Herr Vorsitzender?

Arafat antwortet lächelnd:

– Zwei Ölzweige.

Der Diplomat hakt nach:

– Und was ist aus Ihrem Revolver geworden?

Worauf Arafat mit einem breiten Lachen versetzt:

– Er dient mir heute zur Sicherung des Friedens.

Rabin ist sichtlich angespannt und verlegen. Der ehemalige General, der sich zu einem Staatsmann gewandelt hat, der Held des Sechstagekrieges, der damals als Generalstabschef amtierte, blickt unentwegt auf die Spitzen seiner Schuhe und applaudiert kein einziges Mal. Unter dem peinlich berührten Blick des PLO-Chefs zieht er wiederholt das Manuskript seiner Rede aus der Jackentasche, um es sogleich wieder darin verschwinden zu lassen.

Ein geladener Gast, der in der ersten Reihe sitzt, neigt sich zu seinem Nachbarn und flüstert ihm zu:

– Schauen Sie sich einmal die Uniform von Arafat an, er hat denselben Schneider wie die Generäle der Roten Armee.

Um 11.40 Uhr nehmen Schimon Peres und die Nummer zwei der PLO, Abu Mazen, dessen echter Name Mahmud Abbas lautet, an demselben großen Holztisch Platz, an dem 1979 der Friedensvertrag zwischen Israel und Ägypten unterzeichnet wurde.

Um 11.43 Uhr haben die beiden Männer die Paraphierung der beiden vor ihnen liegenden Ausfertigungen des Vertrages beendet. Das Dokument enthält 17 Artikel und vier Zusatzprotokolle. Die anwesenden Gäste brechen in stürmischen Beifall aus, so als hätten diese wenigen Minuten den seit 45

Jahren andauernden blutigen Konflikt mit einem Male gebannt. Zum ersten Mal existiert zwischen dem Staat Israel und der palästinensischen Befreiungsbewegung ein Friedensabkommen.

Der amerikanische Präsident hilft der Geschichte ein bißchen nach. Als er bemerkt, daß Arafat sich anschickt, auf Jitzhak Rabin zuzugehen, drückt er dem israelischen Ministerpräsidenten leicht mit der Hand in den Rücken. Die beiden unerbittlichen Widersacher reichen sich daraufhin lächelnd die Hände. Bis zu dieser Sekunde hielten nur wenige eine derartige Geste für möglich.

– Diese beiden Hände haben die Welt gegrüßt und erschüttert, sagt später ein Beobachter.

Arafat geht dann auf Schimon Peres zu, um ihm gegenüber die gleiche Geste zu wiederholen. Rabin flüstert seinem Außenminister mit ironischem Unterton zu:

– Nun hast du endlich erreicht, was du dir so lange gewünscht hast.

In den Reden, die der israelische Ministerpräsident und der PLO-Chef anschließend halten, bringen sie ihre wichtigsten Anliegen zum Ausdruck. Rabin wendet sich offenkundig in erster Linie an seine israelischen Mitbürger, deren Befürchtungen er zerstreuen will. Peres hat kurz zuvor von den »gleichartigen Tragödien zweier Völker« und »der ewigen Stadt Jerusalem« gesprochen.

Rabin hingegen nennt Jerusalem »die ewige Hauptstadt des jüdischen Volkes von alters her«. Er spricht mit rauher Stimme und mit einem Freimut, der alle Anwesenden berührt.

– Es ist nicht leicht, heute diesen Vertrag zu unterzeichnen, weder für mich, der ich als Soldat an den Kriegen, die Israel führen mußte, teilgenommen habe, noch für das israelische Volk noch für das jüdische Volk in der Diaspora, das in einer Mischung aus großer Hoffnung und Furcht auf uns blickt... Und es ist auch nicht leicht für die Familien der Opfer von Krieg, Gewalt und Terror.

Einige Augenblicke später wirkt er noch angespannter, und seine Stimme verrät eine unbändige Ergriffenheit:

– Den Palästinensern möchte ich versichern, daß wir entschlossen sind, mit ihnen auf demselben Boden und derselben Erde zusammenzuleben. Wir Soldaten, die wir blutüberströmt aus den Schlachten heimgekehrt sind, wir, die wir gegen sie gekämpft haben, wir sagen ihnen heute klar und deutlich: genug des Blutvergießens und der Tränen, genug.

Die Rede Yassir Arafats dagegen hat einen ganz anderen Tenor.

– Im Namen des gnädigen und barmherzigen Gottes, hebt er in klassischem Arabisch an. Seine ersten Worten gelten Clinton und den übrigen Mitgliedern der US-Regierung:

– Herr Präsident, ich möchte diese Gelegenheit ergreifen, um Ihnen und dem großen amerikanischen Volk zu versichern, daß wir Ihre Grundwerte: Freiheit, Gerechtigkeit und Menschenrechte teilen und daß mein Volk immer für diese Werte gekämpft hat.

Ein Berater Clintons sagt uns später:

– Als ich diese Worte hörte, war mir klar, daß er uns umwerben wollte, damit wir bei den künftigen Verhandlungen mit Israel und vor allem bei den heiklen Fragen wie etwa dem Status Jerusalems unseren ganzen Einfluß geltend machen. Tatsächlich verwandelte er sich in diesem Augenblick von einem Terroristen in den international akkreditierten Führer eines Volkes, das endlich von der einzigen Macht anerkannt worden war, die wirklich zählt: den USA.

Einige Augenblicke später fährt Arafat fort:

– Unser Volk glaubt nicht, daß die Geltendmachung seines Rechts auf Selbstbestimmung die Rechte seiner Nachbarn verletzen oder ihre Sicherheit beeinträchtigen kann. Im Gegenteil: Seinem Gefühl, schlecht behandelt worden zu sein und eine historische Ungerechtigkeit erdulden zu müssen, ein Ende zu setzen, ist der sicherste Weg zu einer Koexistenz und einer Öffnung zwischen unseren beiden Völkern und den künftigen Generationen.

Abschließend bekräftigt der PLO-Chef noch einmal die Forderungen der Palästinenser:

– Wir müssen das Abkommen in all seinen Teilen umsetzen..., eine endgültige Regelung des Status der besetzten Gebiete anvisieren, die Frage Jerusalems, der Flüchtlinge, der Siedlungen und der Grenzen lösen.

Nach Abschluß der Feierlichkeiten, als die »durch das Unvorstellbare erzeugte magische Atmosphäre« verflogen ist, enthüllen die Reaktionen in beiden Lagern ein gewisses Unbehagen.

Die Palästinenser zeigen sich enttäuscht über die Rede Rabins. Faisal Hussaini, der Führer der Palästinenser in den besetzten Gebieten, meint: »Ich hätte mir gewünscht, mehr über die Zukunft und weniger über die Vergangenheit zu hören.« Und die Mitglieder der israelischen Delegation haben aufmerksam registriert, daß Arafat zwar kurz das »israelische Volk und seine politischen Führer« erwähnt, aber kein einziges Mal vom »Staat Israel« gesprochen hat.

Bevor Yassir Arafat das Podium verläßt, um sich ins Innere des Weißen Hauses zurückzuziehen, mischt er sich für einige Augenblicke unter die Gäste, um seinen Triumph voll auszukosten.

Er steigt über Stühle hinweg, hält sich an einer Rückenlehne fest und fällt beinahe hin, als er dem ehemaligen US-Außenminister James Baker und dem Generalstabschef Colin Powell die Hand gibt. Anschließend küßt er die Tochter Clintons, Chelsea, und den saudiarabischen Botschafter in Washington, Bandar Bin Sultan. Ein bedeutsames Wiedersehen für den PLO-Führer. Die Saudis hatten ihm nie verziehen, daß er sich während der Golfkrise auf die Seite des Irak gestellt hatte, und sie gingen sogar so weit, die Finanzhilfe für die PLO einzufrieren.

Einige Minuten später führt er eine vertrauliche Unterredung mit Bill Clinton, an der einige Mitarbeiter des Präsidenten teilnehmen. Das Gespräch der beiden Männer findet in einem Raum statt, der »Kartensaal« genannt wird. Davor wartet bereits eine Delegation amerikanischer Juden und Araber, die der Präsident nach Arafat empfangen wird.

– Herr Vorsitzender, wir haben die schwere Verantwortung übernommen, Ihnen unsere Unterstützung zu gewähren, und wir werden uns dieser Verantwortung nicht entziehen. Sie müssen nun jedoch sehr zügig die weiteren Verhandlungen mit Israel in Angriff nehmen, erklärt Clinton in sehr bestimmtem Ton.

Arafat, der, auf der Kante seines Sessels sitzend, regunglos und mit gefalteten Händen den Worten des Präsidenten gelauscht hat, antwortet:

– Wir sind entschlossen, rasch voranzugehen.

Und Clinton fährt fort: – Die Sicherheit Israels muß in jeder Hinsicht gewährleistet sein. Können Sie das garantieren? Gestern ist im Gaza-Streifen ein weiterer Anschlag verübt worden.

– Herr Präsident der Vereinigten Staaten (Arafat spricht ungewohnt langsam und betont jedes Wort, wobei er Clinton fest ins Auge sieht), ich verzichte nicht nur auf die Anwendung von Gewalt, sondern ich werde auch jeden derartigen Akt verurteilen, zumindest in den Gebieten, die unter palästinensischer Verwaltung stehen werden. Ich übernehme die Verantwortung dafür, daß jegliche Gewaltanwendung unterbunden wird.

Die 120 auserwählten Personen, die am Abend zu einem Festbankett ins Weiße Haus geladen sind, kommen in den Genuß eines Menüs, an dessen Zusammenstellung Hillary Clinton persönlich mitgewirkt hat. Alle kennen die Vorliebe des Präsidentenpaares für vegetarische, kalorienarme Speisen. Einer der geladenen Gäste meinte allerdings nachher sarkastisch: »Es war die Art von Gerichten, die man monatelang in der Gefriertruhe aufbewahrt, um sie bei einem improvisierten Abendessen aufzutischen.«

Dieses »so durch und durch amerikanische« Diner begann nach Aussage eines beteiligten Koches mit einer Karottensuppe, gefolgt von einer Scheibe Rinderbraten mit Idaho-Kartoffeln. Das Dessert, das eigens von Hillary ausgewählt worden war, bestand aus einem Baisertörtchen mit Orangensorbet und verschiedenen Kuchensorten. Als Getränk wurde ein kalifornischer Pinot noir gereicht. Man hatte alles darangesetzt, um eine Panne oder gar eine protokollarische Katastrophe zu verhindern. Mehrere Nahost-Experten des Außenministeriums hatten die Speisenfolge gründlich überprüft. Dem Präsidentenpaar war das peinliche Mißgeschick, das einige Monate zuvor passiert war, noch in lebhafter Erinnerung: Bei der Einweihung der Gedenkstätte für die Opfer des Holocaust in Washington hatte man den geladenen Gästen ausgerechnet geräucherten Schinken offeriert.

Bill Clinton hatte die beiden ehemaligen Präsidenten, die an dem Bankett teilnahmen, eingeladen, die Nacht im Weißen Haus zu verbringen. Dem Ehepaar Carter wurde das Lincoln-Zimmer angeboten, während Bush, der allein gekommen war, im Schlafzimmer der Königin übernachtete.

Während das Bankett in vollem Gange war, hatten sich in einigen hundert Metern Entfernung, in einem unauffälligen Gebäude nahe der Massachusetts Avenue, sieben Männer zu einem entscheidenden Treffen versammelt, das bis spät in die Nacht dauerte. Die Nummer zwei des CIA und sein Stellvertreter berieten sich mit zwei leitenden Offizieren des Kommandos 17, also des palästinensischen Sicherheitsdienstes, der für den Schutz Arafats verantwortlich ist. Drei Israelis, die hochrangige Funktionen beim Mossad bekleiden, nahmen ebenfalls an dieser Unterredung teil.

Um keine Aufmerksamkeit zu erregen, waren Palästinenser und Israelis getrennt von den offiziellen Delegationen nach Washington gereist. Die Offiziere des Kommandos 17 waren von Tunis aus über Wien und Frankfurt nach New York geflogen und von dort in die amerikanische Hauptstadt weitergereist. Dieses streng geheime Treffen diente nur einem Zweck: sämtliche Maßnahmen zu ergreifen, die erforderlich waren, um Arafat am Leben zu halten. Keiner der Beteiligten, nicht einmal die Palästinenser, glaubte, daß der Friedensprozeß die Ermordung des PLO-Führers überstehen würde.

Diese Männer – allesamt routinierte Geheimdienstexperten – identifizierten zunächst die Risikofaktoren. Da war einmal die Gruppe um Abu Nidal, aber auch die palästinensischen Organisationen, die den Vertrag mit Israel ablehnten. Der Führer einer der zehn Bewegungen der Ablehnungsfront, Ahmad Jibril, hatte kurz zuvor in Damaskus erklärt: »Bringt Arafat um, und der ganze Friedensprozeß wird zum Erliegen kommen. Ich muß ihn nicht einmal liquidieren lassen, da jeder Palästinenser in seiner Küche ein Messer hat.«

Die Männer des CIA, des Mossad und des palästinensischen Sicherheitsdienstes waren sich einig: Eine terroristische Aktion mit dem Ziel der Ermordung Arafats hätte nur dann Aussicht auf Erfolg, wenn sie die logistische Unterstützung eines Staates erhielte. Zwei Staaten waren imstande, ein solches Unternehmen zu unterstützen: Syrien (allerdings stand Hafiz al-Asad offenbar in delikaten Verhandlungen mit Israel, um die Rückgabe der Golanhöhen zu erreichen) und der Irak des Saddam Hussein, der Abu Nidal finanziell unterstützte.

Ironischerweise hatte Arafat während des Golfkrieges zu den wenigen gehört, die mit dem irakischen Präsidenten sympathisierten.

Die größte Bedrohung ging freilich von der unmittelbaren Umgebung des PLO-Chefs aus. Schon seit vier Monaten trafen sich – parallel zu den Friedensverhandlungen – Mossad-Agenten und Offiziere des Kommandos 17 heimlich in Europa und in den besetzten Gebieten.

Einer der Palästinenser meinte:

– Die gefährlichste Zeit beginnt in fünf bis sechs Monaten, zu Beginn des Jahres 1994, wenn unsere Wachsamkeit nachzulassen droht und Arafat sich persönlich nach Jericho und in den Gaza-Streifen begibt.

Um 2.30 Uhr morgens endete das Treffen mit einer Vereinbarung, die Yassir Arafat zum vermutlich bestgeschütztesten Politiker der Welt macht, da sich nunmehr diejenigen seiner Sicherheit annehmen, die noch gestern seine Gegner waren: CIA und Mossad verpflichteten sich, den Schutz des PLO-Führers bei sämtlichen Auslandsreisen durch eigene Agenten zu verstärken.

Der amerikanische und der israelische Geheimdienst erklärten sich zudem bereit, die Palästinenser schon bei dem geringsten Hinweis auf ein Komplott zur Ermordung des PLO-Vorsitzenden umfassend zu unterrichten.

Einer der hochrangigen Beamten des CIA, der an dieser Unterredung teilnahm, versicherte abschließend:

– Wir werden sämtliche Erkenntnisse über greifbare Bedrohungen in allen Einzelheiten an Sie weiterleiten. Und wir werden Ihnen sogar die Namen der mutmaßlichen Verschwörer nennen, sobald wir sie selbst identifiziert haben.

2 Arafats Brille

So ist die Friedensfeier in Washington verlaufen. Wir haben sie getreulich nachgezeichnet.

Wird dieser unerwartete Friedensvertrag – im Nahen Osten tiefverwurzelter Haßgefühle und wechselseitiger Faszination mit seiner Gleichzeitigkeit herbeigesehnt und gefürchtet – auch wirklich in die Tat umgesetzt? Vielleicht. Schon wird an Dissertationen mit historischen oder psychologischen Erklärungsansätzen, Reportagen und Romanen gearbeitet. Wir selbst haben uns lange bemüht, die beiden feindlichen Brüder, Israel und Ismael, an den Verhandlungstisch zu bringen. Weil diese Region uns nahesteht, ihr Licht uns bezaubert, ihre Musik und ihr Lärm uns nicht aus dem Sinn gehen und ihre Gerüche uns betören. Weil sie sich in unser Gedächtnis eingegraben hat. Und vor allem: weil die Bühne, auf der dieses einzigartige Stück gespielt wird, für drei Religionen heilig ist. Wir haben uns gemeinsam mit einer Gruppe von Freunden unermüdlich um die Annäherung zwischen Israelis und Palästinensern bemüht. Schon 1967 haben wir unsere eigenen Kontakte geknüpft, Komitees gegründet und Gespräche mit führenden Politikern beider Lager geführt. Wir haben sie sogar dazu überredet, sich zu treffen.

Und doch sind wir gescheitert.

Wir wollten verstehen, weshalb die anderen Erfolg hatten. Daher haben wir uns auf die Suche nach diesen Männern und ihrer Methode begeben. Die Methode haben wir rasch aufgeklärt. Sie war genial in ihrer Einfachheit.

In Oslo haben sich Palästinenser und Israelis darum bemüht, alle Punkte niederzuschreiben, über die sie Einvernehmen erzielen können, und gleichzeitig alle Streitpunkte auszuklammern.

Die Partner verhielten sich so, als sei der Kern des Problems bereits gelöst, und vor allem mußten sie ihre Vorschläge schriftlich formulieren und konnten es nicht bei dem mündlichen Austausch belassen. Und die Sprache, in der sie die Texte abfassen mußten, war weder Arabisch noch Hebräisch, sondern Englisch, das für beide Parteien eine Fremdsprache war. Beide deckten sich mit Wörterbüchern ein, in denen sie nach dem treffenden Wort suchten. Nun erregt man sich jedoch bekanntlich leichter über die Betonung eines Wortes als über die Stellung eines Kommas.

Wie anders waren dagegen wir vorgegangen! Wir dachten, es genüge, die Leute miteinander ins Gespräch zu bringen, und schon würden sie allmählich lernen, sich gegenseitig zu verstehen. Sagten wir uns nicht, daß die Gewalt aufhöre, wo das Gespräch beginne? Wir vergaßen dabei freilich eine Selbstverständlichkeit: Auch das gesprochene Wort kann Gewalt vermitteln.

Die Suche nach den Akteuren dieser unglaublichen Geschichte erwies sich als schwieriger. Wir brauchten zwei Monate, um sie alle ausfindig zu machen – die Bekanntesten ebenso wie die Unbekanntesten. Es ist uns gelungen, den Weg zu rekonstruieren, der sie nach Norwegen und von dort nach Washington zur gegenseitigen Anerkennung geführt hat. Und wir haben die inoffiziellen Kontakte aufgedeckt, mit denen Yassir Arafat und Jitzhak Rabin den guten Willen der anderen Seite erkunden wollten.

Einige Begegnungen waren so geheim, daß selbst die Mitarbeiter der Unterhändler hier erstmals davon erfahren werden.

Wußten die Vereinigten Staaten, in denen zur selben Zeit die multilateralen Washingtoner Friedensverhandlungen stattfanden, über die Vorgänge in Oslo Bescheid? Ja, natürlich. Doch weder Präsident Clinton noch sein Außenminister haben es für möglich gehalten. Zum Glück. Man kann sich ausmalen, welche verheerenden Folgen ihre Einmischung in die sensiblen Osloer Gespräche gehabt hätte, welches geostrategische Schachern sie ausgelöst hätten... Der beste Dienst, den man den Protagonisten erweisen konnte, bestand darin, ihre Vertraulichkeit zu respektieren.

Anders als man gemeinhin glaubt, kommen die Kleinen zurecht, wenn man sie alleine läßt.

Doch weder die Methode noch die Geheimnisse der Geographie reichen als Erklärung aus. Es genügt nicht, zu verstehen, wie es dazu kam, daß ausgerechnet Norwegen eine bedeutende Rolle im nahöstlichen Friedensprozeß spielte. Wir müssen auch begreifen, welche Wandlung die Erzfeinde von gestern dazu veranlaßt hat, sich heute die Hand zu reichen. Deshalb haben wir uns zugleich darum bemüht, zu ergründen, was in den Köpfen dieser Männer, die wir seit dreißig Jahren kennen, vorgegangen ist.

Schimon Peres hat uns gesagt, daß die Zeit einfach reif gewesen sei. Damit wiederholt er eigentlich nur einen Spruch aus dem Buch Kohelet: »Es gibt eine Zeit für den Krieg und eine Zeit für den Frieden.«

Wann aber wußten sie, daß die Zeit gekommen war? Von welchem Augenblick an betrachtete der PLO-Chef Israel nicht länger als ein Gebiet, das es zu erobern galt, sondern als Nachbarn, mehr noch: als Partner? Von welchem Moment an hat der israelische Ministerpräsident in Arafat nicht länger den terroristischen Mörder jüdischer Kinder gesehen und ihn zunächst als Verhandlungspartner und später als Verbündeten auf dem Weg zum Frieden anerkannt? Im Lichte der außerordentlichen Ereignisse vom September 1993 gewinnen bestimmte Äußerungen aus der Zeit davor eine ganz andere Dimension.

Im Februar 1991 besuchten wir Yassir Arafat in Tunis. Bei unserem damaligen Gespräch war auch Suha Tawil zugegen, die er zwei Jahre später heiratete. Plötzlich betrat ein Mann den Raum und meldete, Hamas habe im Gaza-Streifen zum

Generalstreik aufgerufen. Yassir Arafat brauste auf: »Diese verantwortungslosen Schurken!« Nachdem er sich wieder beruhigt hatte, nahm er das Telegramm, das man ihm reichte. Er betrachtete es einige Sekunden lang mit starrem Blick. Offenbar hatte er Mühe, den Text zu entziffern. Schließlich zog er, leise lächelnd, eine Brille aus seiner Jackentasche und zeigte sie uns, wobei er auf englisch meinte: »Wie Sie sehen, bin ich zur Zeit auf eine Brille angewiesen.« Diese Geste und diese Äußerung brachten ihn uns näher, weil er nun menschlicher und verwundbarer, kurz: ganzheitlicher erschien.

Dieser neue Eindruck wurde durch die Überraschung bestätigt, die er uns einige Minuten später bereitete. Er begann nämlich Fragen über Schimon Peres zu stellen: Wie es ihm, seiner Frau und seinen Kindern gehe? Ob es eine einträchtig zusammenlebende Familie sei?

Wir erzählen ihm von den Freitagabenden in Schimons Haus, an denen sich die gesamte Familie Peres um den betagten Mann versammelt, um den Beginn des Schabbats zu feiern. Arafat fragt uns weiter aus. Hat er Enkelkinder? Ist Peres selbst ein treuer Freund?

Wir sahen darin ganz deutlich einen Bruch. Einen nicht rückgängig zu machenden Bruch im Bild des anderen, den man jahrzehntelang verteufelt hatte. Wenn man sich für seinen Feind erst einmal als Menschen zu interessieren beginnt, dann möchte man ihm eines Tages auch persönlich begegnen und mit ihm Frieden schließen.

Wir unterhielten uns noch lange in Arafats Büro, während wir sein Lieblingsgetränk, Tee mit Honig, tranken. Als wir über die bevorstehenden Parlamentswahlen in Israel sprechen, zeigte sich die erste politische Konsequenz seines Interesses für den Menschen Peres.

Er fragte uns:

– Glauben Sie, daß ein Sieg der Arbeitspartei die Friedensbemühungen erleichtern würde?

Und er schließt unvermittelt an:

– Wie können wir Peres helfen, die Wahlen zu gewinnen?

Als er unsere verblüfften Mienen sieht, wird er deutlicher:

– Wir können durchaus etwas tun. Wir könnten gegenüber den wahlberechtigten israelischen Palästinensern eine Wahlempfehlung aussprechen. In diesem Land können einige Tausend Stimmen über das Ergebnis der Wahl entscheiden.

Wir wenden ein, daß dies in Friedenszeiten eine gute Idee wäre, daß aber mitten im Krieg... Stellen Sie sich vor, was es bedeuten würde, vom Feind Unterstützung zu erhalten! Wie würde der einfache Bürger darauf reagieren? Würde er nicht eine Falle vermuten und Verrat wittern?

Ohne auf unseren Einwand zu antworten, fragt Yassir Arafat weiter:

– Glauben Sie, daß er nach einem Wahlsieg zu einem Treffen bereit wäre?

Machiavelli schreibt in seinem Werk Der Fürst: *»Wir müssen erkennen, daß mindestens die Hälfte unserer Handlungen vom Zufall regiert wird und daß nur der Rest unserem Willen unterliegt.« Er sagt allerdings nicht, welche Hälfte die wichtigere ist... Zwei Monate später sind wir, ausgerechnet an einem Freitagabend, bei Schimon Peres zu Gast. Wir plaudern mit seiner Frau Sonia, als er uns plötzlich fragt:*

– Wie geht es Ihrem Freund in Tunis?

Wir erzählen ihm ein paar Neuigkeiten.

– Ist das alles?

– Er wird älter, wie wir alle. Er hat sich eine Brille gekauft.

Sieh an, entfährt es dem mit einem Mal äußerst interessiert wirkenden Schimon Peres, er hat sich eine Brille gekauft.

Und er wiederholt: »Sieh an!«, als besitze diese belanglose Neuigkeit eine große politische Bedeutung.

3 Die Macht der Einfalt

Ein kleiner untersetzter Mann mit schütterem Haar und dichtem, üppigem Bart eilt durch die regengepeitschten Straßen von London.

Es ist kurz nach 7.45 Uhr, am 4. Dezember 1992. Eine Stunde zuvor hat er die Wohnung seines Vetters in einem Londoner Vorort verlassen, um mit einem der überfüllten U-Bahn-Züge ins Stadtzentrum zu fahren. Yair Hirschfeld kann sich kein Taxi leisten.

Für den Professor der Geschichte des Nahen Ostens an der Universität Haifa ist jede Reise ins Ausland eine Strapaze. Da er sich kein Hotel leisten kann, ist er auf die Gastfreundschaft von Verwandten und Freunden angewiesen. Doch das macht ihm nicht das geringste aus.

Der 49 Jahre alte Israeli, der als Sohn österreichischer Juden auf Neuseeland geboren wurde, betrachtet die Welt mit unverstelltem, eigensinnigem Blick. Er glaubt an zwei Dinge: an die Notwendigkeit eines direkten Dialogs zwischen Israel und den Palästinensern einschließlich der PLO und an die entscheidende Bedeutung der Wirtschaft für die Festigung des Friedens. Lange Zeit haben seine Vorschläge in der Öffentlichkeit kaum Resonanz gefunden. Die Mehrheit in beiden Lagern setzte offenkundig stärker auf Unnachgiebigkeit und Gewaltanwendung.

Doch die Geschichte nimmt manchmal einen unabsehbaren Verlauf, und Hirschfeld hat sie in gewisser Weise gezähmt. Er gleicht dem Professor Tournesol, jener sanftmütigen und einfältigen Figur aus der französischen Comic-Serie Tintin, die immer ihre Ziele erreicht, weil ihre Unachtsamkeit ihr die Fallen verbirgt, in die sie geraten könnte.

Während er sich dem Wohnviertel St. James nähert, läßt er noch einmal die Verkettung der jüngsten Ereignisse innerlich Revue passieren.

Eigentlich sollte er sich gar nicht in London aufhalten. Alles hatte einige Tage zuvor begonnen, am 30. November, nachdem er sein altes Auto in Ramallah, im Westjordanland, vor der luxuriösen Villa von Hanan Aschrawi abgestellt hatte. Diese brillante und entschlossene Frau gehört mit Faisal Hussaini zu den führenden Köpfen der Palästinenser in den besetzten Gebieten. Sie kennt und schätzt Hirschfeld seit Jahren.

1989, als die Intifada in vollem Gange war, hatte der israelische Professor im Konferenzraum von Notre-Dame in Jerusalem, wo die jüdischen und arabischen Stadtviertel aneinanderstoßen, Gespräche zwischen Palästinensern und Israelis organisiert. Obwohl sich nur wenige Zuhörer einfanden und die israelische Presse diese Veranstaltungen praktisch totschwieg, nahmen Hanan Aschrawi und Hussaini daran teil. Der wichtigste Teilnehmer auf israelischer Seite war ein junger Abgeordneter der Arbeitspartei, Jossi Beilin, der schon 1977 die akademische Laufbahn aufgegeben hatte, um Schimon Peres nach den Wahlniederlagen ins politische »Exil« zu folgen.

Im Juni 1992 änderte der Sieg der Arbeitspartei bei den Parlamentswahlen die Lage von Grund auf. Schimon Peres übernahm das Außenministerium und ernannte Jossi Beilin zu seinem Stellvertreter. Beilin steht den Ansichten von Hirschfeld nahe; beide haben ein kleines Forschungszentrum gegründet – die Stiftung für wirtschaftliche Zusammenarbeit, für die Hirschfeld ständig Gelder aufzutreiben versucht.

Im Mai 1992, einen Monat vor dem Wahlerfolg der israelischen Arbeitspartei, macht Beilin ihn mit einem Norweger namens Terje Rod Larsen bekannt, der das einflußreiche Forschungsinstitut FAFO leitet, das sich vor allem mit dem Problem der besetzten Gebiete beschäftigt.

Die drei Männer diskutieren stundenlang in den beschaulichen Gärten des American Colony, eines Jerusalemer Hotels von nostalgischem Charme.

Am Ende dieser Unterredung verspricht Larsen Hirschfeld, sich um die Freigabe von 120 000 Dollar zu bemühen, die ihm ermöglichen sollen, ein Forschungsprojekt durchzuführen.

Der Professor aus Haifa ist überglücklich, doch die Monate gehen ins Land, ohne daß der Plan Gestalt annimmt.

Als Hirschfeld am 30. November vor der Villa von Hanan Aschrawi vorfährt, die sich unmittelbar gegenüber dem Sitz des israelischen Militärgouverneurs befindet, ist er ganz von seinen finanziellen Nöten in Beschlag genommen.

Hanan Aschrawi hingegen hat an diesem Tag ganz andere Sorgen. Die dunkelhaarige Frau von 50 Jahren, die als Professorin für englische Literatur des Mittelalters tätig ist und über eine außerordentliche politische Intelligenz verfügt, ist besorgt über den Stillstand der Washingtoner Friedensgespräche.

Auf der Friedenskonferenz von Madrid, die 1991 auf Initiative von George Bush zustande gekommen war und bei der Israelis und Araber erstmals am selben Tisch saßen, hatte man vereinbart, daß anschließend in der amerikanischen Hauptstadt bilaterale Verhandlungen zwischen allen Konfliktparteien stattfinden sollten.

Hanan Aschrawi, die Sprecherin der palästinensischen Delegation bei diesen Verhandlungen, ist mehr als enttäuscht über die bislang erzielten Ergebnisse.

– Ich war überzeugt, so sagt sie uns, daß wir mehrere inoffizielle Verhandlungsschienen aufbauen mußten, denn die Washingtoner Friedensgespräche waren nichts als ein öffentlicher Schlagabtausch, bei dem mit Sicherheit nichts herauskommen würde. Im übrigen waren sie an einem toten Punkt angelangt. Ich sagte den Amerikanern mehrfach: »Weshalb gründen Sie kein geheimes trilaterales Verhandlungsforum, wenn Sie wirklich etwas tun wollen? Wir alle wissen, daß die eigentlichen Verhandlungen immer hinter den Kulissen stattfinden. Wir sind bereit, an einem Verhandlungsforum mitzuwirken, das israelische Regierungsbeamte, PLO-Funktionäre und Vertreter Ihrer Regierung zusammenführen würde.« Sie haben es jedoch strikt abgelehnt, mit der PLO zu verhandeln. Sie gingen äußerst bedachtsam vor, ohne Phantasie und Mut. Aus diesem Grund begann ich damit, andere Kontakte zu knüpfen.

Als Hirschfeld im Empfangszimmer seiner Gastgeberin bei freundschaftlichem Geplauder seinen Tee trinkt, ahnt er nicht, daß er eine Schachfigur in der Strategie von Hanan Aschrawi ist. Doch auch sie ahnt nicht, wie schnell die Initiative, die sie ergreift, ihrer Kontrolle entgleiten wird. Yair Hirschfeld, der Jossi Beilin und damit auch Schimon Peres nahesteht, ist für sie einfach eine weitere, möglicherweise vielversprechende Kontaktperson und ein Trumpf, den man ausspielen könnte. Es handelt sich um eine pragmatische Entscheidung, bei der sie sich keine allzugroßen Illusionen macht. Seit Jahren schon fanden unabhängig von der offiziellen Linie beider Seiten Geheimtreffen zwischen Israelis und PLO-Vertretern statt. Auch wenn diese Kontakte nie zu greifbaren Ergebnissen geführt hatten, war im Laufe der Zeit doch etwas Seltsames geschehen: Die Widersacher hatten sich schließlich kennen- und verstehen gelernt. Unmerklich näherten sich ihre Mentalitäten einander an, gewöhnte man sich an den anderen, auch wenn man nach wie vor entgegengesetzte politische Ziele verfolgte.

Am Ende ihres Gesprächs mit Hirschfeld fragt Hanan Aschrawi:

– Haben Sie irgendwelche Reisepläne für die nächsten Monate?

– Ja, ich nehme an einem Seminar in Zürich teil, das sich mit dem Wasserproblem im Nahen Osten befaßt.

Seine Gesprächspartnerin zeigt sich plötzlich interessiert.

– Sie sollten bei dieser Gelegenheit einen Abstecher nach London machen, wo der gemeinsame Ausschuß für die Planung der multilateralen Friedensverhandlungen am 3. Dezember seine Arbeit aufnehmen wird. Das könnte äußerst interessant für Sie sein.

Hirschfeld macht ein skeptisches Gesicht.

– Glauben Sie wirklich? Das ist etwas umständlich, und ich habe nicht genügend Geld, um das Flugticket Zürich–London zu bezahlen.

Hanan Aschrawi lächelt:

– Ehrlich gesagt, Yair, ich glaube nicht, daß das ein Hindernis ist. Ihr Reisebüro kann diese Frage mühelos regeln, ohne daß Sie etwas draufzahlen müssen. Und wenn Sie schon einmal in London sind, dann können Sie auch gleich Abu Ala' treffen.

Bei der Erwähnung dieses Namens fährt Hirschfeld zusammen:

– Abu Ala' wird auch dort sein?

Worauf die Palästinenserführerin scheinbar ungerührt mit dem Kopf nickt:

– Ja, und ich kann Ihnen versichern, daß er sich sehr freuen wird, Sie kennenzulernen.

Der Professor mit den gemessenen Gesten sinnt längere Zeit nach. Abu Ala', der mit wirklichem Namen Ahmad Qrei' heißt, ist in seinen Augen der ideale Gesprächspartner. Er ist ein Vertrauter Arafats, aber zugleich ein gemäßigter Pragmatiker. In seiner Doppelfunktion als Bankier und Industrieller leitet er die Wirtschaftsabteilung der PLO.

Hirschfeld entsinnt sich noch genau jenes dreizehn Seiten langen Texts, den er ein Jahr zuvor in Händen gehalten hat. Dieses von Abu Ala' unterzeichnete Dokument, bestimmt für Politiker der Europäischen Gemeinschaft, behandelte die wirtschaftliche Zukunft des Nahen Ostens. Der Israeli, der selbst einen Entwicklungsplan ausgearbeitet hatte, war beeindruckt vom Realismus dieses Plädoyers für eine regionale Kooperation zwischen Israel und seinen Nachbarn. Er hatte eine Kopie des Textes seinem Freund Beilin zukommen lassen, der ihn unverzüglich Peres zum Lesen gab.

Der Chef der israelischen Diplomatie sah darin nach Aussagen eines seiner Vertrauten »gewissermaßen das Spiegelbild seiner eigenen Vision«.

Bei der heiklen Operation, die nun bevorsteht, wird sich die Benennung von Abu Ala' durch die PLO als eine äußerst kluge Entscheidung erweisen. Nach Aussage von Uri Savir, dem Generaldirektor im israelischen Außenministerium, »beherrschte er die ökonomischen Aspekte, trug sich mit Ideen, die unseren eigenen entsprachen, und kannte zudem genauestens die Ansichten von Peres«. Dieser letzte Punkt sollte eine große Bedeutung erlangen.

Der Vorschlag von Hanan Aschrawi hat für Hirschfeld etwas Reizvolles und zugleich etwas Beunruhigendes. Untersagt doch das israelische Gesetz unter Androhung von Gefängnisstrafe jeglichen Kontakt zwischen israelischen Staatsbürgern und PLO-Mitgliedern.

Er verabschiedet sich von Hanan Aschrawi, ohne ihr eine verbindliche Antwort zu geben:

– Ich werde darüber nachdenken; ich werde nach London fliegen, wenn ich Zeit dazu habe.

Er kritzelt die Telefonnummer eines entfernten Vetters, der in London wohnt, auf ein Stück Papier:

– Unter dieser Nummer bin ich zu erreichen.

Auf der Rückfahrt macht er in Jerusalem halt, um sich mit Ron Pundik zu besprechen. Dieser Sohn eines bekannten Journalisten hatte bei Hirschfeld studiert, bevor er in dem kleinen, von Yair gegründeten Forschungszentrum zu seinem Mitarbeiter wurde. Pundik, der eine Brille mit runden Gläsern trägt und trotz seines Bürstenschnitts manchmal eine gewisse Ähnlichkeit mit Woody Allen hat, ist Historiker und Journalist bei der Tageszeitung *Haaretz* und wie Hirschfeld Spezialist für die besetzten Gebiete.

Er hört sich den Bericht von Yair an und empfiehlt ihm dann ohne Umschweife:

– Machen Sie sich nicht so viele Gedanken, Sie müssen nach London fliegen.

Hirschfeld ist noch immer nicht hundertprozentig überzeugt. Am nächsten Tag sucht er Jossi Beilin in dessen Büro im Außenministerium auf. Ein befremdlicher Ort. Das israelische Außenministerium ist seit Jahrzehnten in Gebäuden aus Fertigteilen am Stadtrand von Tel-Aviv untergebracht.

Von kleinem Wuchs und jungenhaftem Aussehen, gehört der 45jährige stellvertretende Außenminister zu denjenigen, die sich unermüdlich darum bemüht haben, die Einstellung der Arbeitspartei zu verändern und ihre Führer von der Notwendigkeit eines Dialogs mit der PLO zu überzeugen. Dennoch nimmt er die Nachricht, die ihm Hirschfeld überbringt, reserviert auf:

– Ich habe nicht geglaubt, gesteht er uns später, daß man die Situation ändern könnte. Wir waren uns darüber im klaren, daß wir mit der PLO sprechen mußten. Yair verfügte über sehr gute Kontakte, doch hatte es in der Vergangenheit schon ähnliche Versuche gegeben, die ausnahmslos gescheitert waren. Diese Mißerfolge füllten ganze Bände.

Zwei Zufälle sollten dem Schicksal nachhelfen. Beilin stellt fest, daß auch er am 3. Dezember in London sein muß. Hirschfeld würde ihm daher unverzüglich über seine Begegnung mit Abu Ala' berichten können. Und rein zufällig sollte sich auch noch ein weiterer Protagonist, der später eine wichtige Rolle spielen wird, zur gleichen Zeit in der britischen Hauptstadt aufhalten: Terje Rod Larsen, der 46jährige Norweger mit rundlichem Gesicht, dessen Englisch einen starken Oxford-Akzent aufweist und der das Institut für angewandte Sozialwissenschaften leitet.

Er hatte Hirschfeld versprochen, ein Budget von 120000 Dollar freizugeben. Vor allem hatte er jedoch bei der gleichen Gelegenheit Beilin versichert, Norwegen sei bereit, alles zu tun, um den Dialog zwischen Israelis und Palästinensern zu fördern. Die sozialdemokratische Regierung in Oslo unterhält enge Beziehungen zu allen Beteiligten: zur israelischen Arbeitspartei, zur Führung der PLO, aber auch zu den Vereinigten Staaten. Ein Protagonist der Geschichte meint dazu:

»Norwegen war das ideale Land. Unauffällig und abseits der diplomatischen Wege, die man normalerweise benutzt.«

Jossi Beilin hält einen weiteren Trumpf in Händen, in der Person des untersetzten kleinen Mannes von lebhaftem Temperament, der ihm gegenübersitzt: Seit Jahren schon bereist Yair Hirschfeld regelmäßig die besetzten Gebiete. Er hat das Vertrauen und die Achtung sämtlicher Palästinenserführer in den besetzten Gebieten gewonnen. Beilin sagt uns dazu: »Mit einer Leichtigkeit wie niemand vor ihm hatte er Kontakte zu den Arabern in Israel und innerhalb sowie außerhalb der besetzten Gebiete geknüpft. Für mich war er ein ganz ungewöhnlicher, wenngleich etwas sonderbarer Mensch. Anders als die meisten von uns war er nicht in Israel geboren. Mit 23 Jahren ist er nach Wien gezogen. Mit seiner Frau sprach er deutsch. Er war ganz anders als wir, und doch hatte auch er sich ganz der Sache des Friedens verschrieben. Er glaubte fest daran. Er war sehr einfältig und naiv. Es war kaum zu glauben.«

Beilin ist wie Schimon Peres davon überzeugt, daß die Verhandlungen in Washington niemals zu einem Abkommen führen würden.

– Ich fürchtete, daß wir Zeit verlieren und vielversprechende Chancen vergeben würden. Daher war es von größter Wichtigkeit, daß wir eine parallele Verhandlungsschiene eröffneten, um Informationen zu erhalten und zu übermitteln. Doch zugleich wollte ich nicht gegen die Gesetze verstoßen.

Auch in dieser Hinsicht bietet Hirschfeld, der keinerlei öffentliches Amt innehat, die besten Voraussetzungen, um der publizistischen Aufmerksamkeit zu entgehen. Die Ironie der Geschichte will es, daß dieses vielzitierte Gesetz, das wie ein Damoklesschwert über den Köpfen israelischer Amtsträger schwebt, am 2. Dezember von der Knesset in erster Lesung geändert wird. Am 3. fliegen Beilin und Hirschfeld nach London. Nach ihrer Landung gegen 15 Uhr fährt der Professor zu seinem am Stadtrand von London lebenden Vetter, der ihm, noch bevor er ihn umarmt, mitteilt: »Ein Kerl mit arabischem

Tonfall hat seit heute morgen mindestens zehnmal angerufen und nach dir gefragt.«

Eine rätselhafte Nachricht auf dem Anfrufbeantworter gibt immerhin etwas genaueren Aufschluß:

– Herr Hirschfeld, wir würden uns gern mit Ihnen treffen.

Yair ruft im Hotel Ritz an, in dem Abu Ala' abgestiegen ist. Der PLO-Funktionär zeigt sich ebenso herzlich wie ungeduldig.

– Ich freue mich, daß Sie gekommen sind. Könnten wir uns morgen früh in meinem Hotelzimmer treffen?

Der israelische Professor zögert. Er möchte nicht in dem Hotel gesehen werden, in dem die palästinensische Delegation wohnt.

– Mir wäre es lieber, wenn wir uns um 10 Uhr im Forte Crest St. James treffen würden. Ich habe um 8 Uhr bereits eine andere Verabredung in diesem Hotel.

In dem Hotel, das Hirschfeld vorschlägt, ist Larsen abgestiegen.

Um 8.03 Uhr betritt der Israeli, starr vor Kälte und vom Regen durchnäßt, die Halle des St. James. Das Hotel, das von gedämpftem Licht erhellt wird, ist eine Insel der Ruhe und des diskreten Luxus. Er begibt sich in den Frühstücksraum im ersten Stock. Larsen sitzt bereits an einem runden Holztisch. Er trägt eines der gestreiften Hemden, für die er eine Vorliebe hat. Hirschfeld hatte ihn kurz vor seinem Abflug von Haifa aus angerufen, um dieses Treffen zu vereinbaren.

– Ich freue mich sehr, Sie hier in London zu sehen, sagt ihm der Norweger.

Yair blickt ihn fest an:

– Terje, bei unserer letzten Begegnung im Mai in Jerusalem haben Sie mir wortwörtlich versichert: »Wenn Sie jemals irgend etwas brauchen, um ein Treffen zwischen Palästinensern und Israelis zustande zu bringen, werde ich Ihnen alle erdenkliche Unterstützung gewähren. Ich werde Ihnen helfen.«

Worauf Larsen erwidert: »Ich habe sogar klargestellt, daß wir Norweger keine Kontakte zwischen den beiden Lagern herstellen möchten. Daß wir jedoch zur Stelle sein werden, wenn Sie auf die Palästinenser zugehen wollen und Hilfe brauchen.«

Hirschfeld nickt beruhigt mit dem Kopf:

– Gut. Sie sollen wissen, daß ich mich um 10 Uhr hier mit Abu Ala' treffen werde. Ich weiß, daß Sie ihn kennen. Ich habe keine Ahnung, was dabei herauskommen wird. Falls sich jedoch etwas Interessantes oder Wichtiges ergeben sollte, möchte ich wissen, ob Sie uns in Zukunft helfen können.

Der Norweger zeigt nicht die geringste Spur von Überraschung oder Unschlüssigkeit:

– Selbstverständlich. Was immer Sie brauchen, wir werden Ihnen helfen. Es ist schwer für mich, die 120 000 Dollar freizugeben, die ich Ihnen versprochen habe. Wir werden jedoch sämtliche Kosten übernehmen, falls die Gespräche in Norwegen fortgeführt werden.

Die beiden Männer gehen um 9.45 Uhr auseinander, nachdem sie sich für den Abend erneut verabredet haben. Larsen zieht sich zurück, bevor der PLO-Funktionär eintrifft. Erstes Beispiel jener konsequenten Diskretion, die den Erfolg der »norwegischen Gastfreundschaft« ausmachen wird.

Ein Vertreter der norwegischen Regierung, der an den Geheimgesprächen teilnahm, sagt uns später:

– Wir wollten eine Atmosphäre schaffen, die das genaue Gegenteil der Situation bei den Washingtoner Gesprächen sein sollte. Die Verhandlungen sollten in einem informellen Klima ablaufen, so daß sich zwischen den Teilnehmern ein persönliches Vertrauensverhältnis aufbauen konnte.

Um 10.02 Uhr trifft Abu Ala' im Hotel ein. Er wird begleitet von Londoner PLO-Vertretern und von Hasan Asfur, einem ehemaligen Funktionär der kommunistischen Partei, der jetzt zu den Beratern Arafats gehört.

Draußen regnet es mittlerweile in Strömen. Hirschfeld mustert Abu Ala' mit neugierigem Blick. Er hatte ihn 1991, bei der Eröffnungssitzung der Konferenz von Madrid, flüchtig gesehen. Der elegant gekleidete Abu Ala' mit seinen funkelnden Augen ist ein liebenswürdiger und charmanter 50jähriger Herr. Er sieht eher wie ein reicher nahöstlicher Bankier aus denn wie der Funktionär einer Befreiungsbewegung. Er war anscheinend in keine einzige terroristische Operation der PLO verwickelt, und er ist neben Yassir Arafat vermutlich der einzige, der die wirkliche Finanzlage der PLO kennt.

Nach Einschätzung zahlreicher Experten steht die palästinensische Befreiungsbewegung am Rande des Bankrotts, seit die Erdöl-Monarchien am Persischen Golf als Vergeltung für die Unterstützung, die Arafat während des Golfkriegs Saddam Hussein zukommen ließ, ihre gesamte Finanzhilfe ausgesetzt haben. Dennoch befinden sich nach Angaben wohlunterrichteter Kreise zwischen 4 und 6 Milliarden Dollar in der Kriegskasse der PLO.

Diese Gelder wurden in der arabischen Welt, aber auch bei schweizerischen und luxemburgischen Banken sowie in Großbritannien angelegt, wo die palästinensische Befreiungsbewegung insbesondere in dem vornehmen Londoner Wohnviertel Mayfair über beachtlichen Immobilienbesitz verfügt.

Abu Ala', der in diese Geheimnisse eingeweiht ist, spricht mit einem Humor und einer Mäßigung, die Hirschfeld auf Anhieb gefallen.

– Ich habe Ihre Analysen über die wirtschaftliche Zukunft der Region mit großem Interesse gelesen, sagt der Israeli.

Worauf der Palästinenser höflich antwortet:

– Ich glaube, Sie haben über das gleiche Thema gearbeitet, und wir gelangen zu ganz ähnlichen Schlußfolgerungen.

Tatsächlich beginnen die beiden Männer ein seltsames Spiel, bei dem jeder davon überzeugt ist, daß der andere die Rolle des Klägers übernehmen wird. Das Gespräch dauert drei Stunden, in denen Hirschfeld und Abu Ala' ihre – oftmals identischen – Auffassungen über die Zukunft der besetzten

Gebiete, die Notwendigkeit zügiger Verhandlungen und die völlige Erfolglosigkeit der Washingtoner Friedensgespräche austauschen. Dennoch überwiegt nach wie vor Skepsis.

Einmal erklärt Hirschfeld:

– Wir wollten über den Frieden reden.

– Glauben Sie nicht, es wäre sinnvoll und konstruktiv, inoffizielle Gespräche zu führen, die die Aufnahme formeller Verhandlungen vorbereiten könnten? erwidert Abu Ala'.

Sichtlich verlegen, zögert Hirschfeld mit der Antwort:

– Das ist schwer zu sagen. Ich bin kein Regierungsvertreter.

Mit verdrießlicher Miene hebt Abu Ala' die Arme zum Zeichen der Ohnmacht:

– Was können wir gemeinsam tun, wenn Sie keine offizielle Vollmacht besitzen?

– Hören Sie zu, entgegnet Hirschfeld, wir sollten uns heute abend wiedersehen. Vielleicht können wir Fortschritte machen, denn am Nachmittag treffe ich »Freunde«.

Der PLO-Funktionär lächelt, als er das Wort »Freunde« hört, und antwortet:

– In Ordnung. Paßt Ihnen 20 Uhr in meinem Hotel?

Den Unbilden des Wetters trotzend, setzt Hirschfeld seine wunderliche Rundreise durch London fort. Weiterhin zu Fuß.

Um 16 Uhr klopft er an die Tür des Hotelzimmers von Dan Kurtzer. Dieser strenggläubige Jude, der keine Kippa trägt, aber koscher ißt, gehört zu den ältesten Freunden von Hirschfeld. Er ist eine der Schlüsselfiguren der amerikanischen Diplomatie. Als ehemaliger Berater von James Baker bekleidet er immer noch wichtige Funktionen im US-Außenministerium.

Der israelische Professor erzählt ihm begeistert von seiner Begegnung mit Abu Ala'. Kurtzer hört ihm aufmerksam zu:

– Das scheint mir sehr interessant zu sein. Machen Sie weiter. Gleich nach meiner Rückkehr werde ich das Weiße Haus und das Außenministerium informieren.

Sich der Unterstützung der Amerikaner sicher wähnend, nimmt Hirschfeld seinen Pilgerstab wieder auf und setzt seinen Fußmarsch bei strömemdem Regen fort. In Wirklichkeit werden die von Dan Kurtzer überbrachten Informationen bei der Clinton-Administration praktisch keine Reaktion auslösen. Der amerikanische Präsident hat keinerlei Interesse an der Sache, und sein Außenminister, Warren Christopher, verspricht sich nicht das geringste von der PLO oder Geheimgesprächen. Nach Aussage eines seiner engsten Mitarbeiter »war er überzeugt davon, daß jede ernsthafte Friedensregelung auf einem Abkommen zwischen Israel und Syrien beruhen müsse«.

Um 18 Uhr trifft Hirschfeld im Hotel Hyatt ein, wo er mit Jossi Beilin verabredet ist. Auch nachdem er über seine Begegnung mit Abu Ala' berichtet hat, gibt sich der stellvertretende israelische Außenminister noch reserviert:

– Das hört sich vielversprechend an. Dennoch kann ich mich vorläufig nicht einschalten, mein Amt verbietet es mir.

Beilin befürchtet, es könnte öffentlich bekannt werden, daß er Geheimgespräche mit der PLO unterstützt hat. Die Tatsache jedoch, daß diese Gespräche in einem so unscheinbaren Land wie Norwegen stattfinden könnten, beruhigt ihn. Er beschließt, Schimon Peres vorerst nicht einzuweihen.

Hirschfeld, dieser unermüdliche Herold des Friedens, verläßt das Hyatt um 19.15 Uhr und geht in Richtung des Hotels Ritz, wo er kurz vor 20 Uhr eintrifft. Abu Ala' empfängt ihn in seiner Suite:

– Sind die Treffen mit Ihren »Freunden« gut verlaufen?

Hirschfeld nickt lächelnd mit dem Kopf.

– Ja!

– Das heißt?

– Wir können in Oslo, in Norwegen, Gespräche aufnehmen.

Sichtlich verwirrt, starrt Abu Ala' ihn an:

– Weshalb ausgerechnet Oslo?

– Weil die Norweger uns eingeladen haben, antwortet Hirschfeld lakonisch.

– Offiziell?

– Ja, es ist alles arrangiert.

Der Palästinenser betrachtet ihn mit ernstem Blick.

– Wenn wir Gespräche aufnehmen, halte ich es nicht für sinnvoll, immer wieder auf der Geschichte herumzureiten. Niemand wird mir die Überzeugung nehmen können, daß Palästina mein Land ist, und niemand wird Ihnen die Überzeugung nehmen können, daß Palästina Ihr Land ist. Deshalb sollten wir damit beginnen, die aktuellen Schwierigkeiten zu erörtern.

Am selben Tag läßt Jitzhak Rabin 415 Hamas-Aktivisten in den Libanon deportieren. Die beiden Männer erwähnen diesen Vorgang mit keinem Wort.

Einige Monate später erzählt uns Abu Ala' in Tunis:

– Das Projekt schien mir aus drei Gründen interessant zu sein. Erstens nahm ich an, daß Hirschfeld die Rückendeckung von Jossi Beilin hatte, der ein Vertrauter von ihm war; zudem kannte er Kurtzer, der sich zu dieser Zeit in London aufhielt. Folglich durften die Amerikaner im Bilde sein, auch wenn sie diese Initiative nicht aktiv unterstützten. Schließlich hielt ich Norwegen für eine kluge Wahl. Dieses kleine Land unterhält freundschaftliche Beziehungen zu allen Beteiligten. Kurz, ich war geneigt, mitzumachen. Mit der Zeit aber habe ich die Sache mehr und mehr vergessen.

Tatsächlich ist der Dezember der Monat, in dem alles ins Stokken gerät. Gleich nach seiner Rückkehr nach Israel verfaßt Yair Hirschfeld gemeinsam mit Ron Pundik ein Memorandum für Jossi Beilin, in dem sie die Perspektiven künftiger Verhandlungen ausführlich darlegen. Peres und Rabin werden nicht in diesen Plan eingeweiht. Beilin erklärt uns dazu:

– Wenn Sie wüßten, wie viele Leute mir angeboten haben, mit der PLO in Kontakt zu treten!

In Tunis ist die Lage ebenfalls unverändert. Es ist nicht sicher, ob Abu Ala' Arafat über seine Kontakte mit Hirschfeld und über die Möglichkeit, in Norwegen Friedensgespräche zu führen, informiert hat. Jedenfalls sieht der PLO-Chef darin keine Gelegenheit, die man sofort ergreifen müßte. Im Oktober 1993 teilt er uns mit:

– Es war nicht er erste Kanal, den wir benutzten. Wir hatten zuvor schon – weitgehend erfolglos – sehr viele andere Kanäle ausprobiert!

Der Norweger Larsen wird diesem Stillstand ein Ende setzen und den Prozeß wieder in Schwung bringen. Am 18. Dezember trifft er in Tunis ein. Ein Wagen erwartet ihn am Flughafen, um ihn zum Büro von Abu Ala' zu fahren. Der Leiter der Wirtschaftsabteilung empfängt ihn in Anwesenheit mehrerer Mitarbeiter. Nach einem halbstündigen Meinungsaustausch bittet er seine Mitarbeiter, den Raum zu verlassen. Kaum daß die Tür ins Schloß gefallen ist, fragt Larsen seinen Gesprächspartner:

– Wissen Sie, daß Sie nach Norwegen eingeladen sind?

Über Abu Ala's Gesicht geht ein breites Lächeln:

– Wir wissen, daß Sie enge Beziehungen zur israelischen Regierung unterhalten. Könnten Sie uns helfen, einen Kontakt herzustellen für mögliche Gespräche, parallel zu den Washingtoner Verhandlungen?

– Das ist durchaus möglich. Könnte ich den Vorsitzenden Arafat treffen?

Eine Stunde später sitzt der Direktor des norwegischen Forschungsinstituts dem PLO-Vorsitzenden gegenüber. Das kurze Gespräch zwischen den beiden Männern verläuft recht ungewöhnlich.

– Herr Vorsitzender, was können wir für Sie tun? fragt Larsen.

Die Antwort Arafats ist gewohnt diplomatisch und vage.

– Als skandinavisches, nordisches Land können Sie vieles tun. Ich habe nicht vergessen, daß unsere Verhandlungen mit der amerikanischen Regierung 1988 dank der Vermittlung Schwedens zustande gekommen sind.

Arafat gibt damit nach Ansicht von Larsen grünes Licht. Später vertraut er seinen Mitarbeitern an:

– In diesem Augenblick habe ich gespürt, daß sich eine günstige Gelegenheit bot und daß Norwegen eine historische Rolle spielen konnte. Wir waren aufgrund unserer ausgezeichneten Beziehungen zu allen Parteien in einer besonders günstigen Lage. Kurz, ich hatte den Eindruck, daß wir maßgeblich an dem mitwirken konnten, was sich als ein Wendepunkt der Geschichte abzuzeichnen begann.

Hochtrabende und emphatische Worte für eine nach Ansicht von Ron Pundik, einem der israelischen Unterhändler, weitaus prosaischere Wirklichkeit:

– Was sich zwischen Dezember 1992 und September 1993 abgespielt hat, geht nicht auf eine angebliche norwegische Initiative zurück. Eine solche Initiative hat es nie gegeben, sondern lediglich bilaterale Gespräche zwischen Israel und der PLO, die von den Norwegern unterstützt wurden. Das war im übrigen der Grund für ihren Erfolg. Es handelte sich erstmals um direkte Verhandlungen, die ohne Einschaltung eines Vermittlers zustande kamen.

Dennoch wird Larsen ein erhebliches Maß an logistischer Unterstützungsarbeit verrichten. Er kümmert sich um die Flugscheine und um die Organisation vor Ort. Er ruft seinen Freund Jens P. Heyerdahl an, den Vorstandsvorsitzenden des Industriekonzerns Orkla, um ihn zu bitten, das Landgut Borregaard zur Verfügung zu stellen, das normalerweise als Weiterbildungsstätte des Unternehmens genutzt wird. Es handelt sich dabei eigentlich um einen kleinen Herrensitz, der 150 Kilometer von Oslo entfernt liegt und mit alten hölzernen Nippfiguren geschmückt ist. Der Industrielle erklärt sich sofort einverstanden und stellt keine weiteren Fragen. Die beiden Parteien kommen überein, sich erstmals am 20. Januar zu treffen.

Fünf Monate später werden die Israelis erkennen, daß Arafat und seine Vertrauten nur deshalb grünes Licht gegeben und der Entsendung einer so hochrangigen Persönlichkeit wie Abu Ala' zugestimmt haben, weil sie davon überzeugt waren, daß Yair Hirschfeld und Ron Pundik im direkten Auftrag von Jitzhak Rabin und Schimon Peres handelten.

Die Wirklichkeit sieht ganz anders aus. Als die beiden Professoren am 20. Januar von Tel Aviv nach Oslo fliegen und dabei in Genf und Paris Zwischenstops einlegen, um ihre Spuren zu verwischen, hat der israelische Ministerpräsident Jitzhak Rabin nicht die geringste Ahnung von der Initiative. Und auch sein Außenminister, Schimon Peres, hat nur widerwillig seine Zustimmung gegeben. Nach Aussage seines Stellvertreters, Jossi Beilin, »war er nicht sonderlich begeistert«.

Ron Pundik erklärte uns:

– Offiziell fanden keinerlei direkte Gespräche zwischen Israel und der PLO statt. Wenn die Sache aufgeflogen und von der Presse publik gemacht worden wäre, hätte man sie als Initiative zweier ein bißchen verrückter Träumer darstellen können, denen man in Form einer amtlichen Erklärung nach dem Muster: »Ihr Schwachköpfe, was mischt ihr euch in fremde Angelegenheiten ein. Zieht Leine!« einen kräftigen Tritt in den Hintern verabreicht hätte.

4 »Frisch gewagt ist halb gewonnen«

Um den Ablauf der Ereignisse, die sich an diesem Tag in London abspielten, zu rekonstruieren, haben wir alle Beteiligten befragt, die sich damals in London aufhielten.

Das Reizvolle an dieser Befragung bestand darin, daß jeder Zeuge die gleiche Geschichte auf unterschiedliche Weise erzählte. Jeder versucht sich möglichst vorteilhaft darzustellen und den Löwenanteil am Erfolg für sich in Anspruch zu nehmen. »Da beschloß ich, daß wir alles gleich auf Englisch zu Papier bringen sollten.« Wie viele der Beteiligten haben uns versichert, sie seien auf diese Idee verfallen? Praktisch alle, Palästinenser wie Israelis, weltbekannte Figuren ebenso wie Berater hinter den Kulissen, gediegene Terroristen und alte politische Füchse.

Zwischen den beiden Lagern und ihren Untergruppen besteht jedoch Einvernehmen im Hinblick auf die entscheidende Rolle, die Yair Hirschfeld gespielt hat. Er allein habe den Prozeß in Gang gebracht.

Frisch gewagt ist halb gewonnen, lautet eine Redensart. Um uns ein eigenes Bild von dem Initiator der Friedensgespräche zu machen, haben wir ihn persönlich aufgesucht. Er lehrt an der Universität Haifa. Aus gesundheitlichen Gründen wohnt er in einem Dorf 30 Kilometer südlich der Stadt.

Man findet nicht leicht dorthin. Selbst in Israel kennen nur wenige diese abgelegene Ortschaft zwischen Haifa und Nazareth.

Nachdem unser Taxi eine Stunde lang auf einer überhitzten Straße in einem Stau festgesteckt hat, weigert sich der Taxifahrer weiterzufahren und läßt uns aussteigen. Wir setzen unsere Fahrt in einem Überlandbus fort. Wir zwängen uns auf Sitzbänken zwischen schlafende und schwitzende Reisende und Soldaten auf Urlaub, die ihre Maschinenpistolen unter dem Arm tragen. Schließlich steigen wir an der Tankstelle von Ramat Ishaie aus. Dahinter liegen eine einzige, von kleinen Häusern gesäumte Straße, eine Reifenfabrik und sonst nichts. Eine Szene wie aus dem Film Bus Stop, *bereichert um den Geruch von Heizöl und Gummi. Niemand weiß, wo sich die Yasmin-Straße befindet, die uns Professor Yair Hirschfeld genannt hat. Auch seinen Namen hat man noch nie gehört. Um endlich eine Auskunft zu erhalten, erklären wir ein wenig gereizt, daß es um den Mann gehe, dem man die Friedensvereinbarungen verdanke. Achselzucken. Schließlich rufen wir ihn an. Er holt uns in einem alten Peugeot ab. Aus seinem runden, kahlen Kopf, der nur noch von einigen zerzausten Haarsträhnen geschmückt wird, blicken uns zwei erstaunte Augen an – und er ist barfuß.*

Seine Familie scheint der Tatsache, daß wir einige Tausend Kilometer zurückgelegt haben, nur um seine Version der Ereignisse zu erfahren, keine übermäßige Bedeutung beizumessen. Seine Frau geht an uns vorbei, ohne uns auch nur guten Tag zu sagen, und seine beiden halbwüchsigen Söhne, die in einem Nebenzimmer fernsehen, stellen das Gerät nur widerwillig leiser. Wir haben das Gefühl, unerwünscht zu sein. Nur Yair Hirschfeld ist offenbar begeistert, die Geschichte seiner fünf Monate währenden Verhandlungen mit der PLO erzählen zu können. Auf dem Tisch, an dem wir Platz nehmen, rückt er freundlicherweise eine Tischdecke zurecht, die mit Fettflecken überzogen ist.

Er spricht lange, dann erzählen wir ihm einige Geschichten, die er nicht ohne Vergnügen anhört: Er lacht laut auf, als wir von unseren eigenen Mißerfolgen berichten.

Er dagegen war erfolgreich. »Dank seiner aggressiven Unbefangenheit«, wie Jossi Beilin, der stellvertretende Außenminister, meint. In Wirklichkeit aber dank einer einfachen Idee. Yair Hirschfeld ist nämlich der eigentliche Urheber der Methode, die in Oslo zum Erfolg führen sollte: der schriftlichen

Verhandlung, die nunmehr, da sie sich bewährt hat, von allen für sich in Anspruch genommen wird.

Ausgehend von dem Grundsatz, daß alle im selben Boot sitzen, hat er die gemeinsamen wirtschaftlichen Interessen der Region und nicht die politischen Probleme in den Mittelpunkt der Gespräche gerückt. So haben alle gemeinsam darüber nachgedacht, wie man die Wasserreserven am besten aufteilt bzw. die wirtschaftliche Entwicklung am effizientesten fördert, statt umfassende Theorien zu erstellen.

Die Eltern von Yair Hirschfeld stammen aus Wien. 1938 sind sie auf der Flucht vor den Nazis nach Neuseeland ausgewandert, wo Yair 1939 in Wellington geboren wurde. 10 Jahre später, nach dem Ende des Krieges, sind seine Eltern überzeugt, daß Österreich sich gewandelt habe. So kehren sie mit ihrem Sohn nach Wien zurück. Der junge Yair wird Zionist und schließt sich der linken jüdischen Jugendbewegung Haschomer Hazair an, bei der er seine künftige Frau Ruth kennenlernt.

Sie ist eigentlich eine sehr herzliche Person. Nach unserem Besuch in dem kleinen israelischen Dorf sehen wir die Hirschfelds in Paris wieder. Er kehrt gerade aus Tunis zurück, wo er erstmals mit Arafat zusammengetroffen ist. Sie gesteht uns lächelnd:

– Entschuldigen Sie bitte mein Verhalten bei Ihrem Besuch. Sie kamen in einem ungünstigen Augenblick, wir hatten uns gerade gestritten …

Der Professor lächelt ebenfalls und bestätigt die Aussage seiner Frau, froh und verlegen wie ein Heranwachsender. Er erzählt uns, daß Ruth und er nach dem Sechstagekrieg jeweils ein Stipendium für das Studium der Geschichte an der Universität Jerusalem erhalten haben. Yair Hirschfeld spezialisierte sich auf die Geschichte des Iran.

– Das war mir bei den Verhandlungen mit den Palästinensern von großem Nutzen, erklärt er, wobei er mit einer Fistelstimme lacht und sich krümmt wie ein kleiner Junge.

In den 70er Jahren bittet ihn das österreichische Fernsehen, die Ereignisse im Iran zu kommentieren. Der österreichische Bundeskanzler Bruno Kreisky, der selbst jüdischer Abstammung ist, wird auf ihn aufmerksam, lädt ihn nach Wien ein und beauftragt ihn, in seinem Namen Kontakte zu Palästinensern in den besetzten Gebieten zu knüpfen. Und da Kreisky mit Peres befreundet ist ... Diese Annäherungsbemühungen nehmen 1982 ein abruptes Ende, als Kreisky den Ausschluß der israelischen Arbeitspartei aus der Sozialistischen Internationale fordert. Zwischen Peres und Kreisky kommt es daraufhin zum offenen Bruch. Doch Hirschfeld setzt seine Bemühungen fort.

5 Der »Alte« in der Sackgasse

Im Juli 1982 hatte ausgerechnet Arafats Erzfeind, der damalige israelische Verteidigungsminister Ariel Scharon, dem PLO-Führer das Leben gerettet. Mit seinen Kämpfern in Beirut von der israelischen Armee eingekesselt, wird Arafat von einem israelischen Kommando aufgespürt, dem es gelungen ist, sich in die Nähe seines Aufenthaltsortes durchzuschlagen. Ein Scharfschütze hat ihn im Fadenkreuz seines Infrarot-Zielfernrohrs. In diesem Moment ist der PLO-Führer ein ideales Ziel, praktisch ein toter Mann. Doch der Soldat drückt nicht auf den Abzug. Er und seine Kameraden haben strikte Order erhalten: Ariel Scharon will benachrichtigt werden, sobald sie Arafat ausfindig gemacht haben.

Per Funk senden die Soldaten sofort eine chiffrierte Nachricht ins Hauptquartier. Der anwesende Scharon läßt den Befehl übermitteln: »Nicht schießen, meine Ankunft abwarten.« 20 Minuten lang ist der Mann mit der *kufiya* im Visier der Mitglieder des Kommandos. Nur wenige Minuten, bevor der israelische Minister eintrifft, verlieren sie ihn aus den Augen. Scharon ist außer sich vor Wut:

– Ich wollte ihn selbst erschießen, gibt er später zu.

Hätte die Kugel, die den Palästinenserführer getötet hätte, jeglichen Friedensprozeß auf lange Zeit blockiert? Es ist müßig, über die Vergangenheit zu spekulieren, doch diese Anekdote zeigt, wie sehr Arafat ein »ewiger Überlebender« ist.

1967, kurz nach dem überwältigenden israelischen Sieg im Sechstagekrieg, entgeht er der Verhaftung und flüchtet, verkleidet als alter Schäfer und dann als schwangere Frau, ins Westjordanland.

Ein Jahr später, im Juli 1968, wird er zum PLO-Vorsitzenden gewählt.

Am 24. August 1970 empfängt ihn der kranke Jamal Abd al-Nasser in Kairo:

– Glauben Sie, fragt ihn der ägyptische Staatschef, daß die palästinensische Widerstandsbewegung allein die besetzten Gebiete und den Gaza-Streifen befreien kann?

– Nein, antwortet ihm der PLO-Chef, nicht einmal in 30 Jahren.

Und nach einer kurzen Pause fügt er hinzu:

– Dafür ist sie bereit, sich der jordanischen Armee entgegenzustellen.

Diese Enthüllung verblüfft Nasser:

– Haben Sie das ernsthaft erwogen?

– Ach, wissen Sie, erwidert Arafat lächelnd, ich bin einfach nicht imstande, all unsere Kampfeinheiten im Zaum zu halten.

Tatsächlich spielt er mit einem Feuer, das ihn um Haaresbreite verzehren wird.

In Jordanien bilden die Palästinenser regelrecht einen Staat im Staate, der die Machtstellung von König Hussein bedroht. Der Haschemiten-Herrscher befürchtet einen Staatsstreich. Am 24. September 1970 läßt er seine Panzer gegen die palästinensischen Positionen vorrücken, die unter Trommelfeuer genommen werden. Die mörderischen Kämpfe in diesem »Schwarzen September« fordern fast 10 000 Tote auf seiten der Palästinenser; die Überlebenden müssen in den Libanon flüchten.

Der von Hussein gejagte Arafat verdankt seine Rettung nur der Intervention des tunesischen Ministerpräsidenten Bahi Ladgham und des kuweitischen Kronprinzen. Die beiden Männer geben ihren Botschaftern Anweisung, den PLO-Führer als kuweitischen Diplomaten zu tarnen und ihn zu einem Flugzeug zu begleiten, das ihn nach Kairo bringen soll.

Delegierte in letzter Minute interveniert.

Dann auf der internationalen Bühne: Der Zerfall der Sowjetunion und der Zusammenbruch der kommunistischen Systeme in Osteuropa entzieht der PLO ihre wichtigsten Geldgeber und die diplomatischen sowie militärischen Verbündeten.

1988 erkennt Arafat indirekt das Existenzrecht Israels an, und im Mai 1989 erklärt er die PLO-Charta, die die Vernichtung des jüdischen Staates vorsieht, für »hinfällig«. Die Likud-Regierung unter Ministerpräsident Jitzhak Schamir zeigt sich jedoch unbeeindruckt und hält weiter an ihrem Traum von einem »Großisrael« fest.

Das Ende des Kommunismus fällt zeitlich mit der Verblendung Arafats zusammen, der sich im Golfkrieg auf die Seite Saddam Husseins schlägt. Saudi-Arabien und Kuweit, die die palästinensische Befreiungsbewegung jedes Jahr mit mehreren hundert Millionen Dollar unterstützten, stellen daraufhin ihre Zahlungen ein. Die Finanzkrise verstärkt die politischen Risse innerhalb einer Organisation, die immer mehr an Einfluß verliert. Die Jahre vergehen, und die Verbitterung nimmt zu.

Als die Madrider Nahost-Friedenskonferenz am 30. Oktober 1991 beginnt, muß Arafat eine weitere Demütigung hinnehmen, auch wenn es sich nach den Worten eines hochrangigen amerikanischen Beamten um eine »glatte Fiktion« handelt: Die PLO wird nicht offiziell am Verhandlungstisch vertreten sein. In die eigens gebildete jordanisch-palästinensische Delegation werden nur Vertreter der Palästinenser aus den besetzten Gebieten aufgenommen.

Daß diese häufig nachts nach Tunis fliegen, um sich dort ihre Instruktionen zu holen, oder daß der Gesprächspartner von Schamir in Madrid Haidar Abd al-Schafi ist, der PLO-Vertreter in Gaza und einer der Gründer der Bewegung, wird geflissentlich ignoriert. In den Augen der israelischen Regierung wird der Schein gewahrt: kein Dialog mit der PLO. Ungeachtet der zum Handeln drängenden Gewalttätigkeiten im Rahmen der Intifada, die Arafat offenkundig nicht vorhergesehen hat, ziehen sich die Verhandlungen in die Länge und geraten ins Stocken.

Schamir verkündet im privaten Kreis, daß er bereit ist, »die Gespräche 10 Jahre hinzuziehen«. Dennoch vollzieht sich unmerklich ein Wandel der Einstellungen. Die israelische Öffentlichkeit ist der Gewalt und Gegengewalt überdrüssig, und Arafat glaubt nicht mehr an die militärische Option. Er ist alt geworden, und einigen Vertrauten gesteht er: »Ich fürchte, nicht im Land meiner Vorfahren begraben zu werden.«

Auch psychologisch ist der Mann verwaist. Er hat seine engsten Mitstreiter verloren. Abu Iyad wurde von der abtrünnigen Splittergruppe um Abu Nidal ermordet, und Abu Jihad, einer der Gründer der Fatah und der PLO, starb unter den Kugeln eines israelischen Kommandos, dem es gelang, in sein Haus in Tunis einzudringen.

Beschützt von Leibwächtern, die ihm völlig ergeben sind, schläft Arafat niemals zwei Nächte hintereinander am selben Ort. Er fliegt mit seinen eigenen Piloten in Maschinen, die er von arabischen Regierungen geliehen hat. Flugplan und -ziel werden bis zum Start geheimgehalten.

1992 machte das russische Flugzeug, in dem er reiste, eine Bruchlandung in der libyschen Wüste. Im Moment des Aufpralls hören die Passagiere, wie Arafat ausruft: »Ich komme zu dir, Abu Jihad, ich komme.«

Politisch stützt er sich fortan auf eine »kleine Garde« aus einigen Männern, die alle aus der zweiten Generation der Fatah stammen. Das gilt für Mahmud Abbas, genannt Abu Mazen, einen ehemaligen Marxisten, der eine harte Linie vertritt und seine Ausbildung in Moskau erhalten hat, ebenso wie für Yassir Abd Rabbo, ein ehemals einflußreiches Mitglied der demokratischen Front zur Befreiung Palästinas, einer marxistischen Gruppe, die enge Beziehungen zum Südjemen und zu Nordkorea unterhält.

Sie alle haben mittlerweile ihre Einstellung geändert und sind überzeugt von der Notwendigkeit eines Kompromisses mit Israel.

Das gilt auch für Bassam Abu Scharif, einen Vertrauten von Georges Habasch, der 1972 beim Öffnen eines Sprengstoffpaketes, das ihm der Mossad geschickt hatte, ein Auge und drei Finger verlor. Seit dieser Zeit tritt er unermüdlich für einen friedlichen Ausgleich mit Israel ein:

– Wenn Menachem Begin, der sich als junger Mann terroristischer Methoden bediente, um den Staat Israel zu gründen, später, bei der Unterzeichnung des Friedensvertrags mit Ägypten, die Gnade zuteil wurde, die Macht des Friedens zu erkennen, wieso sollten dann Arafat und seine Vertrauten nicht imstande sein, das gleiche zu tun?

Auch die seltsame Faszination, die der PLO-Führer für den Gegner Israel empfindet, hat mit der Zeit nicht nachgelassen. Gegenüber Besuchern zieht er gerne eine Parallele zwischen dem tragischen Schicksal des jüdischen Volkes und dem der Palästinenser. Und er läßt sich den »Alten« nennen – in Anlehnung an den Beinamen, den man dem Gründer Israels, David Ben Gurion, gegeben hat, der neben de Gaulle der einzige Staatsmann ist, den Arafat uneingeschränkt bewundert.

»Dennoch ist das Gebot ›Liebe deinen Nächsten wie dich selbst‹ in dieser Region nur sehr schwer umzusetzen«, wie ein israelischer Schriftsteller und Friedensbefürworter mit grimmigem Humor feststellt. 45 Jahre Mord, Gewalt und Zerstörung haben schließlich in beiden Lagern die Überzeugung gefestigt, daß der andere kein Existenzrecht habe. Jahrzehntelang haben Arafat und die arabischen Machthaber das Wort »Israel« nicht in den Mund genommen. Wenn sie den Feind unbedingt beim Namen nennen mußten, sprachen sie von dem »zionistischen Gebilde«.

– Damals, gesteht König Hassan II. von Marokko ein, stand die Vernichtung Israels und die Vertreibung der Juden ganz oben auf der Liste politischer Propagandamittel. Jedes arabische Regime, das seine Macht bedroht sah oder eine Führungsrolle beanspruchte, machte sich die radikalsten Forderungen der Palästinenser zu eigen, ohne jedoch voll hinter der Sache zu stehen. Die Palästinenser waren ein Alibi für zahlreiche Abenteurer.

Auch auf israelischer Seite haben die Vorurteile und Verkrampfungen ein schier unüberbietbares Ausmaß angenommen. Golda Meir leugnete die Existenz eines palästinensischen Volkes, und Jitzhak Schamir erklärte sogar mehrfach: »Im Vergleich zu uns sind sie Heuschrecken.«

Der 92 Jahre alte, berühmte israelische Philosoph Yeshayahu Leibowitz, dessen scharfsinnige Analysen oftmals Anstoß erregen, stellt fest:

– Unser Problem im Staat Israel besteht nicht darin, den Palästinensern die Freiheit zu geben, sondern darin, die Israelis von dieser unseligen Gewaltherrschaft zu befreien.

Seit seiner Gründung im Jahre 1948 ist Israel eine belagerte Festung, mehr Garnison als Staat. Unterstützt von fremden Staaten und den Juden in der Diaspora, verwendet es seine Intelligenz und seine Ressourcen dazu, ein Militärpotential aufrechtzuerhalten und auszubauen, mit dem es seine Feinde vernichten kann. Jitzhak Rabin war einer der ersten, die die Grenzen dieser Politik der Stärke erkannten.

1987, bei Ausbruch der Intifada, des berühmten »Aufstands der Steine«, bekleidet er das Amt des Verteidigungsministers. Er verspricht, die Revolte niederzuschlagen, wenn nötig, »indem wir den Demonstranten die Knochen brechen«.

Im Februar 1988 erklärt er gegenüber Vertrauten:

– In den letzten Monaten habe ich etwas gelernt: Man kann anderthalb Millionen Palästinenser niemals mit Gewalt regieren. Das ist eine Lehre, aus der wir Konsequenzen ziehen müssen.

Tatsächlich sind die Illusionen seit langem verflogen. Nach der Euphorie des Blitzsieges 1967 bekam der Mythos von der israelischen Unbesiegbarkeit nach dem schwierigen Yom-Kippur-Krieg im Jahre 1973 einen ersten Riß.

Nach dem Einmarsch im Libanon 1982 zeigte sich das ganze

Ausmaß des Unbehagens in der israelischen Öffentlichkeit. Diese mißbilligte das Vorgehen einer Regierung, die die Armee für Zwecke einsetzte, die weit über die unabdingbaren Notwendigkeiten der Verteidigung hinausgingen.

Der Ausbruch der Intifada im Jahre 1987 beweist schließlich die Existenz einer palästinensischen Nation.

Der Golfkrieg von 1991 stellt die letzte Etappe dar. Während irakische Scud-Raketen in Tel Aviv niedergehen, sichern amerikanische Patriot-Raketen – mehr schlecht als recht – den Schutz der Israelis. Nun kann kein Zweifel mehr daran bestehen, daß die Diplomatie an die Stelle der militärischen Optionen treten muß. Noch ahnt niemand, daß der Initiator dieser Entwicklung, der einzige, der sie umsetzen kann, Jitzhak Rabin sein wird.

Mit 71 Jahren und einem äußerst knappen Vorsprung löst er nach einem Kampf, der die Antipathie zwischen den beiden Gegnern noch verstärken wird, seinen ewigen Rivalen, Schimon Peres, als Vorsitzenden der Arbeitspartei ab. Halb scherzhaft meint einer seiner Vertrauten: »Die Abneigung, die Rabin gegen Peres hegt, ist fast genausostark wie sein Haß auf Arafat.«

Als Kind ukrainischer Eltern, die der linkszionistischen »Aristokratie« angehören, in Jerusalem geboren, tritt Rabin mit 18 Jahren in die bewaffnete Untergrundbewegung Palmach ein. 1964 wird er Generalstabschef, und 1967 führt er die israelische Armee zu einem Blitzsieg, der dem jüdischen Staat die Kontrolle über die Sinai-Halbinsel, doch vor allem über das Westjordanland und Ostjerusalem mit der aus religiösen Gründen so wichtigen Klagemauer verschafft. Als er nach einem Zwischenspiel als Botschafter in Washington, das von 1968 bis 1973 dauert, in die Politik geht, hält man ihn noch immer für einen »Falken«. Er ist so verschlossen und wortkarg, daß Nahum Goldmann, der temperamentvolle Gründer des Jüdischen Weltkongresses, eines Tages zu ihm sagt: »Du bist so kalt, daß ich mich frage, wie du es fertiggebracht hast, deiner Frau ein Kind zu machen.«

Schimon Peres läßt keine Gelegenheit aus, ihn als Rohling in Uniform darzustellen und zieht dadurch verächtliche Kommentare seines Rivalen auf sich, der ihm nicht verzeiht, daß er selbst nicht in der Armee gedient hat.

»Rabin ist ein zutiefst konservativer Mensch, aber alles andere als ein Ideologe«, sagen die meisten, die ihn näher kennengelernt haben. »Er konzentriert sich auf das Wesentliche und analysiert eine Situation mit wenigen Worten«, fügt der norwegische Außenminister Johan Jorgen Holst, der ihm im Laufe der Geheimverhandlungen mehrfach begegnet ist, ergänzend hinzu. All das ist richtig. Doch als Jitzhak Rabin 1992 zum zweiten Mal Ministerpräsident wird, verfügt er über einen zusätzlichen Trumpf, den ihm niemand absprechen kann: Dieser Mann, der 1967 die Gebiete erobert hat, die seither unter israelischer Verwaltung stehen, ist der einzige, der sie wieder zurückgeben kann. »Die Gefahr eines neuen Holocaust, die für den Fall der Rückgabe dieser Gebiete beschworen wird, ist das verbale Ghetto, in das sich das moderne Israel einschließt«, lautet seine Diagnose. Für Yaron Ezrachi, der als Professor für Politische Wissenschaften an der Hebräischen Universität von Jerusalem lehrt, »symbolisiert Rabin den Wandel des Israelis, der sich von seinem Selbstbild als heldenhafter Soldat verabschiedet, das er in Reaktion auf die Passivität und Ohnmacht der Juden während des Holocaust aufgebaut hatte, und der jetzt den Weg diplomatischer Lösungen und Kompromisse beschreitet«.

Rabin ist nur wenige Jahre jünger als sein Amtsvorgänger Jitzhak Schamir, doch von den acht Ministerpräsidenten, die bislang an der Spitze des israelischen Staates standen, ist er der einzige, der in Palästina geboren wurde. Er ist ein hartgesottener Bursche, der kein Blatt vor den Mund nimmt, und seine Aussagen treffen ins Schwarze. Für ihn sind die Israelis, die im Ausland wohnen, »ein Verein von Zartbesaiteten« und die Siedler in den besetzten Gebieten »ein Haufen unentwegt plärrender Wickelkinder«.

Nach der Zukunft des Gaza-Streifens gefragt, antwortete er ein Jahr zuvor, er wünsche sich, »dieses Gebiet würde im Meer versinken«.

Erbarmungslos mit seinen Gegnern, nennt er Jossi Beilin »einen Pudel von Peres«. Es kostet ihn viel Überwindung, seinen Rivalen, den er soweit wie möglich kaltstellen möchte, zum Außenminister zu ernennen. Peres ist nurmehr der verbitterte Wortführer »des Lagers der Tauben«, dessen Stellung und Entscheidungsbefugnis als Außenminister so gründlich beschnitten wurden, daß er nicht einmal zu Treffen mit hohen Persönlichkeiten wie etwa dem amerikanischen Außenminister Warren Christopher gebeten wird. Mehrfach denkt er an Rücktritt, unter anderem im März 1993, als die Geheimverhandlungen in Norwegen in vollem Gange sind.

Während des Wahlkampfes setzt Rabin sich selbst eine Frist von »sechs bis neun Monaten«, um die Friedensverhandlungen aus der Sackgasse zu befreien, in der sie stecken. Noch ahnt er nicht, daß er einen zweifachen Frieden schließen muß, zum einen mit der PLO, zum anderen jedoch mit Peres, der ihm »das fehlende Glied in der Kette« besorgt.

Der Außenminister beteuert schon lange: »Unser Problem sind die Menschen. Man kann über ein Gebiet nicht so reden, als lebten dort keine Menschen.«

Für Rabin besteht das eigentliche Problem darin, den geeigneten Gesprächspartner ausfindig zu machen. Er ist der oberste Dienstherr sämtlicher israelischer Geheimdienste: des Mossad, des militärischen Abschirmdienstes Aman und des für die innere Sicherheit zuständigen Schin Beth. Die Berichte der beiden Inlandsgeheimdienste, die die besetzten Gebiete unterwandert haben, sind alarmierend. Alle beschreiben sie den wachsenden Einfluß der fundamentalistischen Bewegungen Hamas und Islamischer Heiliger Krieg und den Autoritätsverlust der PLO vor allem im Gaza-Streifen. Macht und Einfluß der Palästinensischen Befreiungsorganisation gehen immer weiter zurück.

Der israelische Ministerpräsident erinnert sich auch an das lange Gespräch, das er einige Monate zuvor mit Ezer Weizmann geführt hat, bevor dieser zum israelischen Staatspräsidenten gewählt wurde.

1967 war General Weizmann Oberbefehlshaber der Luftwaffe. Dieser zungenfertige und herzliche Mann, über dessen Oberlippe ein rötlicher Schnurrbart prangt und der als »Falke unter den Falken« galt, übernimmt 1977 in der Regierung von Menachem Begin das Amt des Verteidigungsministers. Er glaubt an das Dogma von »Großisrael« und tritt für eine Politik der Stärke gegenüber den arabischen Staaten ein. Und er leugnet schlichtweg die Existenz eines palästinensischen Volkes. Der Besuch von Sadat in Jerusalem und die Unterzeichnung des Friedensabkommens von Camp David bringen erstmals seine Überzeugungen ins Wanken. Die entscheidende Wende aber ereignet sich einige Jahre später. Im Jom-Kippur-Krieg von 1973 wird sein Sohn schwer verwundet, und dessen Zustand wird Ezer Weizmann allmählich dazu veranlassen, eine Wendung um 180 Grad zu vollziehen. Er tritt aus der Regierung aus und kämpft unermüdlich für ein Friedensabkommen mit den arabischen Staaten und für die Aufgabe radikaler Positionen, wie sie vom Likud-Block verfochten werden. Er wird regelrecht zu einem Geächteten. Sein Telefon wird abgehört, seine Post geöffnet und seine improvisierten Reisen nach Ägypten, wo er mit Sadat und später mit Mubarak zusammentrifft, werden von offizieller Seite entschieden verurteilt. Dennoch gibt er nicht nach. Dieser Mann, der Enkel des ersten israelischen Staatspräsidenten, Chaim Weizmann, ist von einer Angst erfüllt, die er seinem langjährigen Waffengefährten Rabin vermitteln wollte.

– Je mehr Zeit vergeht, so vertraut er ihm an, um so geringer wird unser Spielraum und um so weniger Optionen stehen uns offen. Wir glaubten, mit Jordanien zu einer Regelung der Palästinenserfrage gelangen zu können, und haben uns getäuscht. Die PLO verliert immer mehr an Einfluß, und bald wird nur noch die von den iranischen Ayatollahs finanzierte und ideologisch indoktrinierte Hamas-Bewegung als Gesprächspartner übrigbleiben. Hamas aber will keine Verhandlungen, sondern den Heiligen Krieg.

Rabin und seine kleine Gruppe von Beratern beobachten die Entwicklung der islamischen Welt mit Sorge: Die Fundamentalisten triumphieren im Iran, im Sudan und in Afghanistan; Algerien stürzt ins Chaos, Ägypten, Jordanien und der Libanon sind in ernster Gefahr.

Während einer geheimen Sitzung des Verteidigungsrates mit allen führenden Militärs und den Leitern der Geheimdienste einschließlich des Mossad-Chefs Schabtai Schavit, dessen Namen keine israelische Zeitung drucken darf, erklärt Rabin: »Die Staatengemeinschaft unternimmt nichts, um den Iran zu zügeln, der heute die wichtigste militärische, finanzielle und ideologische Stütze dieser Fanatiker ist. Dies bedeutet eine sehr viel größere Gefahr als früher der Irak. Denn wir haben es hier nicht mit einem Land zu tun, das ein anderes erobern will, sondern um ein regelrechtes Subversionsprojekt, ganz ähnlich jenem, das die ehemaligen kommunistischen Staaten betrieben haben.«

Die in einem besonders abhörsicheren Sitzungssaal des Verteidigungsministeriums versammelten Teilnehmer stimmen dieser Einschätzung zu. Doch keiner wagt auszusprechen, was alle denken: Der Aufschwung der Hamas-Bewegung in den besetzten Gebieten war zu einem nicht unwesentlichen Teil das zweifelhafte Verdienst des ehemaligen Verteidigungsministers Rabin selbst, der in diesem Amt Mosche Arens abgelöst hatte, einen brillanten Wissenschaftler, der die israelische Luftfahrtindustrie aufgebaut hat.

»Arens«, sagt einer seiner ehemaligen Mitarbeiter, »war der letzte lebende Kolonialist. Was die besetzten Gebiete angeht, so glaubte er doch tatsächlich, daß man den Palästinensern nur ein paar Spielsachen, einige Kinderklappern geben müsse und schon würden sie die Besatzung schätzen lernen.«

Der Mann, der diese Politik ersonnen hatte und umsetzte, hieß Schmulik Goren. Als Rabin seinen neuen Posten als Verteidigungsminister antrat, behielt er ihn als Mitarbeiter und bestätigte ihn in seinen Ämtern. Mit der Zeit gewann dieser Berater einen erheblichen Einfluß.

Rabin haßte die PLO, und Goren hatte ihn davon überzeugt, daß sie nur durch ein Mittel ausgeschaltet werden könne: das Auftreten einer islamistischen Opposition, die sich laut Goren nur für die Religion und überhaupt nicht für die Politik interessieren würde. »Goren und Rabin haben versucht, diese radikale Opposition aufzubauen«, sagt uns einer derjenigen, die an diesem Projekt mitwirkten.

Dan Kurtzer, der zunächst James Baker und dann Warren Christopher als diplomatischer Berater zur Seite stand, beobachtete diese Machenschaften mit Sorge. Er war damals an der amerikanischen Botschaft in Jerusalem für die besetzten Gebiete zuständig. Einem Mitarbeiter Rabins erklärte er unverhohlen:

– Sind Sie sich der Tragweite dessen bewußt, was Sie da tun? Sie bauen eine fundamentalistische islamische Bewegung auf, die als Gegengewicht zur PLO dienen soll. Sie entfesseln damit eine Kraft, die Sie nie wieder unter Kontrolle bringen werden. Ist das Ihre Politik?

Die Ereignisse werden sich schließlich gegen diejenigen wenden, die sie zu forcieren versuchen. Der israelische Ministerpräsident wäre nie auf den Gedanken gekommen, daß die PLO nach dem Golfkrieg vor einem finanziellen Debakel stehen würde. Der Unterstützung ihrer reichen Gläubiger beraubt, ist die Organisation nicht mehr imstande, die finanziellen Mittel für Schulen, Universitäten, Kindertagesstätten und Krankenhäuser in den besetzten Gebieten aufzubringen. Die PLO, die aufgrund dieser Leistungen eine regelrecht »wohlfahrtsstaatliche« Funktion im Gaza-Streifen und Westjordanland ausübte, zahlte auch Renten an Zehntausende von Familien der »Märtyrer der Revolution«. Nachdem diese

Quelle plötzlich versiegt ist, wird Hamas die Gunst der Stunde nutzen und dank der Gelder, die ihr aus dem Iran, aber auch aus Saudi-Arabien zufließen, an die Stelle der PLO treten. Die Palästinensische Befreiungsorganisation, deren Ansehen immer mehr schwindet, läuft Gefahr, ihre Klientel und ihren Einfluß zu verlieren.

Schon im Dezember 1992 sind Yassir Arafat und Jitzhak Rabin, ohne es zu wissen, zum gleichen Schluß gelangt: Sie sind dazu verdammt, sich miteinander zu verständigen. Der PLO-Chef muß sich der beklemmenden Einsicht stellen, daß die Bedeutung seiner Organisation als ein regionaler Machtfaktor ständig zurückgeht und sein persönliches Ansehen schwer gelitten hat.

Zudem haben sich seine Beziehungen zu Faisal Hussaini und Hanan Aschrawi, den Führern der Palästinenser in den besetzten Gebieten, kontinuierlich verschlechtert.

Rabin versucht mehrere Monate lang, die Führung der PLO in Tunis zu umgehen, indem er diese beiden Palästinenserführer zu seinen bevorzugten Gesprächspartnern kürt, um den Friedensprozeß wieder in Gang zu bringen. Ohne Erfolg. Später wird Rabin auf wenig diplomatische Weise seine Enttäuschung zum Ausdruck bringen:

– Diese Leute sind unfähig, sich von Tunis abzunabeln.

Er erklärt die Zaghaftigkeit der Palästinenserführer aus den besetzten Gebieten mit ihrer Furcht, desavouiert oder gar ermordet zu werden. »In Wirklichkeit, sagt einer seiner Mitarbeiter, hat ihn einmal mehr die kalte Wut gepackt, als er einsah, daß diese Option zum Scheitern verurteilt war, und er wetterte: ›Sie besitzen wahrlich nicht das Format, um Arafat entgegenzutreten und klipp und klar zu sagen: Leck uns am Arsch! Wir haben die Macht und das Sagen.‹«

Hanan Aschrawi, an der sich der Zorn von Rabin ursprünglich entzündete, gibt eine andere Darstellung. Sie charakterisiert den Ministerpräsidenten als einen »sehr ruhigen, sehr bedächtigen und sehr harten Mann« und erklärt dann die

Spannungen mit der israelischen Führung: »Die Menschen, die unter der Besatzung gelebt haben, haben die Denk- und Arbeitsweise der offiziell nicht zur PLO gehörenden Palästinenserführer beeinflußt. Wir hatten eine ethischere Sichtweise und strengere Organisationsgrundsätze. Die meisten Palästinenserführer aus den besetzten Gebieten waren Hochschullehrer oder Angehörige der freien Berufe; die Politiker waren in der Minderheit. In gewisser Weise war unsere Verhandlungstaktik stärker an der Wirklichkeit ausgerichtet. Wir kannten die Israelis sehr viel besser als die Mitglieder der PLO-Führung in Tunis, doch in einigen Fällen waren wir unnachgiebiger. Die einzigen Israelis, die sie kennengelernt hatten, waren Gemäßigte, die eine Regelung bzw. ein Friedensabkommen befürworteten. Uns hingegen war das ganze Spektrum vertraut, wir kannten die politische Szene Israels. Wir wußten, daß sehr viele Israelis, fast die Hälfte, nicht zu Kompromissen bereit sind. Deshalb mußten wir vorsichtig sein.

Doch, so fügt sie hinzu, Arafat ist ein Mann, der Gelegenheiten wahrnimmt und der sich geschichtlich bedeutsamer Augenblicke bewußt ist. Ich glaube nicht, daß es einen Politiker gibt, der es an Schläue mit ihm aufnehmen könnte. Er gehört nicht zu denjenigen, die sich hinsetzen und sich nur mit einem Szenario, einer Etappe oder einer Verhandlungsposition beschäftigen. Er ergreift die Gelegenheit und trifft die politische Entscheidung, die sich aufdrängt. Die Dynamik der Verhandlungen und die raschen Fortschritte sind darauf zurückzuführen, daß die PLO mit schwerwiegenden Problemen zu kämpfen hatte: Ihre Einrichtungen zerfielen, die wirtschaftlichen Probleme verschärften sich, und die offiziellen Friedensverhandlungen steckten in einer Sackgasse. Im Grunde frage ich mich, ob Arafat nicht voraussah, daß all diese Schwierigkeiten zwangsläufig zu dem Ausgang führten, den wir im August mit der Unterzeichnung des Abkommens erlebten.«

Rabin kommentiert seine eigene Entwicklung lakonisch:

– Frieden schließt man mit seinen Feinden, nicht mit seinen Freunden.

Nimrod Novik vertritt eine Hypothese, die die Psychologie Rabins erhellt. Dieser reiche israelische Geschäftsmann, der äußerlich einem Playboy gleicht (als junger Mann soll er in den USA als Fotomodell gearbeitet haben), ist auch ein Mann der vertraulichen Missionen. Er unterhält enge Beziehungen zu zahlreichen arabischen Regierungschefs, insbesondere zu Hosni Mubarak. »Der größte Fehler Rabins«, so erklärt er uns, »ist zugleich seine größte Stärke. Er ist ein analytischer Kopf, und von dem Augenblick an, da er sich ein bestimmtes gedankliches Modell der Wirklichkeit zurechtgelegt hat, gibt es für ihn keinerlei Zweifel mehr. Er ignoriert sämtliche Informationen, die nicht mit seinen Vorstellungen übereinstimmen, und verwirft sämtliche Tatsachen, die sich nicht in sein mentales Modell einfügen. Folglich sollte man annehmen, daß er seine Überzeugungen niemals ändert. Und doch genügt es bereits, einen Stein aus diesem Gebäude zu entfernen, indem man ihm beweist, daß er wackelt, und schon kommt es zu einem totalen Wandel. Er zerstört das bestehende Modell und beginnt wieder völlig von vorn. Kurz, dieser Mann ist einerseits völlig unflexibel und andererseits extrem anpassungsfähig; bei einer Krise kann er mit unbeirrbarer Konsequenz handeln, um dann eine neue Wirklichkeit aufzubauen. Eben dieser völlige Wandel hat sich bei ihm vollzogen, denn er hat sich schließlich gesagt: ›Auch wenn ich diesen Halunken Arafat zutiefst verabscheue, ist er doch der einzige Gesprächspartner, den wir haben. Daher bleibt mir nichts anderes übrig, als mit ihm zu reden.‹«

Und Novik fügt hinzu:

– Schon 1990 hatte Schimon Peres erkannt, daß die Unterscheidung zwischen den PLO-Mitgliedern in Tunis und den Vertretern der Palästinenser aus den besetzten Gebieten eine künstliche war. Drei Jahre vor Rabin hatte er eingesehen, daß ohne die PLO nichts gehen würde.

Das Verblüffendste an dieser Entwicklung ist die Gleichzeitigkeit, mit der sich bei den beiden Gegnern allmählich die Erkenntnis durchsetzte, daß der andere nicht umgangen werden könne. Die Entwicklung Arafats gleicht voll und ganz dem Wandel Rabins, wie Hanan Aschrawi bestätigt:

– In den Gesprächen, die ich in Tunis mit Arafat führte, sagte er mir, daß die Verhandlungen nur dann Aussicht auf Erfolg hätten, wenn Rabin einbezogen würde. Wir waren der Ansicht, daß all das, was Schimon Peres an wichtigen Anstößen, Visionen und Idealismus beisteuern konnte, nur dann Gewicht hätte, wenn es von Rabin gutgeheißen würde. Auch ich erinnere mich, damals gesagt zu haben: »Ohne Rabin geht nichts.«

Dennoch sieht sich Rabin, dem die Israelis den Beinamen »Mr. Sicherheit« gegeben haben, einer politischen Situation gegenüber, die völlig ins Stocken geraten ist. Sein Versprechen, die Verhandlungen wieder in Schwung zu bringen, hat er bislang nicht eingelöst, und die diplomatischen Berichte, die ihn aus Washington erreichen, wo die bilateralen Gespräche stattfinden, sind bedrückend: Nichts bewegt sich.

Ein Mitglied der palästinensischen Delegation in Washington faßt die Situation humorvoll zusammen: »Der Tagesablauf ist sehr einfach: Ich ziehe einen Anzug und eine Krawatte an, begebe mich ins US-Außenministerium, höre, auf meinem Stuhl sitzend, eine halbe Stunde lang Monologe an, kehre in mein Hotel zurück – und der Tag ist zu Ende.«

Jitzhak Rabin wäre es im Traum nicht eingefallen, daß zur selben Zeit ein unbekannter Professor, den er kaum dem Namen nach kannte, ihm nach Aussage eines Vertrauten »aus der Sackgasse helfen und die Lösung für sein Problem liefern würde. Das war einfach unglaublich. In der jüngsten Vergangenheit hatten sich so viele Personen – Engländer, Niederländer, Schweden – als Vermittler angeboten oder erzählt, daß ein Friedensvertrag in greifbare Nähe gerückt sei. Sie können sich nicht vorstellen, wie ›sexy‹ dieses Thema ist.«

Yair Hirschfeld hatte mit all diesen Projekten nichts zu tun.

»Er widmete sich dieser Sache seit vielen Jahren mit vollem Einsatz«, sagt Novik, »ganz auf sich gestellt und alle Unkosten aus eigener Tasche bezahlend. Er hatte nicht einmal eine Sekretärin. Es war eine echte Mission. Und, was noch unglaublicher ist, alles, was in London und dann in Oslo geschah, war wirklich die Frucht des Zufalls.«

6 Norwegen: Das erste Treffen

– Ich stand allein in der Kälte, und trotz meiner Hochachtung für die Norweger wußte ich nicht, wohin all das führen würde.

Yair Hirschfeld schildert den Beginn der Verhandlungen in Norwegen mit Humor. »Ich wollte mich nicht mit einer Begegnung mit Abu Ala' begnügen. Ich wünschte mir, ihn jedesmal treffen zu können, wenn einer von uns beiden es für nötig hielt. Und dazu brauchte ich Geld und einen Treffpunkt. Ich hätte die Dänen, die Deutschen, die Franzosen oder irgend jemand anderen darum bitten können. Zufälligerweise jedoch hielt sich Larsen an dem Tag, an dem ich Abu Ala' traf, in London auf. Ich habe mit ihm darüber gesprochen, und er hat sofort seine Hilfe zugesagt.« Was die Weltpresse später als »norwegische Connection« bezeichnen wird, ist eigentlich nur das Ergebnis einer glücklichen Verbindung zwischen einem Zufall und der diplomatischen Aktivität einer kleinen Gruppe innerhalb der norwegischen Regierung.

Am 10. September 1992 gibt Jossi Beilin, der drei Monate zuvor zur Nummer zwei des israelischen Außenministeriums ernannt wurde, ein offizielles Abendessen zu Ehren seines norwegischen Amtskollegen Jan Egeland. Dieser 35 Jahre alte ehemalige Journalist, der sich auf humanitäre Fragen spezialisiert hat, berichtete 1984 als Korrespondent aus Jerusalem. Er glaubt an ein »norwegisches Modell«, das eine vermittelnde Rolle zwischen zwei gegnerischen Lagern spielen kann. Seiner Ansicht nach ist der Nahe Osten ein ideales Anwendungsfeld. Im April 1992, zwei Monate vor dem Wahlsieg der israelischen Arbeitspartei, hatte Egeland mit Jitzhak Rabin in der norwegischen Botschaft ein Arbeitsfrühstück eingenommen.

Der künftige Ministerpräsident war wie immer recht einsilbig gewesen, doch Egeland hatte seine Äußerungen als Bereitschaft gedeutet, einen Kompromiß mit den Palästinensern zu suchen.

Als das Abendessen an jenem 10. September zu Ende ist, schlägt Egeland Beilin vor, das Gespräch in seinem Hotel fortzusetzen. Es ist kurz nach 22.30 Uhr, und die Nacht ist schon lange über Tel Aviv hereingebrochen. Drei weitere Personen haben an dem Essen teilgenommen: Terje Rod Larsen, der Direktor des FAFO, eines den Gewerkschaften nahestehenden Instituts, das auf Ersuchen von Egeland eine Studie über die physischen und psychischen Lebensbedingungen der Palästinenser in den besetzten Gebieten angefertigt hat, wird von seiner Gattin Mona Juul begleitet, einer jungen dunkelhaarigen Frau, die als Expertin im Außenministerium arbeitet. Jossi Beilin seinerseits hat Yair Hirschfeld eingeladen.

Die kleine Gruppe fährt in zwei Autos zum Hotel Hilton, das am Strand liegt, und begibt sich in die Suite des norwegischen Staatssekretärs.

Kaum haben sie Platz genommen, sagt Egeland zu Beilin:

– Ich versichere Ihnen, daß wir eine Rolle spielen können und daß wir bereit sind, sie zu übernehmen.

Jossi Beilin bedankt sich zwar, scheint aber unschlüssig zu sein. Egeland fügt hinzu:

– Wie Sie wissen, pflegen wir enge Beziehungen zur Führung der PLO in Tunis, die einen solchen Dialog wünscht.

Egeland hütet sich geflissentlich, zu erwähnen, daß Larsen bei einer Reise in die tunesische Hauptstadt das gleiche Argument – wir unterhalten enge Beziehungen zur israelischen Arbeitspartei – an die PLO-Führung »verkauft« hat.

Beilin zeigt sich an diesem Abend nicht sonderlich begeistert. Er antwortet:

– Ich darf mich offiziell nicht mit Angehörigen der PLO treffen, da unsere Gesetze, wie Sie wissen, dies noch immer verbieten. Dagegen könnten wir mit Ihrer Hilfe verschiedene Wege auf mehreren Ebenen sondieren.

Diese Antwort ist ein Paradebeispiel diplomatischer Vagheit. Der Norweger bohrt nach.

– Weshalb treffen Sie sich in Norwegen nicht heimlich mit Hussaini?

Hirschfeld, der neben Beilin sitzt, zuckt zusammen. Der Vorschlag von Egeland zeugt von großer Naivität und einer gründlichen Verkennung der Tatsachen. Beilin und Schimon Peres sind dank der engen freundschaftlichen Kontakte, die Hirschfeld zu Faisal Hussaini geknüpft hat, über dessen Einstellung genauestens im Bilde.

Zudem kommt dieser Vorschlag in einem Augenblick, da sich die israelische Regierung über die vermeintliche Unabhängigkeit der Palästinenser aus den besetzten Gebieten von der PLO-Führung in Tunis keine Illusionen mehr macht.

Jan Egeland und Jossi Beilin trennen sich gegen 1 Uhr morgens. Entgegen den späteren Darstellungen der Norweger wurde keinerlei bindende Zusage gegeben.

Kontakte zwischen der PLO und Israel in Oslo sind zu diesem Zeitpunkt noch extrem unwahrscheinlich. Denn in diesem September 1992 glaubt niemand auf israelischer Seite an den Nutzen von Geheimgesprächen in Norwegen.

Beilin läßt Hirschfeld im Januar 1993 in die norwegische Hauptstadt reisen, um ihm einen Gefallen zu tun. Er würde dort, so nimmt er an, in aller Ruhe sein Lieblingsthema, die Wirtschaft, erörtern und gewiß die entscheidenden politischen Probleme aussparen. Doch alle sollten sich in Hirschfeld täuschen, der nämlich genau das Gegenteil tut.

Jahrelang galt die Arbeitspartei als unentschlossen. Hanan Aschrawi, die Sprecherin der palästinensischen Delegation bei den bilateralen Verhandlungen in Washington, umschreibt diese Haltung bildhaft:

»Ich habe immer gesagt: die Arbeitspartei möchte einen See durchschwimmen, ohne ins Wasser springen oder sich die Füße naß machen zu müssen.«

Die Arbeitspartei, die mehrere Jahre lang als Partner des

Likud-Blocks an der Regierung der nationalen Einheit beteiligt war, schien ihre ganze Energie darauf zu verwenden, sich innerhalb dieser Koalition zu behaupten. Als sie jedoch nach ihrem Wahlsieg allein regiert, verfügt sie nach Ansicht des Königs von Marokko gegenüber ihren rechten Gegnern über einen entscheidenden Vorteil.

– Die Unnachgiebigkeit des Likud-Blocks, betont Hassan II., konnte man darauf zurückführen, daß diese Partei keine Beziehung und keinen Kontakt zur Außenwelt unterhielt. Bei der Arbeitspartei war das anders. Peres und Rabin waren Mitglieder der Sozialistischen Internationale, die als ein Forum des Gedankenaustauschs und auch der Kritik fungierte. Leute konnten ihnen sagen: »Ihr irrt Euch« oder umgekehrt: »Wir sind bereit, Euch zu helfen.«

Wie es die Norweger getan haben.

Es ist eisig kalt, als Yair Hirschfeld am 20. Januar in Oslo aus dem Flugzeug steigt. Er trägt einen feinsäuberlich gefalteten Brief bei sich, der ihn zu einem Universitätsseminar über die Lebensbedingungen in den besetzten Gebieten einlädt. Begleitet wird er von seinem Freund und Mitarbeiter Ron Pundik.

Ein herzlich lächelnder, korpulenter Mann erwartet sie in der Empfangshalle. Rod Larsen hat ihn dazu ausersehen, die Rolle des halbamtlichen Protokollchefs zu spielen. Nachdem man ihn ins Vertrauen gezogen hat, wird er sich im Laufe der Monate für die Regelung logistischer Fragen als unentbehrlich erweisen. Er koordiniert die Flüge, den Briefwechsel und die Ankunft der Beteiligten.

Man möchte keinerlei Aufmerksamkeit erregen. Die Gäste werden weder regierungseigene Fahrzeuge noch Limousinen, sondern ausschließlich Mietwagen und Taxis benutzen. Der Mann, der Hirschfeld und Pundik am Flughafen abholt, ist hauptberuflich Trainer der norwegischen Eisschnelläuferinnen.

Die Israelis nehmen im Fond eines Volvos Platz, der auf dem Parkplatz des Flughafens auf sie wartet. Dieser bringt sie in das fast 150 Kilometer entfernte Sarpsborg, eine kleine Industriestadt südwestlich von Oslo, unweit der schwedischen Grenze.

Um 21 Uhr erreichen sie das Landhaus Borregaard. Dieses imposante dreistöckige Gebäude mit weißer Fassade ist von Wald umgeben.

Die Norweger möchten, daß sich ihre Gäste wohl fühlen und sich wie »echte Unterhändler und nicht wie bloße Sprachrohre« benehmen. Auf die Ausstattung und die Atmosphäre haben sie besondere Sorgfalt verwandt. Sofas stehen vor den großen offenen Kaminen, in denen Holzscheite knistern. Die Sitzordnung bei den Mahlzeiten wurde so gewählt, daß die Gäste ihre laufenden Gespräche fortsetzen können.

Hirschfeld und Pundik können in ihren geschmackvoll eingerichteten Zimmern die Laute der auf dem Landgut lebenden Tiere vernehmen. Sie wissen nicht, daß die Norweger, die an die beruhigende Wirkung der Natur glauben, das Gelände abgeriegelt haben, damit Israelis und Palästinenser ungestört durch das Unterholz promenieren können.

Offiziell beherbergt Borregaard eine Gruppe »etwas exzentrischer« Wissenschaftler, die an einem Buch über den Nahen Osten arbeiten.

Die palästinensische Delegation trifft um 23.30 Uhr ein. Sie hat Tunis im Morgengrauen verlassen und ist über Paris und Wien nach Oslo geflogen, um sämtliche Spuren zu verwischen.

Der gutgelaunte Abu Ala' wird von Hasan Asfur und einem dritten Mann, der in den Verhandlungen nie erwähnt wird, begleitet. Es handelt sich um Doktor Mahar, einen einflußreichen palästinensischen Finanzier, der bis Juni an allen Treffen teilnehmen wird.

Die drei Palästinenser werden durch einen Zwischenfall aufgehalten, der alles hätte zunichte machen können. Auf der Straße von Oslo nach Borregaard wird ihr Auto von einer Polizeistreife angehalten. Die Fahrzeugpapiere werden genau geprüft, und der Fahrer muß sich einem Alkoholtest unterziehen. Abu Ala', der unter falschem Namen reist, und seine Begleiter werden jedoch nicht behelligt. Larsen und seine Frau Mona Juul sind nach diesem Zwischenfall tief erschüttert, doch Palästinenser und Israelis treiben in dem Speisezimmer, das mit lasiertem Holz getäfelt ist, ihre Scherze darüber. An diesem Abend sind politische Themen tabu.

Abu Ala' scheint über einen unerschöpflichen Vorrat an lustigen Geschichten zu verfügen, die er gekonnt erzählt. Der Wein fließt in Strömen, das Essen ist schmackhaft, und sogar Hirschfeld, der verschlossene, ernste Professor, taut plötzlich auf. Er ahmt Schamir, Bush und Gorbatschow nach, die Gott zu sich zitiert hat, Jahwe verkündet ihnen:

– Leider habe ich einen verhängnisvollen Fehler begangen. In zwei Wochen wird die Welt untergehen. Ihr müßt Eure Völker davon in Kenntnis setzen.

Gorbatschow und Bush lassen tiefbetrübt die schlechte Nachricht bekanntgeben. Schamir hingegen erklärt den Israelis:

– Ich habe Euch zwei gute Nachrichten zu vermelden. Erstens, Gott existiert. Zweitens: Ich kann Euch versichern, daß es niemals einen Palästinenser-Staat geben wird.

Abu Ala' und seine Begleiter brechen in schallendes Gelächter aus. Die Unterhaltung findet auf englisch statt. Gutgelaunt und ermüdet gehen die beiden Delegationen gegen 1.30 Uhr morgens auseinander.

Am nächsten Tag werden die Gäste von Borregaard vom Krähen eines Hahnes aufgeweckt, das von dem Hühnerhof herüberschallt, der an das Landhaus angrenzt.

Mit methodischer Gründlichkeit haben die Norweger diesen 21. Januar, an dem die Gespräche offiziell beginnen, in zwei Hälften gegliedert.

Um 9 Uhr nehmen Hirschfeld, Pundik, Abu Ala' und die beiden anderen palästinensischen Unterhändler ein reichhaltiges Frühstück auf der Basis gutseigener Produkte ein, zu dem sich der norwegische Außenminister Jorgen Holst und seine

Frau Marianne Heiberg gesellen. Diese arbeitet am Institut von Larsen über die Lebensbedingungen in den besetzten Gebieten.

Um 10 Uhr begeben sich alle in einen großen Raum, der als Sitzungssaal dienen wird. Israelis und Palästinenser werden sich während der kommenden acht Monate insgesamt vierzehnmal auf den Stühlen mit hohen Rückenlehnen niederlassen, die um den imposanten, mit einem weißen Tischtuch überzogenen Holztisch in der Mitte des dunklen Raumes gruppiert sind.

Außenminister Holst eröffnet die Sitzung, indem er die Teilnehmer willkommen heißt, und gibt sodann einen ausführlichen Überblick über die Lage im Nahen Osten und vor allem das israelisch-palästinensische Problem. Nachdem er seine Rede beendet hat, klatschen Abu Ala', Hirschfeld und ihre Mitarbeiter höflich Beifall, in der festen Überzeugung, das protokollarische Vorspiel sei damit zu Ende.

Doch nun ergreift die Gattin von Holst, Marianne Heiberg, das Wort und referiert über eine Stunde lang über die Lebensbedingungen im Westjordanland und im Gaza-Streifen.

Diese detaillierte, fast belehrende Darstellung eines Themas, über das sie sehr viel besser Bescheid wissen als die Norweger, löst bei beiden Delegationen höflich kaschierte Langeweile aus.

– Das hat uns nicht sonderlich interessiert, meint Hirschfeld. Der Form halber stellten wir ein paar Fragen, aber eigentlich haben wir nicht richtig zugehört.

Unmittelbar nach dem Ende der Zusammenkunft reist Außenminister Holst wieder ab und überläßt alles weitere seinem Stellvertreter Jan Egeland. Dieser leitet nach dem Mittagessen die erste Arbeitssitzung. Die entspannte Atmosphäre vom Abend zuvor ist verflogen. Palästinenser und Israelis sitzen sich mit ernstem, manchmal sichtlich angespanntem Gesicht gegenüber. Schon in den ersten Redebeiträgen prallen die gegensätzlichen Standpunkte der beiden Delegationen unversöhnlich aufeinander.

Abu Ala' ergreift als erster das Wort. Er spricht nun nicht mehr englisch, sondern arabisch. Und der Finanzier Mahar übernimmt die Rolle des Dolmetschers. Diese Methode und die gewählte Ausdrucksweise verleihen dem Meinungsaustausch einen viel förmlicheren, ja fast zeremoniellen Charakter.

Der PLO-Funktionär bedankt sich lang und breit bei den Verantwortlichen des norwegischen Außenministeriums und erinnert plötzlich daran, daß »Norwegen das schmerzliche Joch des Nazismus erdulden mußte und so beherzt Widerstand geleistet hat«.

Hirschfeld hat den Eindruck, daß Abu Ala' stillschweigend eine Parallele zwischen der deutschen Besatzung und der israelischen Präsenz in den besetzten Gebieten zieht. Ein unerträglicher Vergleich für den Professor aus Haifa, dessen Denken und Handeln ganz im Zeichen der Erinnerung an die sechs Millionen Juden steht, die im Zweiten Weltkrieg ermordet wurden.

Als er seinerseits das Wort ergreift, verrät seine Stimme eine tiefe innere Bewegung:

– Die Unterstützung Norwegens ist für uns deshalb so wichtig, weil dieses Land die schreckliche Erfahrung des Holocaust gemacht hat (fast 90 Prozent der norwegischen Juden sind in den Konzentrationslagern umgebracht worden) und wie wir das Andenken daran bewahrt.

Dann wendet er sich an die Palästinenser:

– Unsere gemeinsame Erfahrung des Leidens sollte uns den Weg in eine friedlichere Zukunft weisen.

Im Saal herrscht drückendes Schweigen. Jeder scheint von seinen alten Dämonen und Ängsten eingeholt zu werden. Da macht Jan Egeland etwas psychologisch sehr Kluges: Er steht auf und verläßt den Raum, so daß die fünf Männer ohne Zeugen unter sich bleiben.

Er weiß, daß beide Lager vor einem Dritten niemals den Eindruck erwecken werden, nachzugeben oder gar ihre Forderungen zurückzuschrauben.

– Die Osloer Verhandlungen, so erklärt uns einer ihrer Protagonisten, haben aus zwei Gründen zum Erfolg geführt: Erstens, es gab keine Vermittler, die zuhörten, sich einmischten und Vorschläge unterbreiteten, was die Dinge immer kompliziert. Zweitens, der Zerfall der Sowjetunion und das Ende des Kalten Krieges haben der Vetternwirtschaft der Großmächte ein Ende gesetzt, die ihre Verbündeten dazu ermunterten, ihre Forderungen immer höher zu schrauben. Die kleinen Gegner standen sich plötzlich allein gegenüber.

Wie in Borregaard.

Abu Ala' bricht das Schweigen. Auf arabisch erklärt er den beiden Israelis:

– Wenn wir jetzt wieder in der Geschichte zurückblättern, wird uns das Jahre kosten, und, wie ich Ihnen bereits gesagt habe, Sie können mich genausowenig von Ihrem Standpunkt überzeugen wie ich Sie umgekehrt von dem meinen. Stoßen wir zum Kern der Sache vor, schauen wir, wo die Schwierigkeiten liegen, und halten wir sie schriftlich fest.

– Ich bin absolut einverstanden, antwortet Hirschfeld. Lassen Sie uns ausschließlich über die Zukunft reden und die Möglichkeiten sondieren, ein Abkommen zu erreichen. Verzichten wir auf *gegenseitige Schuldzuweisungen*.

Mahar, der palästinensische Dolmetscher, hat einige Mühe, diesen von Hirschfeld verwandten Begriff ins Arabische zu übersetzen. Als er schließlich die richtigen Wörter findet, nickt Abu Ala' beifällig.

– Unbedingt, und falls wir Fortschritte machen, können wir später eine Grundsatzerklärung oder etwas Ähnliches ausarbeiten.

– Im Jiddischen gibt es den Ausdruck *Tacheles*, fährt Hirschfeld fort, was so viel bedeutet wie »laßt uns miteinander reden« bzw. genauer: »reden wir übers Geschäft«.

Für Ron Pundik, der neben Hirschfeld sitzt, traf dieser Ausdruck genau ins Schwarze:

– Es war klar, daß es nicht um Begegnungen ging, bei denen

man lediglich Argumente austauschte. Die PLO wollte zweifellos mit Israel ins Geschäft kommen. Die Botschaft war für uns eindeutig.

Dennoch waren die Verhandlungen auf beiden Seiten von Furcht begleitet.

Am 19. Januar, dem Tag vor dem Beginn der Gespräche in Norwegen, hebt das israelische Parlament das Gesetz auf, das jegliche Kontakte zwischen Israelis und der PLO untersagte.

Jossi Beilin fühlt sich durch diese Entscheidung nur halbwegs erleichtert, denn wenn die Existenz der norwegischen Connection entdeckt werden sollte, könnte man leicht nachweisen, daß sie vor der Aufhebung des Verbots ins Leben gerufen worden war.

Für die Palästinenser ist die Sache sogar noch heikler. Seit Rabin am 4. Dezember des vorangegangenen Jahres die Deportation von 415 Hamas-Aktivisten verfügte, herrscht in der PLO Krisenstimmung. Ungeachtet der schwerwiegenden Meinungsverschiedenheiten mit den Islamisten fordern zahlreiche Sympathisanten und Funktionäre der Palästinensischen Befreiungsorganisation von ihrer Führung eine uneingeschränkte Solidarität mit den Ausgewiesenen.

Die Mitglieder der palästinensischen Delegation bei den Washingtoner Verhandlungen weigern sich, in die amerikanische Hauptstadt zurückzufliegen, um so ihre Mißbilligung der israelischen Unnachgiebigkeit zum Ausdruck zu bringen. Wenn in dieser Atmosphäre die geringste Information über die Reise von Abu Ala' nach Oslo durchsickern würde, käme dies einer politischen Katastrophe für Arafat gleich.

– Wir solidarisieren uns uneingeschränkt mit den Deportierten, erklärt der Leiter der Wirtschaftsabteilung der PLO. Sie machen genau den gleichen Fehler wie schon 1948, als Israel die Palästinenser massenweise vertrieben hat.

Worauf Hirschfeld antwortet:

– Es ist unmöglich, Verhandlungen aufzunehmen, solange ein Teil sie sabotiert und Terroranschläge verübt.

Auch in dieser Frage trifft der jeweils eigene Standpunkt beim anderen auf taube Ohren.

Dennoch bewegt sich etwas in dem Zimmer, in dem der Qualm der Zigarren immer dichter wird, die Abu Ala' kettenweise raucht. Nachdem die Spannung nachgelassen hat, legt jede Delegation ihren Standpunkt auf sachliche, fast mechanische Weise dar, wobei die Probleme klar ausgesprochen werden. Allmählich zeichnet sich eine bestimmte Methode ab:

– Zu Beginn, sagt uns Pundik, haben wir nicht über die besetzten Gebiete gesprochen, sondern lediglich darüber, wie wir zu einer Übereinkunft gelangen können. Die Botschaft war klar: Wir wollten ein Abkommen erreichen.

Die erste Sitzung dauert bis spät in den Abend hinein. Hirschfeld sagt zum Abschluß zu Abu Ala':

– Wir sondieren das Terrain. Wir haben die verschiedenen Optionen erkundet, die uns zum Erfolg führen können.

Beim Gedankenaustausch zwischen den beiden Delegationen kommt eine weitgespannte Liste von Punkten zur Sprache, auf der sich Utopisches und Realisierbares bunt miteinander mischen und wo man sich allmählich zu den Problemen vorarbeitet.

Hasan Asfur und Mahar, die beiden Assistenten Abu Ala's, halten sich weitgehend im Hintergrund. Asfur protokolliert den Meinungsaustausch, während Pundik eifrig auf seinem Laptop herumtippt.

Am Ende dieses Abends sind die beiden Israelis davon überzeugt, daß die Männer, die ihnen gegenübersitzen, eingesehen haben, daß sie sich mit der Existenz Israels abfinden müssen und daß Verhandlungen sinnvoller sind als die Fortsetzung des Kampfes. »Es war eine historische Veränderung«, erzählt uns Pundik. »Sie gaben stillschweigend zu, daß Palästina nicht mehr nur palästinensisch sein wird.«

Sie gewinnen aus diesen ersten Gesprächen noch einen anderen Eindruck, der sich jedoch als trügerischer erweisen wird: daß nämlich die PLO bereit sei, die Gespräche und Verhandlungen zu israelischen Bedingungen zu führen, während sie laut Pundik, »bis dato nur zu ihren Bedingungen diskutieren wollten«.

Nachdem die Sitzung beendet ist, stellt sich spontan die entspannte Atmosphäre vom Anfang wieder ein. Die fünf Männer, die sich bei Brandy und Kaffee vor dem Fernseher versammelt haben, kommentieren die Programme; laszive Bemerkungen fallen, als kurz eine schöne junge Frau auf dem Bildschirm auftaucht.

Diese Männer, die durch Welten getrennt waren, vertrauen sich einander an, lassen ihre Masken fallen. Der Andere wird plötzlich zu einem Menschen aus Fleisch und Blut. Er hat Gefühle, Ängste, Wunden, die manchmal auf verblüffende Weise den eigenen gleichen. Im Verlauf langer, leidenschaftlicher Gespräche über die Zukunft des Nahen Ostens, die sie eng mit ihrem eigenen Schicksal verknüpft sehen, wird flüchtig die Vergangenheit und der Werdegang jedes einzelnen gestreift.

Die beiden Delegationen fahren am Vormittag des 22. Januar nach Oslo zurück und steigen im Hotel Continental ab, wo Zimmer für sie reserviert worden sind. Nun folgt eine weitere, lange Arbeitssitzung, die von Jan Egeland geleitet wird. Er ist verblüfft über den Optimismus, der in beiden Lagern herrscht. Eingeschlossen in ein Hotelzimmer, ziehen die sechs Männer zweieinhalb Stunden lang eine Bilanz sämtlicher angeschnittener Fragen und der möglicherweise bestehenden Bewertungs- und Meinungsunterschiede. »Wir erstellten eine Art detaillierte Checkliste von Punkten, wie man sie vor dem Start eines Flugzeugs durchgeht«, vertraut uns einer der palästinensischen Teilnehmer ein. Egeland fragt seine Gäste:

– Möchten Sie die Gespräche fortsetzen?

Hirschfeld streicht sich den Bart und nickt mit dem Kopf. Dann ergreift Abu Ala' das Wort:

– Wir haben unsere Meinungen über die Punkte ausgetauscht, die wir vertiefen möchten. Wir haben uns über die Titel geeinigt. Nun müssen wir die Kapitel schreiben. Das nächste Mal werde ich Dokumente mitbringen, die als Basis für unsere Gespräche dienen können.

Über das Gesicht von Jan Egeland geht ein breites Lächeln:

– Möchten Sie, daß wir einen weiteren Termin vereinbaren?

Innerhalb von fünf Minuten einigen sich die drei Parteien auf den 12. Februar.

– Ich möchte einen letzten Punkt mit Ihnen besprechen, fährt Egeland fort. Haben Sie etwas dagegen, daß wir die Amerikaner über die Gespräche und ihre möglichen Fortschritte auf dem laufenden halten?

– Nein, versetzt Hirschfeld, vorausgesetzt, sie verpflichten sich zu absoluter Geheimhaltung.

Kaum sind die Israelis und die Mitglieder der PLO abgereist, begibt sich Egeland in die Botschaft der Vereinigten Staaten, die fünf Minuten Fußweg von seinem Ministerium entfernt ist. Der Botschafter und seine engsten Mitarbeiter, die seinen Besuch erwarten, führen ihn in ein Büro, das mit einer verschlüsselten Telefonleitung ausgestattet ist. Der Staatssekretär im norwegischen Außenministerium telefoniert in Washington mit einem Mann, der während der gesamten Dauer der Verhandlungen den Decknamen »Didi« tragen wird. Dahinter verbirgt sich Dennis Ross, der ehemalige Leiter der Abteilung für politische Planung im State Department.

Die Regierung Clinton, die unter einem empfindlichen Mangel an kompetenten Außenpolitikern leidet, hat diesen Mitarbeiter von James Baker übernommen.

Ross, der die Entwicklung im Nahen Osten verfolgen und Warren Christopher zuarbeiten soll, ist ein junger, schlanker Mann mit unbewegtem Gesicht. Seine dicken Brillengläser geben ihm ein strenges Aussehen. Er unterhält hervorragende Beziehungen zu den Führern der großen jüdischen Organisationen in den USA, was für Bush und Baker, die Israel deutlich weniger Sympathien entgegenbrachten als ihre Nachfolger, ein wichtiger Trumpf war.

Ross hatte es verstanden, die relativ unnachgiebige Politik der republikanischen Administration gegenüber der Regierung von Jitzhak Schamir geschickt zu »verkaufen«. Künftig verteidigt er eine Linie, die schon sein ehemaliger Chef vertreten hat: keine Verhandlungen mit der PLO. Seine Position, auf die er das gesamte State Department eingeschworen hat, gründet sich auf eine feste Überzeugung: die finanziellen Schwierigkeiten der Palästinensischen Befreiungsorganisation werden sie schließlich dazu zwingen, sich mit jeder beliebigen Regelung einverstanden zu erklären.

Der Anruf von Egeland erreicht Ross mitten in einer Besprechung. Er ruft eine Viertelstunde später zurück und hört skeptisch den ausführlichen Bericht des Norwegers an. Er antwortet höflich oder vielmehr diplomatisch:

– Das ist zweifellos sehr interessant, und wir werden diesen Prozeß mit Sympathie verfolgen. Doch wir möchten auf keinen Fall hineingezogen werden.

Einer seiner Mitarbeiter sagt uns später: »Das war eine Art Tritt vors Schienbein für die Norweger, verbunden mit der Aufforderung: ›Meldet euch wieder, wenn ihr uns etwas Greifbares anzubieten habt, also vermutlich nie.‹«

Die Unnachgiebigkeit von Ross ist eine der großen Chancen für die »norwegische Connection«. Der Diplomat leitet die Information nicht einmal an seinen Vorgesetzten, Außenminister Warren Christopher, weiter. Für ihn handelt es sich nach Aussage eines Mitarbeiters um eine unbedeutende Initiative »israelischer Intellektueller, die enge Beziehungen zur PLO unterhalten. Wir haben diesen Schritt nicht ernst genommen; er beunruhigte uns nur in einem Punkt: Es gab in den USA wie in Israel ein Gesetz, das jegliche Kontakte mit der PLO untersagte. Wir wollten nicht, daß diese Sache und unsere mögliche Beteiligung daran an die Öffentlichkeit dringt und den eingeleiteten Friedensprozeß zum Scheitern bringt. Deshalb haben wir völliges Stillschweigen darüber bewahrt; aus Angst, und nicht um den Ablauf der Verhandlungen zu erleichtern«.

Wieder zurück in Tunis, führt Abu Ala' ein langes Gespräch mit der Nummer zwei der PLO, Abu Mazen, der den Auftrag hat, die Verhandlungen zu koordinieren. Die beiden Männer einigen sich darauf, die Gespräche fortzusetzen und zu vertiefen. Beide sind trotz der gegenteiligen Behauptungen von Hirschfeld und Pundik noch immer davon überzeugt, daß Peres und Rabin die Operation gesteuert haben. In Wirklichkeit wird in Jerusalem nur Beilin auf dem laufenden gehalten.

Unmittelbar nach seiner Rückkehr sucht Yair Hirschfeld den stellvertretenden Außenminister auf. Beilin hört schweigend dessen von Optimismus und gelegentlichem Pathos durchdrungenen Bericht an und fragt ihn:

– Worüber willst du bei der nächsten Sitzung reden?

Hirschfeld beginnt mit einer detaillierten Auflistung.

Beilin unterbricht ihn:

– Mach mir ein *frish mish.*

– Okay, antwortet Hirschfeld lächelnd. Du sollst dein frish mish haben. Das wird eine ausgezeichnete intellektuelle Übung sein.

Dieser Jargonausdruck bezeichnet den Augenblick am Ende eines Bridge-Spiels, wo man die Karten für die nächste Partie neu mischt.

Umsorgt von seiner Frau, schließt sich Hirschfeld für 48 Stunden in seiner bescheidenen Wohnung am Stadtrand von Haifa ein.

Nach drei Tagen sucht er Beilin erneut in dessen Arbeitszimmer auf und überreicht ihm ein fünfseitiges Dokument, das als Arbeitsgrundlage dienen soll und zugleich alle Punkte aufführt, über die im Hinblick auf ein künftiges Abkommen verhandelt werden kann.

Der stellvertretende israelische Außenminister liest den Text aufmerksam durch und gibt ihn seinem Freund zurück mit dem lakonischen Kommentar: »Mach weiter!«

Hirschfeld erklärt uns später: »Er hat kein einziges Wort geändert.« Peres und Rabin wissen noch immer von nichts.

Am 11. Februar packen die beiden Professoren erneut ihre Koffer, um nach Norwegen zu fliegen. An Ort und Stelle hat sich die Lage indessen weiter verschlechtert. In den besetzten Gebieten erreicht die Gewalt einen neuen Höhepunkt. Zahlreiche Palästinenser, darunter mehrere Kinder, wurden von der israelischen Armee erschossen, während in den Straßen von Tel Aviv mehrere Israelis von palästinensischen Messerstechern angegriffen wurden. Man steckt offenbar in einer totalen Sackgasse, und nach Aussage eines israelischen Regierungsbeamten ist »dieser Stillstand besorgniserregend und gefährlich«.

Genau zur gleichen Zeit weilt Hanan Aschrawi in Tunis. Die Sprecherin der palästinensischen Delegation bei den Washingtoner Friedensverhandlunten ißt an einem dieser Tage mit Freunden aus dem Führungskreis der PLO zu Abend. Im Verlauf der Unterhaltung erzählt ihr ein Tischnachbar:

– Übrigens, Hanan, wir haben zu den Israelis einen geheimen Kontakt hergestellt, der anscheinend sehr gut funktioniert.

– Um so besser, antwortet sie ein wenig skeptisch, ich hoffe, wir werden Resultate sehen.

Sie kommt nicht einen Moment auf den Gedanken, daß es sich um den Dialog zwischen Abu Ala' und Hirschfeld handeln könnte, den sie eingefädelt und von dem sie schon lange nichts mehr gehört hat.

7 Der Bankier der PLO

Das Gespräch mit einem Mann aus dem Nahen Osten wird meistens von dem Klirren der kurzen Gebetsschnüre begleitet, die alle Araber unentwegt durch die Finger gleiten lassen. Die Gebetsschnur von Abu Ala' ist aus grünem Bernstein. Er hat sie gewiß auch in Oslo abgebetet.

Lächelnd wie immer empfängt uns der Palästinenser in seinem geräumigen Büro in Tunis. Wie Yassir Arafat läßt er ständig den Fernseher bei abgeschaltetem Ton laufen; als wir ihn besuchen, ist gerade ein Zeichentrickfilm zu sehen. Während Abu Ala' das Datum einer taktischen Entscheidung festsetzt, flimmern Tick, Trick und Track über den Bildschirm.

Die Umsetzung des Abkommens schafft eine Vielzahl von Problemen. Erneut flammt die Gewalt auf ...

– Was sich in 50 Jahren angesammelt hat, läßt sich nicht in wenigen Tagen bereinigen, erklärt er. Ich weiß, wovon ich rede, ich bin Bankier.

– Hat Ihnen Ihre berufliche Erfahrung bei den Verhandlungen mit den Israelis geholfen?

– Natürlich! antwortet er mit einem noch breiteren Lächeln. Wir, die beiden palästinensischen Unterhändler, glaubten, jeder für sich, an ein bestimmtes allgemeingültiges Konzept. Ich an Kapital und Geld und der Kommunist Hasan Asfur an den Klassenkampf. Glücklicherweise! Stellen Sie sich vor, die Israelis hätten es mit zwei palästinensischen Nationalisten zu tun gehabt, denen es einzig darum gegangen wäre, möglichst viele Quadratmeter Boden herauszuschlagen! Dann hätten wir uns nie auf ein Abkommen geeinigt. Ja, mein Beruf war mir von Nutzen. Ein Bankier weiß zwischen praktischen Fragen und ideologischen Meinungsverschiedenheiten zu unterscheiden.

Abu Ala' wirkt sympathisch mit seinem runden, kahlen Schädel, seinen funkelnden Augen, seinen weit ausholenden, gemessenen Gesten und seinem Lächeln.

Joel Singer, der in Norwegen mit ihm verhandelte, beurteilt ihn folgendermaßen: »Abu Ala' hat einen nachhaltigen Eindruck auf mich gemacht. Ich hatte es mit einem pragmatischen und aufrichtigen Mann zu tun. Das spürte man trotz der Tricks, die beide Seiten anwandten, um sich zu testen.«

Ist Abu Ala' schon einmal nach Israel gereist?

– Nein, antwortet er, ich habe nur einmal, im Jahre 1968, meinen Geburtsort Abudis, ein Dorf in der Nähe von Jerusalem, besucht, um meine Eltern zu sehen. Ich kam aus Saudi-Arabien. Damals beschloß ich, der PLO beizutreten.

– Weshalb ausgerechnet 1968?

– Weil sie mich brauchten. Sie hatten eingesehen, daß es ohne ökonomische Projekte keine Zukunft gab. Ich habe die Wirtschaftsabteilung der PLO aufgebaut.

Überschwenglich schildert uns Abu Ala' die künftige Entwicklung der Region. Ein Finanzzentrum, eine Universität, das industrielle Entwicklungspotential, Eliten, Investitionen der reichen Industrienationen...

– Haben Sie Israelis gekannt, bevor Sie nach Oslo kamen?

– Nein.

– Sind Sie Freunde geworden?

– Wir haben uns gegenseitig schätzen gelernt, das ist schon sehr viel, antwortet er, wobei er seine wertvolle grüne Gebetsschnur schneller durch die Finger gleiten läßt. Ich hoffe, daß Ihr Buch ein Erfolg wird, denn jeder sollte wissen, wie dieses abenteuerliche Unternehmen abgelaufen ist. Es war für uns alle eine wichtige Lektion!

Als wir Abu Ala' verlassen, ist auf dem Bildschirm seines stummen Fernsehers gerade Charlton Heston als Moses in dem mit arabischen Untertiteln versehenen Film Die Zehn Gebote *von Cecil B. DeMille zu sehen. Eine weitere Lektion...*

8 Die Option Jericho

Der 12. Februar ist ein entscheidender Tag. Um 11 Uhr versammeln sich die beiden Delegationen erneut in dem großen Sitzungssaal des Herrenhauses Borregaard. Aufgrund des trüben Wetters, das draußen herrscht, sind die imposanten Lüster angeschaltet. Abu Ala' und Hasan Asfur breiten, an ihren Zigarren ziehend, mehrere Schriftstücke vor sich aus.

– Offen gesagt, meint Hirschfeld mit breitem Lächeln, wenn wir ein Abkommen erzielen, sollten wir einen Zusatzartikel beifügen, der das Rauchen während der Verhandlungen untersagt.

– Ich bin sicher, erwidert Abu Ala', daß Sie noch vor Abschluß der Gespräche unserm Laster verfallen sein werden.

Betreten hält er inne. Hirschfeld, der ganz in die Lektüre einiger Seiten vertieft ist, hört ihm nicht zu. Nach einigen Minuten schaut er auf und reicht den Palästinensern den Text.

– Das ist das Dokument, das wir ausgearbeitet haben. Peres und Rabin haben nichts damit zu tun. Es betrifft nicht die israelische Regierung, sondern die laufenden Verhandlungen und die Fragen, die wir erörtern. Wenn Sie es an Ihre Führung in Tunis weiterleiten, werden wir anschließend sehen, was wir daraus machen können.

Während Abu Ala' nun seinerseits die Seiten aufmerksam durchblättert, wechseln seine Mitarbeiter, Asfur und Mahar, einen verlegenen Blick.

»Während dieser Minuten«, sagt Hirschfeld später, »herrschte eine starke Spannung.«

Der Leiter der Wirtschaftsabteilung der PLO steht nach beendeter Lektüre vom Tisch auf und erklärt:

– Wir brauchen eine Weile, um den Text zu prüfen.

Die Palästinenser verlassen den Raum und schließen sich zuerst in ihre Zimmer und dann in einen der Salons ein, von wo aus sie telefonieren können. Hirschfeld und Pundik gehen unterdessen nervös die Gänge auf und ab; Marianne Heiberg, die hinter den Kulissen allgegenwärtige Gattin von Holst, schlägt ihnen vor, ein wenig auf dem Anwesen spazierenzugehen. Hirschfeld und Pundik, die auf dem Weg auf schneeglatten Stellen auszugleiten drohen, rudern verzweifelt mit den Armen, um das Gleichgewicht zu halten.

Abu Ala' führt derweil ein langes Telefonat mit Abu Mazen in Tunis. Es dauert über anderthalb Stunden, in denen er den Plan von Hirschfeld ausführlich darlegt.

Die Nummer zwei der PLO spricht sich für die Fortsetzung der Gespräche aus. Er hat ganz genaue Vorstellungen über die palästinensischen Gegenvorschläge, die im Verlauf der Diskussionen vorgelegt werden könnten.

– Sollten wir mit dem »Alten« Rücksprache halten? fragt Abu Ala' während des Gesprächs.

– Mach dir keine Sorgen, entgegnet Abu Mazen, ich werde mit ihm reden.

Der »Alte«, Yassir Arafat, arbeitet regelmäßig bis spät in die Nacht hinein und ist erst vor kurzem aufgestanden. Er nimmt gerade sein Frühstück ein, das im wesentlichen aus Cornflakes besteht. Abu Mazen hält es nicht für ratsam, ihn zu stören.

»Wir können ebensogut das Ergebnis der Gespräche abwarten«, sagt er sich.

Als Hirschfeld und Pundik in das Landhaus zurückkehren, sind die Palästinenser noch immer abwesend. Abu Ala' hat sich mit seinen Mitarbeitern zurückgezogen, um die Einzelheiten seiner Antwort auszuarbeiten. Es verstreichen mehr als drei Stunden, bis die beiden Delegationen wieder zusammentreten.

– Professor, hebt Abu Ala' an, machen wir weiter.

Diesmal spricht er direkt englisch und verzichtet auf die Hilfe seines Dolmetschers.

Israelis und Palästinenser beginnen nun mit einer Marathonsitzung, in der sie direkt zum Kern der kompliziertesten und gefühlsbeladensten Streitsache der zeitgenössischen Außenpolitik verstoßen. Im Verlauf der nächsten Stunden ziehen die fünf Männer ihre Sakkos aus, nehmen ihre Krawatten ab, krempeln ihre Ärmeln hoch und stützen sich schließlich mit ihren Ellenbogen auf den Tisch.

Die Unterhändler einigen sich darauf, zunächst eine Grundsatzerklärung zu erarbeiten, bevor sie weitere Schritte ins Auge fassen.

– Wir müssen einen Sprung wagen, wenn wir zu einem Abkommen gelangen wollen, erklärt Hirschfeld. Und jetzt verfügen wir über eine Methode.

– Ganz genau, bestärkt ihn Abu Ala', wir müssen den Rubikon überschreiten.

Jedes Problem wird von beiden Lagern eingehend analysiert, die dann abwechselnd ihre Weisungen und Vorstellungen darlegen. Die Gespräche dauern bis tief in die Nacht und werden am nächsten Morgen fortgesetzt. Die Palästinenser, die es gewohnt sind, bis zum Morgengrauen wachzubleiben, sind putzmunter. Hirschfeld und Pundik hingegen kämpfen gegen die Müdigkeit an. Die fünf Männer trinken große Mengen Kaffee und verzehren acht Kilo Erdbeeren. Hirschfeld und Pundik sind von Abu Ala' fasziniert. Er hat ständig eine Dose mit kubanischen Schleckereien neben sich stehen, die mit anti-amerikanischen Slogans überzogen ist und in der er unentwegt nach Schokoladestücken und Erdnüssen stöbert.

Die israelische Position läßt sich in drei Kernpunkten zusammenfassen. Erstens der »schrittweisen Veränderung«: Für die besetzten Gebiete kommt keine sofortige Übertragung der Hoheitsgewalt auf die Palästinenser in Betracht, sondern nur eine allmähliche Übernahme hoheitlicher Befugnisse in den Bereichen Gesundheits-, Erziehungs- und Sozialwesen sowie Tourismus und direkte Steuern. Im Verlauf der Gespräche wird die Gründung einer eigenen palästinensischen Energiebehörde und einer Hafenverwaltung für die Stadt Gaza zur Diskussion gestellt.

Der zweite Punkt betrifft den ganzen Gaza-Streifen. Jericho wird zu keiner Zeit erwähnt. Im Grunde war der Gaza-Streifen niemals ein Problem. Sämtliche israelischen Regierungen gleich welcher politischen Provenienz wollten dieses kleine, wertlose Gebiet loswerden, das mit seinen über 700 000 Palästinensern ein echtes Pulverfaß bildet. Arafat hatte prophezeit, daß der Gaza-Streifen zum »Soweto Israels« würde. Nach Ansicht von Hanan Aschrawi hat der PLO-Führer immer einen klaren Standpunkt vertreten: »Er sagte uns: Wenn sich die Israelis aus dem Gaza-Streifen zurückziehen, müssen wir selbstverständlich dieses Gebiet übernehmen. Doch auch das Westjordanland gehört uns, und wir haben das Recht zu sagen, daß beide Gebiete eine Einheit bilden. Von jeder Stadt im Westjordanland aus, fügte Arafat hinzu, kann ich nach Jerusalem fahren. Von Gaza aus ist das nicht möglich.«

Den letzten Schwerpunkt der Gespräche bildet die wirtschaftliche Zusammenarbeit zwischen dem neuen palästinensischen Selbstverwaltungsgebiet und Israel. In diesem Punkt stimmen die Positionen von Abu Ala' und Hirschfeld fast völlig überein, so daß hier keinerlei Konflikte bestehen.

Über die Frage künftiger Wahlen, des im Selbstverwaltungsgebiet geltenden Rechts und des Status von Jerusalem kommt es hingegen zu schwierigen, mitunter gespannten Diskussionen.

Als die fünf Männer nach zweieinhalb Tagen auseinandergehen, haben sie nach Aussage eines Teilnehmers einen »großen Schritt nach vorn« gemacht.

Hirschfeld sagt Abu Ala' beim Abschied:

– Wir haben jetzt einen Konsens erzielt, und wir können ein Abkommen erreichen. Ich werde nach Israel zurückkehren und mich dort weiter bemühen. Ich weiß nicht, was kommen wird, aber ich weiß, daß sich etwas tut.

Der sonst eher zurückhaltende Ron Pundik äußert sich einige Stunden später mit strahlendem Gesicht und freudig erhobenen Fäusten gegenüber seinem Begleiter:

– Yair, ich bin zwar kein Prophet, sondern nur Historiker. Aber ich habe das Gefühl, daß wir den richtigen Kontakt geknüpft haben. Ich bin sicher, daß wir zu einer Einigung kommen werden. Nach diesem Treffen und nachdem ich ihre Vorschläge gehört habe, glaube ich fest, daß etwas Großes dabei herauskommen wird.

Die zentrale Aussage in dem Bericht über das Treffen, den der norwegische Staatssekretär Jan Egeland an den Amerikaner Dennis Ross schickt, lautet: »Für mich steht nun zweifelsfrei fest, daß Israel und die PLO es sich nicht mehr leisten können, ihren Konflikt noch ein, zwei oder drei Jahre länger fortzusetzen.«

Nach seiner Rückkehr nach Tunis führt Abu Ala' gemeinsam mit Abu Mazen zwei lange nächtliche Gespräche mit Arafat, die sich als ausschlaggebend erweisen sollen. Der PLO-Chef ist sehr angetan von dem Bericht seines Osloer Unterhändlers. Zum ersten Mal scheint es möglich zu sein, die unterschiedlichen Standpunkte Israels und der PLO zur Deckung zu bringen.

Der »Alte« hatte sich bislang nur beiläufig für die norwegische »connection« interessiert. Später sagt er uns, halb enttäuscht:

– Ich hatte in der Vergangenheit zu sehr vielen Dialogen mit den Israelis grünes Licht gegeben. Keiner hat etwas gebracht.

Weshalb hätte ich diese Gespräche für aussichtsreicher halten sollen?

Um 4.30 Uhr, am Ende der zweiten Begegnung, ist Arafat in sämtliche Einzelheiten eines Planes eingeweiht, der den Decknamen »Leopardenflecken« tragen wird. Für den PLO-Chef geht es vorrangig darum, daß diese Operation absolut geheimgehalten wird, und zwar auch innerhalb des engeren Führungskreises der PLO. Nur eine Handvoll Berater wird eingeweiht: Die Männer, die an den Osloer Verhandlungen teilnehmen, Abu Ala' und Hasan Asfur, aber auch Abu Mazen sowie Yassir Abd Rabbo und Nabil Schaath, zwei persönliche Berater Arafats. Diesen Mitarbeitern schärft er ein, daß nicht die geringste Information durchsickern darf. Man entwirft ein Codesystem mit Decknamen für die israelischen Vertreter und ihre palästinensischen Verhandlungspartner, um so eine risikolose Kommunikation mit der PLO-Zentrale in Tunis zu ermöglichen.

Arafat geht es dabei hauptsächlich um drei Dinge: Er möchte unter allen Umständen vermeiden, die Angelegenheit dem Exekutivkomitee der PLO unterbreiten zu müssen, da mehrere Mitglieder desselben verstreut in arabischen Hauptstädten leben und deshalb die Gefahr von Indiskretionen besteht.

Zweitens möchte er – aus den gleichen Gründen – die Mitglieder der alten Garde von diesen Geheimverhandlungen fernhalten. Das gilt vor allem für Faruq Kaddumi, den offiziellen »Außenminister« der PLO, der eine harte Linie verficht. Kaddumi unterhält enge Beziehungen zu Damaskus, und der PLO-Vorsitzende befürchtet, daß er Informationen an Syrien weitergibt.

– Falls Hafiz al-Asad von diesen Kontakten erfährt, meint Arafat zu seinem Vertrauten, wird er nichts unversucht lassen, das Vorhaben zu hintertreiben oder aber selbst eine gewichtige Rolle darin anzustreben.

Schließlich, letzter Punkt, legt Arafat großen Wert darauf,

daß die offizielle palästinensische Delegation bei den Washingtoner Friedensgesprächen nicht das geringste von dieser Initiative erfährt und als Deckmantel für die Geheimverhandlungen fungiert. Die 93 Unterhändler, die in die amerikanische Bundeshauptstadt entsandt wurden, erhalten von ihrer Führung überraschende Weisungen, die Nabil Schaath überbringt: Arafat und Abu Mazen fordern von ihnen, eine unnachgiebige Haltung einzunehmen und sämtliche Vorschläge der Israelis abzulehnen.

Die Delegierten sind tief verbittert, als sie viel später erkennen, wie sie manipuliert worden sind:

– Es ist mehr als empörend, sagt einer von ihnen. Wir mußten uns mit der Vorspeise begnügen, während Arafat in einem anderen Raum das Hauptgericht zu sich nahm.

Für den PLO-Vorsitzenden und Abu Mazen gleicht die von den Israelis angebotene palästinensische Selbstverwaltung für den Gaza-Streifen in jeder Hinsicht der Offerte, die man ihnen 1978, nach dem Friedensvertrag von Camp David, unterbreitet hatte. Sie erachten dieses Angebot als unzureichend. Arafat erklärt seinen Vertrauten: »Wir brauchen auch im Westjordanland eine territoriale Komponente. Nur so ist uns die breite Unterstützung unserer Brüder sicher, die unter israelischer Besatzung leben.«

In dieser Phase der Verhandlungen ist die Option »Jericho« noch nicht in Erwägung gezogen worden. Arafat stützt sich auf einen Plan, den sein Stellvertreter Abu Mazen ausgearbeitet hat und der den Abzug der israelischen Armee sowohl aus dem Gaza-Streifen als auch aus allen größeren palästinensischen Städten im Westjordanland – Nablus, Ramallah, Bethlehem, Jericho und einige weitere Orte – vorsieht. Da diese Selbstverwaltungszonen auf der Landkarte den dunkel umrandeten Flecken auf dem Fell eines Leoparden gleichen, hat man dem Plan den Decknamen »Leopardenflecken« beigelegt. Für Abu Mazen ist das 1974 von Jerusalem und Kairo unterzeichnete Truppenentflechtungsabkommen, in dem der stufenweise

Rückzug der israelischen Armee von der Sinai-Halbinsel und die parallele Rückgabe des Gebietes von Ägypten vereinbart wurde – was drei Jahre später die historische Reise Sadats nach Jerusalem möglich machte – das »konzeptionelle Vorbild« dieses Rückzugs.

Im Gegenzug bietet der PLO-Führer an, den Status von Ost-Jerusalem, das von Israel annektiert worden ist, aber von der PLO immer als Hauptstadt eines unabhängigen palästinensischen Staates betrachtet wurde, erst in späteren Verhandlungen zu klären.

Derweil haben der Botschafter Israels und der Vertreter der PLO in Oslo auch weiterhin nicht die geringste Ahnung von dem, was in Norwegen ausgeheckt wird.

In Israel hingegen beginnt sich der Mossad für die regelmäßigen Reisen der beiden Professoren zu interessieren. Ungeachtet der von ihnen getroffenen Vorsichtsmaßregeln gehen sie mit einem liebenswerten Dilettantismus zu Werk, so daß die israelischen Agenten wissen, daß sie nach Norwegen reisen. Sie schicken einen kurzen Bericht an Jitzhak Rabin, der nicht darauf reagiert. In Wirklichkeit verspricht sich der Ministerpräsident nicht das geringste von dieser Initiative. Nach Aussage von Nimrod Novik »ist Rabin gegen derartige Initiativen, nicht weil er wirklich dagegen ist, sondern weil er glaubt, sie seien nicht ernstgemeint bzw. es fehle an einem kompetenten Gesprächspartner. Er ist skeptisch und sagt zu guter Letzt fast immer: ›Laß es sein, es bringt nichts.‹«

Je mehr Monate ins Land gehen, um so stärker wird indes die Furcht von Hirschfeld und Pundik, daß alles bekannt wird:

– Wir wollten rasch zu einem Abschluß kommen, sagt Pundik später, da wir befürchteten, daß schon die kleinste Information, die an die Öffentlichkeit dringt, den ganzen Prozeß zum Erliegen bringen würde. Daß niemand etwas davon erfahren hat, weder in Israel noch in Tunis, grenzt an ein Wunder.

Um ihn und sich selbst zu beruhigen, beschwichtigte Hirschfeld seinen Freund:

– Wenn du diese Geschichte einem Journalisten erzählen würdest, würde er dich auslachen und dir kein Wort glauben.

März und April werden sich als die heikelsten Monate erweisen. Die beiden Israelis geraten unter immer stärkeren Druck und haben das Gefühl wachsender Isolation. Bei jeder Schwierigkeit und bei jedem Streitpunkt unterbrechen die Palästinenser die Beratungen, um sich in Tunis Rückendeckung zu holen.

– Wir waren allein, sagt uns Hirschfeld. Wen hätten wir anrufen sollen, da wir ja keine offizielle Vollmacht besaßen und unsere Regierung nicht in die Verhandlungen einbezogen war?

Rabin zeigt kein Interesse, und der gewiefte und vorsichtige Peres hält sich noch immer bedeckt. Auf dem Schauplatz der Geschehnisse selbst werden unterdessen immer schärfere Töne angeschlagen. Die erneute Zunahme terroristischer Anschläge löst verstärkte Repressionsmaßnahmen aus.

Zur gleichen Zeit macht Arafat in einem Interview mit Radio Monte Carlo Äußerungen, die nach Ansicht von Jan Egeland »ein verheerendes Echo in der israelischen Öffentlichkeit und bei den israelischen Politikern auslösten«. Der norwegische Staatssekretär fügt hinzu: »Er hatte mit Bezug auf den jüdischen Staat insbesondere prophezeit: ›Wir werden den Boden unter ihren Füßen zum Lodern bringen.‹ Das wurde als Anstiftung zu terroristischen Gewaltakten verstanden.«

– Im März, erzählt uns Hirschfeld später, hatte ich wirklich das Gefühl, daß wir an einem toten Punkt angelangt waren. Unserer Meinung nach hatten wir einen riesigen Schritt auf sie zugemacht, während sie ihrerseits nicht das gleiche getan hatten. Die Terroranschläge gingen weiter, und sie unternahmen nichts, um die Lage zu entspannen.

Am 20. März beginnt eine weitere Gesprächsrunde. Die

Israelis führen zunächst eine vertrauliche Unterredung mit Egeland und Larsen. Hirschfeld ist außerordentlich angespannt. Er, der so oft den Frieden herbeigesehnt hat, fürchtet, daß er ihm ein weiteres Mal entgleitet:

– Wenn wir zu diesen Gesprächsrunden kommen, sagt Hirschfeld zur Nummer Zwei des norwegischen Außenministeriums, um eine Einigung zu erzielen, und die PLO in den besetzten Gebieten weiterhin Gewalt sät, dann hat es keinen Sinn weiterzumachen. Wie soll ich dann weiterhin Druck auf meine Vertrauenspersonen ausüben, um sie zu Konzessionen zu bewegen? Das wird nicht gehen.

Die Situation auf Borregaard hat etwas Paradoxes, ja Surreales. Isralis und Palästinenser erwähnen bei ihren Gesprächen kein einziges Mal die Gewalttätigkeiten und Terrorakte in den besetzten Gebieten. Fernab von den Unruhen spinnen sie weiterhin geduldig die Fäden eines Friedensabkommens. Hinter den Kulissen aber werden die norwegischen Vermittler aktiv. Unter Verwendung der gewählten Decknamen führen sie häufig Telefonate mit Abu Mazen und Arafat, um sie zu bitten, sich mäßigend einzuschalten. Sie beschwören die »Gefahr, daß der andere Großvater zornig wird« – der »andere Großvater« ist Jitzhak Rabin, der den gleichen Decknamen trägt wie Arafat. Peres hat den Decknamen »Vater«, und Jossi Beilin wird als der »Sohn« tituliert.

Der Amerikaner Dan Kurtzer kommt Ende März, einige Tage, nachdem Hirschfeld aus Norwegen zurückgekehrt ist, zu einem Privatbesuch nach Israel. Die Person, die von allen Protagonisten einhellig als der beste Kenner der Nah-Ost-Problematik in der Regierung Clinton anerkannt wird, telefoniert nur mit einem führenden Regierungsmitglied: Jossi Beilin. Der stellvertretende israelische Außenminister erwähnt die Verhandlungen von Oslo und die ausführlichen Berichte, die ihm der Professor aus Haifa bei jeder Rückkehr vorlegt. Im übrigen möchte Beilin in Kürze Peres einweihen. Kurtzer ruft Hirschfeld an, um ein Treffen mit ihm zu vereinbaren.

Der ein wenig niedergeschlagene Hirschfeld begibt sich daraufhin nach Jerusalem. Die Worte des Amerikaners sind wie Balsam für seine Seele.

– Yair, Sie haben in Oslo etwas erreicht, was in Washington, vielleicht, nach zwei- oder dreijährigen Verhandlungen möglich gewesen wäre. Der Wille, die Kluft zu überbrücken, ist so stark, daß beide Parteien weitermachen können. Das ist eine einmalige Chance, die Sie nicht vertun sollten.

»Diese Worte, gesteht Hirschfeld später, haben eine außerordentlich starke psychologische Wirkung auf mich gehabt. Ich konnte mich an Beilin und Peres wenden und ihnen sagen: ›Ein so ausgewiesener Nahost-Experte wie Kurtzer hat mir geraten, am Ball zu bleiben.‹ Das gab mir neue Zuversicht, und wir beschlossen, nach Norwegen zurückzukehren.«

Ende März beginnt Peres sich zu regen. Zunächst langsam und vorsichtig. Er weiß, daß Rabin jeden seiner Schritte beobachten läßt. Ein israelischer Geheimdienstbeamter erklärt uns im privaten Gespräch: »Jitzhak Rabin wird über jeden Schritt von Peres zweifach unterrichtet. Zunächst durch Peres selbst und dann durch die Geheimdienste.«

Der israelische Außenminister hatte kurz zuvor erfahren, daß die Palästinenser die ägyptische Regierung über die Geheimverhandlungen in Norwegen unterrichtet hatten. Für Hanan Aschrawi »waren die Ägypter in der einmaligen Lage, mit allen Parteien reden zu können. Doch zugleich wollten sie ebenfalls eine wichtige Rolle spielen. Arafat und die PLO haben Ägypten in den Verhandlungen immer eine Schlüsselfunktion zugedacht. Ihrer Ansicht nach konnte Kairo als Vermittler einen konstruktiven Beitrag leisten.«

Das Dilemma, vor dem Schimon Peres stand, war simpel und entsprach dem gewagten doppelten Spiel, in dem er so viel Übung hatte: die völlige Kontrolle über Verhandlungen zu behalten, die er bislang noch nicht eindeutig unterstützt hatte. Er wollte nicht den Eindruck erwecken, Rabin zu hintergehen, was ihm politisch geschadet hätte. Doch er wollte ebensowenig, daß die ägyptische Diplomatie später eine Rolle für sich in Anspruch nehmen würde, die sie in Wahrheit nicht gespielt hatte.

Zwei Wochen, bevor Rabin nach Kairo reist, begibt Peres sich auf Einladung seines Amtskollegen Amr Musa, der ein äußerst ungewöhnliches Treffen arrangiert, nach Ägypten.

In Alexandria geht Peres an Bord einer Boeing 707 der ägyptischen Luftwaffe, in der bereits Abu Mazen und Abu Ala' Platz genommen haben. Die Maschine kreist zwei Stunden lang über dem Roten Meer, dem idealen exterritorialen Gebiet für diese Gelegenheit. Peres absolviert in diesen beiden Stunden gleichsam einen intensiven Nachholunterricht. Als das Flugzeug landet, kennt er sämtliche Einzelheiten der Gespräche auf Borregaard. Der kluge und pragmatische Chef des israelischen Außenministeriums ahnt, daß noch keine Gespräche mit der PLO so erfolgversprechend waren wie diese.

Seine palästinensischen Gesprächspartner hatten auf einem Punkt bestanden: Sie verlangten, daß Hirschfeld und Pundik durch einen hochrangigen israelischen Regierungsbeamten abgelöst werden sollten. In dieser Phase der Verhandlungen hält Peres eine solche Forderung für legitim. Durch seinen alten Rivalen Rabin am Gängelband gehalten, sieht er selbst sich schon in der Rolle der »israelischen Persönlichkeit, die an den heiklen, aber vielversprechenden Gesprächen mit der PLO teilnimmt«. Er hofft, dadurch sein Image zu verbessern und sein Ansehen zu heben. Doch gilt es nun, zügig voranzugehen. Auf der Rückreise nach Israel erkennt er immer klarer, auf welche Karten er setzen muß.

Bei dem Meinungsaustausch mit den beiden PLO-Funktionären hatte er eine Forderung kategorisch abgelehnt: den Abzug der israelischen Armee aus den größeren Städten des Westjordanlands. Die Öffentlichkeit, die politische Führung und die Militärs, so hatte er erklärt, würden ein solches Ansinnen niemals akzeptieren. Abu Mazen, der damit seinen

Plan »Leopardenflecken« gefährdet sah, hatte erwidert: »Sie sollten sich darüber im klaren sein, daß ein Abkommen nur dann zustande kommen kann, wenn Sie im Westjordanland eine Geste des guten Willens machen.«

Für Peres liegt dies auf der Hand, doch er weiß, daß Rabin seine Ansicht nicht teilt. Es geht darum, gegenüber der PLO eine Geste des guten Willens zu machen, die symbolischen Charakter hat und zugleich ein geographisch eng umschriebenes Gebiet betrifft. Der israelische Minister hatte sofort an einen alten Plan aus dem Jahr 1974 gedacht.

Schon in der damaligen Regierung, die von der Arbeitspartei gestellt wurde, war Rabin Ministerpräsident und Peres Außenminister gewesen.

Als Zeichen des guten Willens gegenüber Jordanien war seinerzeit ein einseitiger israelischer Rückzug aus Jericho erwogen worden. Diese in der Jordan-Senke gelegene Oase mit 15 000 Einwohnern bot sich deshalb an, weil keine jüdische Siedlung in der Nähe liegt. Und sie besitzt, wie Peres durchaus wußte, auch eine symbolische und historische Bedeutung, denn in Jericho hatten die Palästinenser 1948, nach der Niederlage der arabischen Armeen gegen Israel, ihre Vereinigung mit Jordanien beschlossen. Am 1. Dezember 1948 hatten sich 200 palästinensische Persönlichkeiten, die die wichtigsten Großfamilien aus dem Westjordanland und dem Gazastreifen vertraten, im Hotel Nazzal versammelt, um einen Treueschwur auf König Abdallah, den Großvater des gegenwärtigen Königs Hussein, zu leisten.

Wenn die PLO-Führung dieses Hotel beziehen würde, setzte sie damit ein Zeichen, daß sie endgültig mit der Vergangenheit gebrochen hat. Allerdings erwies sich die Umsetzung dieses an sich klugen Plans als schwierig. Schimon Peres war sicher, daß Arafat diesen Vorschlag zurückweisen würde, wenn er von Israel käme. So ersann er in den nächsten Wochen eine Taktik, die sich als ausgeklügelter Manipulationsversuch entpuppen sollte.

Mitte April erhält der ägyptische Präsident Hosni Mubarak ein vertrauliches Schreiben von Peres. Es handelt sich um ein nicht unterschriebenes dreiseitiges Dokument, das sofort die Aufmerksamkeit des ägyptischen Staatschefs erregt, wird doch in diesem Text erstmals die Option Gaza-Jericho erwähnt.

Nach Angaben von Nimrod Novik, der dieses Dokument in Händen hielt, war »bereits alles darin enthalten: die Beschreibung des Plans und seiner Folgen aus israelischer und palästinensischer Sicht«.

Einige Tage später reist Schimon Peres nach Kairo. Dort trifft er seinen Amtskollegen Amr Musa und führt ein langes Gespräch unter vier Augen mit Hosni Mubarak. Gleich zu Beginn ihres Treffens kommt der ägyptische Staatspräsident, der der Sache auf den Grund gehen will, auf das Schreiben zu sprechen:

– Ach, antwortet Peres in lässigem Ton, das ist nur eine Arbeitshypothese.

Mubarak starrt ihn ungläubig an.

– Nicht mehr?

Die beiden Männer plaudern in einem der Empfangszimmer des Präsidentenpalastes, das zu den Gärten hin liegt.

– Möchten Sie wissen, entgegnet Peres, ob wir, rein theoretisch, damit einverstanden wären, Jericho als palästinensisches Selbstverwaltungsgebiet zu akzeptieren?

– Genau.

Der Chef der israelischen Diplomatie schweigt eine ganze Weile.

– In aller Offenheit, Herr Präsident, ich denke ja.

Damit war der Stein ins Rollen gebracht. Mubarak nimmt unverzüglich Kontakt zu Arafat auf und bittet ihn, nach Kairo zu kommen. Er zieht seinen Sonderberater, Usama al-Baz, ins Vertrauen, die Graue Eminenz unter den ägyptischen Diplomaten.

Obgleich dieser schlanke und lebhafte Mann schon 62 Jahre

alt ist, sieht er aus wie knapp 40. Er ist brillant, skurril, eigensinnig und oftmals streitbar; auf diese Weise kultiviert er sein Image als nicht zu durchschauende Person.

Jeden Abend um 21 Uhr verschwindet er spurlos in der Nacht von Kairo, und niemand, nicht einmal der Staatspräsident, kann ihn dann erreichen.

Niemand kennt das Labyrinth der israelischen Politik besser als er. Aus diesem Grund ist Usama al-Baz ein wichtiger diplomatischer Verbündeter der Palästinenser. Nach Aussage von Novik, seinem bevorzugten Gesprächspartner, »war er vermutlich der einzige, der den Palästinensern im Hinblick auf den israelischen Standpunkt die Grenzen des Möglichen begreiflich machen konnte. In den Augen der PLO besaß er eine große Glaubwürdigkeit, da er sich seit vielen Jahren für ihre Sache einsetzte. Doch sagte er auch klar und deutlich, wenn ihm ihr Verhalten mißfiel.«

Dieser Experte für schwierige Verhandlungen, der schon Sadat bei der Ausarbeitung des Camp-David-Abkommens beraten hatte, trifft sich häufig mit Abu Mazen, der ihm hochvertrauliche Dokumente der PLO vorlegt. Der Ägypter streicht, korrigiert oder ändert Sätze und zeigt auf diese Weise, wie man das Ganze umarbeiten und verbessern kann.

Als er das dreiseitige Dokument liest, das Mubarak ihm geschickt hat und das die Option Jericho aufführt, reagiert er unverzüglich. Die PLO muß diese einzigartige Gelegenheit ergreifen.

Einige Tage später nimmt er an der Unterredung zwischen Arafat und Mubarak teil. Die beiden politischen Führer erörtern die laufenden Gespräche in Oslo.

Im Laufe ihres Meinungsaustauschs sagt Mubarak:

– Man wird dir ohne weiteres die Selbstverwaltung für den Gaza-Streifen zugestehen. Doch welche Forderungen willst du für das Westjordanland stellen?

Arafat antwortet:

– Ich weiß, daß die Israelis ihre Vorbehalte dagegen haben,

doch wir werden verlangen, daß sie ihre Truppen aus allen größeren Städten abziehen.

Mubarak schüttelt skeptisch den Kopf:

– Glaub mir, du hast nicht die geringste Chance, diese Forderung durchzusetzen.

Der PLO-Vorsitzende ist konsterniert.

– Ach ja? Und was schlägst du vor?

– Fordere zunächst Jericho. Die Stadt wird der Ausgangspunkt der künftigen palästinensischen Selbstverwaltung im gesamten Westjordanland sein.

– Jericho?

Arafat ist offensichtlich verdutzt. Sein Blick wandert eine geraume Weile zwischen den beiden ägyptischen Politikern hin und her, bevor er Mubarak antwortet:

– Laß mir ein paar Stunden Zeit, diese Sache zu prüfen.

Der PLO-Vorsitzende geht zu seinem Berater Nabil Schaath, der in Begleitung mehrerer Mitarbeiter in einem Nebenzimmer wartet.

– Besorgt mir auf der Stelle eine Landkarte von Palästina, befiehlt Arafat.

Während seine Mitarbeiter ausschwärmen, erzählt Arafat Schaath von dem Vorschlag Mubaraks.

– Jenin wäre besser, meint Schaath. Wir könnten uns dort auf eine militantere Bevölkerung stützen.

– Aber Jenin ist zu weit im Norden, entgegnet Arafat. Jericho ist nicht weit von der Allenby-Brücke entfernt und liegt auf halbem Weg zwischen Jerusalem und Amman.

Zwei Stunden später trifft sich Arafat wieder mit Hosni Mubarak. Er betritt den Raum mit mehreren eingerollten Landkarten unter dem Arm, die er sorgfältig auf dem niedrigen Tisch in der Mitte des Empfangszimmers ausbreitet. Der ägyptische Staatspräsident und sein Berater erkennen die Umrisse eines eingezeichneten Korridors, der den Gaza-Streifen mit Jericho verbindet und quer durch Israel führt. Mubarak zeigt mit dem Finger darauf.

– Diese Straßenverbindung kannst du vergessen.

Arafat schaut ihn überrascht an.

– Aber diese Straße wird doch völlig »extra-territorial« sein. Wir müssen doch irgendwie zum Ausdruck bringen, daß die beiden Teile unseres Territoriums zusammengehören, daß wir eine Einheit bilden.

Mubarak schüttelt den Kopf.

– Ich kenne Rabin, er wird das niemals akzeptieren. Begnüge dich einstweilen mit Jericho und leg diese Forderung in den Verhandlungen auf den Tisch. Gib klar zu verstehen, daß der Gaza-Streifen und Jericho von nun an eine untrennbare Einheit darstellen.

In weniger als zwei Tagen war die Rechnung von Peres aufgegangen: Arafat hatte sich seinen Plan zu eigen gemacht. Der PLO-Führer machte eine Forderung geltend, die ihm indirekt, über die ägyptischen Vermittler, von seinen Gegnern eingegeben worden war. Freilich lag das schwierigste Stück Arbeit noch vor Schimon Peres: Er mußte für die Verhandlungen von Oslo und den Jericho-Plan die Zustimmung von Jitzhak Rabin erhalten.

Der Ministerpräsident, der nicht ahnt, was hinter den Kulissen vor sich geht, verhängt angesichts der zunehmenden Gewalttätigkeiten ein totales Ausreiseverbot über den Gaza-Streifen. Kein Palästinenser darf dieses Gebiet verlassen.

Am 30. April fliegen Hirschfeld und Pundik ein weiteres Mal nach Norwegen. Sie bleiben dort bis zum 2. Mai. Diesmal bringen die Norweger die beiden Delegationen nicht auf Borregaard, sondern auf Heftye House unter, einem Landgut in der Nähe von Lillehammer. Sie wohnen auch in mehreren Osloer Hotels und sogar, einige Male, beim norwegischen Außenminister Johan Jorgen Holst, wo man chilenischen Wein trinkt und das Essen genießt, das seine Frau, Marianne Heiberg, zubereitet – vor allem ihre Lammgerichte.

Die Begegnungen bekommen einen grotesken Zug. Denn in der norwegischen Hauptstadt finden zur gleichen Zeit die multilateralen Verhandlungen über die Flüchtlingsfrage statt.

Die offiziellen israelischen und palästinensischen Delegationen wissen nichts von den Geheimgesprächen, die einige hundert Meter entfernt, im Plaza Hotel, geführt werden. Rod Larsen und Mona Juul fungieren als Boten zwischen dem Team von Abu Ala' und Hirschfeld und Pundik.

Hirschfeld zwingt sich dazu, so oft wie möglich auf dem Land spazierenzugehen. Er, der ohnehin von eher rundlichen Konturen ist, versucht verzweifelt, die fünf bis sechs zusätzlichen Kilo loszuwerden, die er während der Begegnungen angesetzt hat. Noch tatkräftiger bemüht er sich jedoch um eine Übereinkunft mit den Palästinensern.

– Noch immer lagen unsere Positionen weit auseinander, und ich entschloß mich im April, die Kluft zu überbrücken, indem ich einen Standpunkt einnahm, den die israelische Regierung nicht billigen würde. Ich wollte den israelischen Regierungsvertretern bei meiner Rückkehr sagen können: Wir besitzen einen Text, den die Palästinenser akzeptiert haben. Wenn ihr weiterverhandeln wollt, könnt ihr von dieser Basis ausgehen und klarmachen, wo ihr Änderungen anbringen möchtet; die Palästinenser wissen, daß dies nicht die endgültige Fassung ist.

»Zeigen Sie in diesen Verhandlungen Ihren guten Willen«, ermahnt Hirschfeld immer wieder seine palästinensischen Gesprächspartner, »und beweisen Sie, daß Sie wirklich entschlossen sind, die Dinge voranzubringen.«

So einigt man sich schließlich auf einen Text, der »Sarpsborg-Dokument« genannt wird und den Hirschfeld triumphierend nach Israel zurückbringt. Wie immer begibt er sich direkt nach seiner Ankunft ins Außenministerium, wo er sogleich von Jossi Beilin empfangen wird. Der untersetzte, ungeschlachte Bartträger erklärt mit strahlendem Gesicht:

– Wir haben uns auf die Grundzüge eines Abkommens verständigt.

Beilin bleibt vor Staunen der Mund offenstehen, und es vergehen einige Sekunden, bis er antwortet:

– Wie? Sie sind wohl völlig verrückt!

– Keineswegs, Sie werden sehen, daß es ein sehr interessanter Entwurf ist.

Der stellvertretende Außenminister ist fassungslos. Er hätte nie erwartet, daß sich Hirschfeld in diesem Maße über seine Weisungen hinwegsetzen würde.

– Zeigen Sie mir das Dokument.

Beilin vertieft sich mit finsterer Miene in die Lektüre des Textes. Nachdem er das Schriftstück zu Ende gelesen hat, blickt er Hirschfeld entgeistert an.

– Um Gottes willen, das ist ja völlig wertlos! Es gibt eine Menge unannehmbarer Punkte darin.

Nicht im mindesten aus der Fassung gebracht, erwidert Hirschfeld:

– Ich weiß, daß sich darin inakzeptable Formulierungen finden, doch Sie müssen bedenken, daß ich vor folgendem Dilemma stand: Entweder ich bemühte mich um eine Einigung, oder ich war gezwungen, die Gespräche abzubrechen. Die Palästinenser wissen, daß dann, wenn sich israelische Regierungsbeamte in die Gespräche einschalten, eine neue Verhandlungsrunde beginnt und sie zu Zugeständnissen bereit sein müssen. Man wird mir vorhalten, dieses Dokument sei propalästinensisch. Das stimmt auch, doch es war der einzige Weg, um einen Anfang zu machen.

Für den Direktor im israelischen Außenministerium, Uri Savir, waren »lediglich 30 Prozent vom Inhalt des Textes akzeptabel. Allerdings stimmte er in bezug auf die wirtschaftlichen Fragen weitgehend mit unseren Vorstellungen überein, und wir hatten eine Basis für einen Kompromiß.« Was später von Beilin bestätigt wird: »Die Zusatzvereinbarungen über wirtschaftliche Themen waren bereits ausformuliert und entsprachen fast wortwörtlich dem endgültigen Zusatzprotokoll.«

Hirschfeld hatte von Anfang an erklärt: »Um zu einer Einigung zu gelangen, müssen wir einen sicheren Weg durch Minenfelder ausfindig machen.«

Genau das hatten er und sein Freund Pundik getan. Und

zwar ganz ohne fremde Hilfe. Doch nachdem sie die wichtigste Arbeit geleistet haben, würden diese beiden Männer, die den Frieden herbeisehnten, von den Politikern mehr oder weniger ins Abseits gedrängt werden.

Natürlich wies das von ihnen ausgearbeitete Dokument Mängel auf. Doch denjenigen, die jetzt in vorderster Front erschienen, ging es vor allem darum, die Spuren der Vergangenheit so weit als möglich zu tilgen, um das Verdienst eines möglichen Erfolgs für sich in Anspruch nehmen zu können.

9 Schimon Peres, der Ungeliebte

Jossi Beilin war erleichtert, als er diese Angelegenheit, die ihm allmählich zu heiß wurde, an Schimon Peres weiterreichen konnte.

Bevor Peres jedoch seinerseits mit Rabin in Kontakt trat, legte er eine beachtliche Wegstrecke alleine zurück, damit ein etwaiger Erfolg ihm zugeschrieben werden konnte.

In dieser Phase unserer Geschichte wird er die entscheidende Rolle spielen. Aus diesem Grund beschlossen wir, ihm einen Besuch abzustatten, bevor wir unsere Recherchen fortsetzten.

Der Fahrer des Taxis, das uns zu Schimon Peres bringt, begrüßt die Unterzeichnung des Friedensabkommens mit der PLO. Ihn wundert nur, daß man in einer Region, in der so viel und so gern geschwatzt wird, die Sache geheimhalten konnte.

– Er hat nicht ganz unrecht, meint Peres, denn die Schwierigkeiten sind nicht immer dort aufgetaucht, wo wir sie erwarteten. Uri Savir hatte große Mühe, seiner eifersüchtigen Frau zu erklären, weshalb er so oft nach Norwegen reisen mußte ... Um den häuslichen Frieden zu wahren, hat er sie schließlich eingeweiht. Nun war sie beruhigt und hielt sich strikt an die Spielregeln. Zum Glück!

Schimon Peres wirkt auf uns wie verwandelt. Er scheint erleichtert zu sein – ein wenig wie jemand, der lange unentschlossen am Rand eines Schwimmbeckens ausharrt und der dann, nachdem er hineingesprungen ist, feststellt, daß er schwimmen kann. Wir haben ihn kurz nach dem Sechs-Tage-Krieg bei David Ben Gurion kennengelernt, im Kibbuz Sdei

Boker in der Negev-Wüste. Angeblich verdankt Peres alles Ben Gurion, der ihn einmal mitgenommen haben soll, als er per Anhalter auf der Straße von Jerusalem nach Haifa unterwegs war. Peres bestreitet diese Geschichte ebensowenig wie er sie bestätigt.

Geboren am 15. August 1923 in einem Dorf in Weißrußland, kommt der Sohn eines Holzhändlers mit 11 Jahren nach Palästina. Nach seiner Schulzeit tritt er in einen Kibbuz ein, wo er seine künftige Frau Sonia dadurch umworben haben soll, daß er ihr bei seinen nächtlichen Wachdiensten bei Kerzenschein Das Kapital *von Marx vorlas. Unabhängig von dem Wahrheitsgehalt dieser Anekdote ist allgemein bekannt, daß Schimon Peres ein eifriger Leser ist. Er schätzt François Mitterrand und fühlt sich demselben Club gebildeter Politiker zugehörig, die es verstehen, eine literarische Anekdote »einzuflechten« oder aus dem Stegreif ein neues Buch zu besprechen. Nur wenige israelische Politiker bemühen sich wie Peres unaufhörlich um die Erweiterung ihres geistigen Horizonts. Er bevorzugt historische Bücher und Biographien und betrachtet sich als einen Schüler von Claude Lévi-Strauss, den er häufig zitiert. Mag er gegenüber Menschen nicht frei von Opportunismus sein, so hält er doch unbeirrbar an bestimmten Ideen fest.*

– Ben Gurion hat mich gelehrt, Ideen treu zu bleiben, nimmt er für sich in Anspruch.

Der Gründer des Staates Israel – der »Alte«, wie man ihn liebevoll nannte – war bereits über 80 Jahre alt, als wir bei ihm erstmals mit Schimon Peres zusammentrafen. Als das Gespräch auf die besetzten Gebiete kam, fragten wir ihn, ob er bereit sei, sie als Gegenleistung für einen Friedensvertrag zurückzugeben.

– Für den Frieden, meine jungen Freunde, bin ich bereit, sämtliche Gebiete zurückzugeben. Und selbst was Jerusalem betrifft, könnten wir uns ohne weiteres verständigen.

– Befürworten Sie die Gründung eines palästinensischen Staates?

– Als die Vereinten Nationen 1948 die Teilung Palästinas beschlossen, haben wir das auf der Stelle akzeptiert. Das bedeutete, daß wir der Gründung eines palästinensischen Staates neben unserem eigenen zugestimmt haben. Ich mußte – und glaubt mir, das war nicht leicht – gegen unsere eigenen Brüder, die Mitglieder der Untergrundorganisation Irgun, *die nicht auf das verzichten wollten, was sie ihre historische Heimat nannten, mit Waffengewalt vorgehen. Die Araber haben die Gründung eines palästinensischen Staates vereitelt, indem sie die Feindseligkeiten eröffneten, während derer die einen das Westjordanland und die anderen den Gaza-Streifen annektierten.*

David Ben Gurion schilderte sodann ein lange zurückliegendes Gespräch, das bereits voll von den Mißverständnissen war, die noch heute die Geister entzweien.

– Im April 1936 führte ich ein langes Gespräch mit einem bedeutenden und hochintelligenten arabischen Nationalisten, Georges Antonius. Ich fragte ihn, weshalb Juden und Araber sich nicht zusammentäten, um gemeinsam für die Befreiung der Region zu kämpfen. Gemeinsam würden wir sehr stark sein. Er hat mir geantwortet, dies sei eine gute Idee, doch diese Befreiung könne unter keinen Umständen zur Gründung eines jüdischen Staates führen, weil die Araber dieses Land als ihr Eigentum betrachteten und dafür kämpfen würden.

Lieber Freund, entgegnete ich ihm, dieses Land ist doch fast unbewohnt: Sümpfe im Norden, die Wüste im Süden und dazwischen ein kaum besiedelter Küstenstreifen. – Das stimmt, räumte Antonius ein, doch ein Volk kämpft nicht für seine eigene Generation, sondern für seine Söhne und Enkel, die einmal dieses Land brauchen werden.

Ich erklärte ihm, daß für uns Juden Eretz Israel das einzig mögliche Land sei, das einzige Land, mit dem wir durch unsere Geschichte verwachsen seien, während die arabische Nation keine festen Grenzen besitze. Er widersprach. Für ihn besaß jedes Stückchen Land der arabischen Nation seine eigene Identität, die sie ungestört entfalten will. Er widersprach auch, als ich ihm erklärte, daß die Existenz eines jüdischen Staates in Palästina weder die Kultur noch die Freiheit der Araber bedrohe. Er fürchtete, der Zustrom von Hunderttausenden von Einwanderern, die mit dem technischen Wissen des Westens vertraut seien, werde die arabische Bevölkerung zu billigen Arbeitskräften degradieren.

Weshalb trauen Sie dem arabischen Volk nicht mehr zu? fragte ich ihn. Glauben Sie denn nicht an das menschliche, geistige und wirtschaftliche Potential der arabischen Welt? Weshalb sollte sie nach ihrer Befreiung nicht rasch das gleiche Niveau erreichen können wie wir? – Das ist ein Bildungsproblem, antwortete er. Viele Juden, die hierher kommen, haben eine Universität besucht, während die meisten Angehörigen unseres Volkes vor noch nicht allzulanger Zeit als Nomaden durch die Wüste zogen. Bis wir den Rückstand zu Ihnen aufgeholt hätten, hätten Sie bereits einen mächtigen Staat aufgebaut, der uns die Bedingungen der Koexistenz diktieren würde. Für uns sind die Bestrebungen der Araber und der Juden nicht miteinander vereinbar.

Sie können sich denken, daß ich seine Meinung ganz und gar nicht teilte. Ich glaubte, wir könnten unsere Kräfte für den Befreiungskampf bündeln, bevor wir zum Wohl unserer Völker eine politische und wirtschaftliche Zusammenarbeit anstrebten. Ich habe ihm klargemacht, daß die Rückkehr nach Eretz Israel für uns keine Laune ist, sondern eine Sache des Überlebens, eine Frage von Leben und Tod. Ich habe ihm deutlich gesagt, daß wir unabhängig von einer Verständigung mit ihnen nach Palästina kommen würden und daß wir dann, wenn wir zwischen Pogromen in Deutschland oder Polen und Verfolgungen in Eretz Israel wählen müßten, uns für letztere entscheiden würden.

Doch, fragte ich ihn zum Schluß, wozu bekämpfen wir uns dann? Wäre es nicht für alle Beteiligten nützlicher, Frieden zu schließen und einträchtig nebeneinander zu leben?

Ben Gurion fuhr mit der Hand durch sein zerzaustes weißes Haar und betrachtete uns abwechselnd, als frage er sich, was wir hier machten. Dann besann er sich und meinte abschließend:

– Wenn ihr eure Freunde in arabischen Ländern besucht, sagt ihnen, daß ich ihnen aus dem tiefsten Innern der Negev-Wüste noch immer die Frage stelle, die ich vor mehr als 30 Jahren Antonius gestellt habe.

Schimon Peres ist wiederholt auf dieses Treffen zurückgekommen, und jedesmal, wenn wir in ein arabisches Land reisten, erinnerte er uns daran, daß wir unseren Gesprächspartnern die Frage von Ben Gurion stellen sollten.

Im Unterschied zu Golda Meir war sich Schimon Peres des Palästinenser-Problems bewußt. Wie die gesamte politische Klasse Israels hat er jedoch lange Zeit geglaubt, daß er nur mit König Hussein von Jordanien über den Frieden verhandeln könne. Er verwarf die Vorstellung eines Separatfriedens mit der PLO. Drei Jahre vor der Unterzeichnung des Friedensabkommens in Washington hatte er unseren Vorschlag abgelehnt, ein Treffen mit Yassir Arafat oder einem anderen Palästinenserführer zu arrangieren. »Wir müssen einen Friedensvertrag mit Jordanien schließen«, sagte er. »Wir müssen den Jordaniern die Gebiete zurückgeben, und sie sollen sich dann mit Arafat verständigen. Wenn der König einen Friedensvertrag mit uns nicht alleine unterzeichnen kann, soll er in Begleitung einer palästinensischen Delegation nach Jerusalem kommen.« Wir gaben ihm zu bedenken, daß Arafat zweifellos mit von der Partie wäre. Er hoffte, dies sei nicht der Fall, und außerdem glaube er es nicht.

Wann hat er seine Meinung geändert? Er erinnert sich genau an das Datum: den 31. Juli 1988. An diesem Tag verkündete König Hussein von Jordanien, daß er die »administrativen und juridischen Beziehungen« zum Westjordanland abbreche und somit die Vereinigung der beiden Ufer des Jordan, die sein Großvater Abdallah 1950 proklamiert hatte, annulliere. Er ließ Palästinenser und Israelis mit sich allein.

Für Schimon Peres war diese Erklärung ein schwerer

Schlag. Der König machte damit die Hoffnung zunichte, die die israelische Arbeitspartei seit Jahren hegte – die vielzitierte »jordanische Option«. Dabei hatten sich Peres und Hussein erst kurz zuvor, im April 1987, bei Geheimgesprächen in London auf die Aufnahme von Friedensverhandlungen verständigt. Ein Friedensabkommen wäre der krönende Abschluß der Karriere von Schimon Peres gewesen. Aber plötzlich wollte Jordanien nicht mehr länger mit Israel über die Palästinenserfrage sprechen. Der König schrieb Peres einen Brief des Bedauerns, der zwar mit »Lieber Bruder« begann, aber ihren Plan begrub. Das einzige strittige Problem zwischen ihnen war fortan der Verlauf der gemeinsamen Grenze. Von diesem plötzlichen Sinneswandel überrascht, glaubte Peres zunächst an einen politischen Schachzug. Er wurde eines Besseren belehrt, als König Hussein seine eigenen Anhänger davon abbrachte, Bittschriften kursieren zu lassen, in denen er aufgefordert wurde, seine Entscheidung rückgängig zu machen.

Peres ist ein Mann der Tat, und er geht besonders zielstrebig vor, wenn er von seiner Sache überzeugt ist – so verdankt Israel ihm ein leistungsfähiges Verkehrsnetz, die Einführung der elektronischen Datenverarbeitung, das Kernforschungszentrum Dimona, ganz zu schweigen vom Ende der galoppierenden Inflation. Nach diesem Scheitern der jordanischen Option blieben nur noch die Palästinenser aus den besetzten Gebieten, die »stummen« Palästinenser als »akzeptable« Gesprächspartner übrig. Er gab sich viel Mühe, ein Gebiet zu finden, auf dem man Einvernehmen erzielen konnte.

Vergeblich.

Die PLO-Zentrale in Tunis, die er umgehen wollte, kam allenthalben durch die Hintertür wieder herein.

– Ich erkannte, daß wir uns mit Legenden auseinandersetzen mußten, und Arafat war eine solche Legende. Ich mußte mir sagen, daß meine emotionale Einstellung zu ihm nicht zählte, während er für die Palästinenser und die übrigen Araber, mit denen wir sprachen, eine unvermeidliche Instanz auf

dem Weg zum Frieden darstellte. Als sich daher die Gelegenheit bot ...

Wir müssen den Kopf nach vorne neigen, um ihn besser zu verstehen. Schimon Peres spricht mit leiser, kehliger Stimme, die kaum zu vernehmen ist. Seltsamerweise artikuliert er sich meistens dann deutlich, wenn er sich aufregt. Heute, am Tag vor Jom Kippur, ist er zum Erzählen aufgelegt.

Er gesteht, daß es ihm schwergefallen sei, die Hand zu ergreifen, die ihm Arafat in Washington vor laufenden Kameras entgegengestreckt habe. Rabin flüsterte ihm ironisch zu: »Nun bist du an der Reihe!« Er hatte keine andere Wahl. Er mußte diese Hand schütteln, die die Mörder der Kinder von Maalot bewaffnet hatte, diese dargebotene Hand, die so vielen anderen Kindern den Frieden verhieß ...

Bei jeder Unterhaltung in Israel trinkt man fortwährend kühle Getränke, um die große Hitze besser zu ertragen. Peres macht dem kurzen Moment der Vertraulichkeit auf einen Schlag ein Ende, indem er Fruchtsaft aus dem Kühlschrank holt und sich dann hinter den Fakten verschanzt, als ob Gefühle nichts in der Geschichte zu suchen hätten.

Seine Schilderung der Verhandlungen mit ihrem Auf und Ab und ihren Schachzügen sind in dieses Buch eingegangen. Er hat Einzelheiten erzählt, die er uns zweifellos nicht hätte mitteilen müssen – etwa, wie die Jericho-Frage zur Sprache gebracht wurde. Vielleicht hat er es aus Freundschaft zu uns getan. Vielleicht auch deshalb, weil seine Frau, deren Meinung ihm eingestandenermaßen viel bedeutet, und seine achtzehnjährige Enkeltochter, die den Blick einer ganzen Generation auf ihn richtet, bei dem Gespräch zugegen waren.

10 Rabin betritt die Szene

Anfang Mai entschloß Peres sich, Rabin zu informieren. Dies war nach Aussage eines seiner Vertrauten »eine Entscheidung, die er schweren Herzens und im Gefühl der Unvermeidlichkeit traf«. Er konnte nicht länger »alleine sein eigenes Stück spielen«. Er sehnte sich nach der Hauptrolle, doch er wußte, daß die meisten Akteure, die an der Inszenierung mitwirkten, diese Rolle Rabin anvertrauen wollten. Das begann bei Arafat. Für den PLO-Chef war General de Gaulle ein Vorbild, und seiner Überzeugung nach war nur ein durchsetzungsfähiger und anerkannter Soldat imstande, die israelische Armee und Öffentlichkeit für eine Verhandlungslösung zu gewinnen.

Das Treffen findet an einem Spätnachmittag statt. Der persönliche Referent Rabins, ein kleiner dunkelhaariger Mann, der sich unlängst seinen Schnurrbart abrasiert hat, führt Peres in das Amtszimmer des Ministerpräsidenten. Die beiden Männer grüßen sich flüchtig, ohne sich die Hand zu geben. Dann nimmt Peres vor dem Schreibtisch des Ministerpräsidenten Platz, so daß sie sich direkt gegenübersitzen. Die Fenster gehen auf die Hügellandschaft von Judäa, die in das berückende Licht der untergehenden Sonne getaucht ist.

Peres spricht lange, und jedes Wort kostet ihn große Überwindung, so als gebe er allmählich ein unschätzbares Geheimnis preis. Rabin hört ihm mit leicht geneigtem Kopf und völlig regungsloser Miene zu. Er läßt Peres alles erklären, ohne eine Frage zu stellen: Hirschfeld und Pundik in Oslo, die bemerkenswerten Fortschritte, der mit der PLO ausgearbeitete Vertragsentwurf »gut und schlecht zugleich, du weißt schon, die ewige Geschichte von dem Glas, das man entweder als halbleer oder als halbvoll betrachten kann«.

Als der Außenminister mit seinen Ausführungen zu Ende ist, sagt Rabin, der noch immer gleichgültig blickt, mit seiner langsamen, rauhen Stimme:

– Ich weiß über alles Bescheid.

Peres schaut ihn fassungslos an. Er hatte geglaubt, Rabin würde seine Geste zu würdigen wissen, und hat nun das Gefühl, in eine Falle getappt zu sein und in der schlimmsten Rolle zu erscheinen: der des ewigen Intriganten.

Rabin war tatsächlich im Bilde, doch er bluffte, als er zu verstehen gab, daß ihm praktisch nichts entgangen sei. Die Geheimdienstberichte, die ihm sein persönlicher Referent, der Mann mit dem abrasierten Schnurrbart, vorlegte, verschafften ihm nach Aussage eines seiner Mitarbeiter »zwar einen groben Überblick über die Lage, die Fülle der Einzelheiten jedoch ließen sie im dunkeln«.

In diesem Augenblick freilich weiß Peres das nicht. Er führt seine letzten Argumente ins Feld.

– Lies wenigstens den Text und triff dich mit den beiden Männern, die ihn ausgehandelt haben.

Rabin schüttelt abwiegelnd den Kopf:

– Ich bin skeptisch. Ich glaube nicht, daß Arafat ernsthaft gewillt ist, zu einer Übereinkunft mit uns zu gelangen.

Als Peres das Amtszimmer des Ministerpräsidenten verläßt, hat er Rabin immerhin dazu bewogen, Hirschfeld, Pundik und ihn selbst drei Tage später zu einer Unterredung zu empfangen.

Die seltsame Ironie einer Geschichte voller Widersprüche will es, daß Rabin ausgerechnet dem Mann, der ganz auf ihn baut, noch keinen Glauben schenkt: Yassir Arafat.

Der PLO-Vorsitzende, Ende März auf der Durchreise in Kairo, hatte zu Mubarak gesagt:

– Alles läuft gut, doch eine Sache läßt mir keine Ruhe: Ich bin immer noch nicht sicher, ob Rabin über die Verhandlungen in Norwegen informiert ist.

– Hör zu, ich werde meinen Botschafter in Tel Aviv anweisen, ihm ein Treffen vorzuschlagen, antwortete der ägyptische Staatspräsident.

Vier Tage später treffen sich der israelische Ministerpräsident und der ägyptische Staatschef in Ismailia. In zwei Sesseln auf einer sonnenbeschienenen Terrasse des Präsidentenpalastes sitzend, plaudern sie über die Entwicklung der Lage in der Region. Im Verlauf ihrer Unterhaltung fragt Mubarak seinen Gesprächspartner sichtlich verlegen:

– Ich möchte Sie um eine Klarstellung bitten: Sind Sie über die Verhandlungen in Oslo informiert?

Rabin antwortet, wie immer lakonisch:

– Selbstverständlich!

Dieses mit Bestimmtheit ausgesprochene Worte beeindruckt Mubarak. Er beauftragt seinen Berater Usama al-Baz, Arafat die Antwort zu übermitteln. Der PLO-Chef gerät in helle Wut und brüllt in den Telefonhörer:

– Es ist mir Wurscht, ob er darüber Bescheid weiß. Ich will wissen, ob er diese Verhandlungen gutheißt.

Die seltsame Vagheit der Antwort Rabins hat ein diplomatisches Nachspiel. Mubarak entsendet al-Baz nach Israel, um die gewünschten Klarstellungen zu bekommen.

Dieser führt ein langes Gespräch mit Peres. Die beiden Männer kennen und schätzen sich seit vielen Jahren. Peres kommt von sich aus auf die laufenden Verhandlungen in Oslo zu sprechen und nimmt dabei den größten Teil des Verdienstes für sich in Anspruch.

Am Ende des Gesprächs verkündet al-Baz dem Außenminister:

– Gut, ich werde jetzt Rabin aufsuchen, um herauszufinden, ob er unterrichtet ist.

Peres erbleicht:

– Überlaß ihn mir, antwortet der Israeli, ich kenne ihn und weiß, wie man mit ihm umgehen muß.

Al-Baz schaut ihn ratlos an:

– Einige Leute werden allmählich ungeduldig.

– Ich versichere dir, ...

Diesmal spricht Peres nach Aussage von Personen, die bei dem Gespräch zugegen waren, mit großer Eindringlichkeit, fast beschwörend.

– ... wenn du jetzt Rabin aufsuchst, wirst du alles verpfuschen. Fahre nach Kairo zurück und mach die Dinge nicht komplizierter. Ich garantiere dir, daß Rabin seine Zustimmung geben wird.

Usama al-Baz kehrt in die ägyptische Hauptstadt zurück und ruft von dort aus Rabin an. Dieser antwortet ihm angeblich: »Ich bin unterrichtet, doch ich warte auf die Antwort der Amerikaner.«

Man kann die Richtigkeit dieser Aussage bezweifeln. Zu diesem Zeitpunkt ist die Unterrichtung der Vereinigten Staaten kein vorrangiges Anliegen des israelischen Ministerpräsidenten. Zudem macht er sich kaum Illusionen über die Erfolgsaussichten und die Tragweite derartiger Kontakte. Wie Arafat hat er bereits vor Monaten die Aufnahme israelisch-palästinensischer Geheimkontakte gebilligt: Emissäre Jerusalems waren – manchmal von Mossad-Agenten geschützt – nach New York, Kairo, Paris, London und Rabat gereist, um sich mit PLO-Vertretern bzw. mit Personen, die von der PLO bevollmächtigt worden waren, zu treffen. Die Ergebnisse waren freilich völlig enttäuschend. Rabin kann sich nicht vorstellen, daß ausgerechnet Oslo eine Ausnahme bilden soll.

Der Referent des Ministerpräsidenten hatte auf seinem Terminkalender für einen Freitag im Mai um 9 Uhr morgens notiert: »Treffen mit Peres + zwei Gästen.«

Hirschfeld und Pundik begleiten den Chef des Außenministeriums. Rabin verspricht sich nicht viel von ihnen, und der Beginn des Treffens verläuft in einer kühlen Atmosphäre. Für den Regierungschef, der oftmals in Schwarz-Weiß-Schablonen denkt, sind die beiden Professoren vor allem Vertraute von Peres, die uneingeschränkt seine Vorstellungen teilen. Er hört ihnen zunächst skeptisch zu. Doch im Verlauf ihrer Ausführungen, in denen sie das psychologische Profil der palästinensischen Unterhändler zeichnen und die bislang erzielten Ergebnisse eingehend darlegen, vollzieht sich auf seltsame Weise ein Wandel in seiner Einstellung. Zwar glaubt er immer noch nicht an den guten Willen Arafats, doch er muß zugeben, daß die Kompromisse, zu denen sich die PLO bereit erklärt hat, einen Fortschritt darstellen. Für den Pragmatiker und ausgebufften Machtpolitiker Rabin deutet dieses Zurückschrauben der palästinensischen Forderungen darauf hin, daß die PLO in einer schweren Krise steckt. Dieses »Fenster der Verwundbarkeit« bietet in seinen Augen vielversprechende Chancen. Nach Aussagen eines seiner Vertrauten ist Rabin »einerseits sehr leicht zu durchschauen, andererseits völlig unberechenbar«. Nie hat ihn diese Definition besser charakterisiert als in diesem Moment.

Als Hirschfeld und Pundik mit ihren Ausführungen zu Ende sind, bedankt er sich höflich bei ihnen, wobei er sich jedes Kommentars enthält, und begleitet sie bis zur Tür seines Amtszimmers. Dann geht er zurück zu Peres.

– Ich halte nicht sonderlich viel davon, doch wenn du weitermachen willst, bin ich einverstanden.

Peres lächelt kurz.

– Wir müssen jetzt einen wichtigen Punkt klären.

Rabin blickt ihn verwundert an:

– Welchen?

– Die Norweger haben mir mitgeteilt, die PLO verlange, daß künftig ein israelischer Regierungsvertreter an den Gesprächen teilnehmen soll. Das scheint mir eine berechtigte Forderung zu sein.

– An wen hast du gedacht?

Die Frage scheint Peres zu überraschen. Er antwortet wie selbstverständlich:

– Ich denke, ich könnte nach Oslo gehen.

Das Gesicht von Rabin verfinstert sich:

– Offen gesagt, ich halte das für keine gute Idee. Du bekleidest ein zu hohes Amt.

Es kommt zu einem kurzen, sachlichen Wortwechsel. Der Regierungschef fährt fort:

– Wir müssen vor allem sicherstellen, daß diese Verhandlungen geheimgehalten werden, und daher warten, bis die offizielle palästinensische Delegation wieder in Washington eingetroffen ist. Wir sollten den Eindruck erwecken, daß alles, was in Oslo erreicht wird, eigentlich in der amerikanischen Hauptstadt entschieden wurde. Jedenfalls bist du zu exponiert.

Peres schlägt daraufhin schweren Herzens vor:

– Was hältst du von Uri?

– Eine sehr gute Wahl.

Uri Savir gehört wie Jossi Beilin zu der kleinen Gruppe von Peres-Vertrauten. In Israel hat man ihnen aufgrund ihrer marineblauen Krawatten und Sakkos sowie ihres Gebarens als bebrillte Technokraten den Spitznamen »die blauen Blazer« gegeben. Mit seinen 40 Jahren hat Savir bereits eine bemerkenswerte Karriere hinter sich. Dieser Sohn eines Diplomaten, der vor seiner Ernennung zum Generalkonsul in New York Peres als Presseberater zur Seite gestanden hatte, war zwei Monate zuvor auf den begehrten Posten des Generaldirektors im Außenministerium berufen worden. Er ist brillant, ehrgeizig und in der Lage, seine Ideen mit sehr viel Charme zu verkaufen. Schimon Peres zitiert ihn gleich nach der Unterredung mit Rabin zu sich. Savir ist sprachlos. Er würde eine enorme Verantwortung auf seine Schultern laden und der erste israelische Regierungsvertreter sein, der direkt mit der PLO verhandelte.

Als erstes führt er einen langen Meinungsaustausch mit Hirschfeld und Pundik. Er unterzieht das Dokument, das sie aus Oslo mitgebracht haben, einer eingehenden Analyse. Savir ist einerseits sehr kritisch, andererseits sehr angetan. Im Verlauf ihrer Unterhaltung erklärt er den beiden Professoren:

– Der Text ist nicht leicht zu bewerten, da er sowohl gute wie schlechte Punkte enthält. Wir können nicht alles akzeptieren. Die PLO wird sich mit mancher Veränderung abfinden müssen. Es wird nicht mehr so sein wie in Ihren Gesprächen mit den PLO-Vertretern.

Peres sagte seinen Vertrauten: »Lassen wir Uri Savir gewähren. Jetzt nähern wir uns der Stunde der Wahrheit.«

Der junge Direktor im Außenministerium, den die Last der Verantwortung drückt, besucht einige Tage vor seinem Abflug nach Norwegen seinen Vater. Er spricht mit ihm über seine Befürchtungen und über die Aufgabe, die ihn erwartet. Sein Vater hört ihm mit ernster Miene zu, legt ihm dann die Hände auf die Schultern und schaut ihm direkt in die Augen.

– Du mußt diese Chance, einen Friedensvertrag auszuhandeln, unter allen Umständen ergreifen, sagt er mit Bestimmtheit.

Savir steht zugleich vor einer politischen wie persönlichen Herausforderung. Peres möchte Tag für Tag über den Fortgang der Gespräche informiert werden. Rabins Interesse hingegen scheint weniger groß zu sein. Savir hat lediglich ein kurzes Gespräch mit ihm geführt, in dem der Ministerpräsident ihm nur eine Anweisung erteilt hat: »Präzisieren Sie die israelischen Forderungen noch stärker.«

Im Mai reist Yassir Arafat nach Wien, wo er sich mit mehreren israelischen Journalisten trifft. Zwar bestreitet er nicht die Existenz von Geheimverhandlungen, doch bleiben seine Einlassungen vage. Dagegen fordert er unmißverständlich den Abzug der israelischen Armee aus den besetzten Gebieten und erklärt seine Bereitschaft zu einem »Frieden der Tapferen«. Er fügt hinzu: »Wir wollen nicht nur über den Gaza-Streifen sprechen. Auch ein Teil des Westjordanlandes, zum Beispiel Jericho, sollte zurückgegeben werden.«

Seinen Gesprächspartnern entgeht die Tragweite dieser Äußerung, doch das Signal an Peres und Rabin war klar: Arafat bekräftigt seinen Willen, zu einer Übereinkunft zu gelangen.

Am 20. Mai fliegt Uri Savir in Begleitung von Hirschfeld

und Pundik nach Oslo. Peres hatte beschlossen, die beiden Männer auch weiterhin an den Gesprächen zu beteiligen, weil er ganz zu Recht davon ausging, daß er die Atmosphäre nur unnötig belasten würde, wenn er die Männer ausklammerte, die in nur fünf Monaten das Vertrauen der Palästinenser gewonnen hatten. Offiziell verläßt Savir Israel, um das Wochenende in Cannes zu verbringen. Außer seinem Vater kennt kein Mitglied seiner Familie – nicht einmal seine Frau, die er zu diesem Zeitpunkt noch nicht eingeweiht hat – das wahre Ziel seiner Reise.

Die Norweger haben diesmal die Sicherheitsmaßnahmen verschärft. Die Unterhändler werden auf Schritt und Tritt von zehn Angehörigen einer Sondereinheit beschützt, während sorgfältig ausgewählte Polizeistaffeln die verschiedenen Tagungsorte abriegeln. Zur Beförderung der Unterhändler, die künftig nicht mehr den Zoll passieren müssen, werden ausschließlich Mietwagen eingesetzt.

Als die Israelis nach Zwischenlandungen in drei europäischen Hauptstädten am Abend des 20. Mai in Olso landen, werden sie von Larsen empfangen und sofort zu einem Haus gefahren, das von Wald umgeben ist und in der Nähe einer Skisprungschanze liegt.

Zehn Minuten nach ihnen trifft Mona Juul, die Frau von Larsen, in Begleitung der palästinensischen Delegation ein. Die sechs Männer stehen sich ein wenig verlegen gegenüber. Für die PLO-Mitglieder ist es ein großer Augenblick: Zum ersten Mal gestattet die israelische Regierung, die sich über alle bis dahin geltenden Tabus hinwegsetzt, einem hochrangigen Beamten, sich mit Vertretern der Palästinensischen Befreiungsorganisation zu treffen, um konkrete Verhandlungen aufzunehmen.

Um die gespannte Situation zu entkrampfen, nimmt Rod Larsen die Dinge in die Hand. Mit den Worten: »Gestatten Sie mir, Ihnen Ihren Feind Nummer eins vorzustellen!«, drängt er Uri Savir zu Abu Ala'. Dann tut er das gleiche mit den übrigen

Delegierten, indem er fortfährt: »Das ist Ihr Feind Nummer zwei!«, dann: »Das ist Ihr Feind Nummer drei!« Der Norweger erntet ein paar krampfhafte Lacher. Er sagt später: »Ich wollte einen für Diplomaten eher untypischen Sinn für Humor zeigen, um die Atmosphäre zu entspannen.« Bevor sich die beiden Delegationen im Sitzungssaal einschließen, ermuntert er sie: »Jungs, legt die Jacken ab und krempelt die Ärmel hoch.« Doch der Scherz kommt nicht an, und die Mienen bleiben angespannt. Mit verdrossenem Gesicht geht Larsen zu seiner Frau, der er gesteht: »Ich fürchte, ich habe gerade einen gewaltigen diplomatischen Schnitzer begangen.«

Als er jedoch zwei Stunden später den Raum betritt, scheint man seinen Rat beherzigt zu haben: Mit hochgekrempelten Ärmeln und offenen Krawatten sind Israelis und Palästinenser in ein angeregtes Gespräch vertieft.

Nach Ansicht von Yair Hirschfeld hatten Israelis und Palästinenser im Verlauf der zurückliegenden Monate »eine gewisse von Sachlichkeit und Versöhnlichkeit geprägte Diskussionskultur entwickelt«. Uri Savir fügt sich sofort in dieses Klima ein. Bis spät in die Nacht hinein legen er und Abu Ala' ihre jeweiligen Standpunkte dar. Savir spricht mit fester, ruhiger Stimme. Er trägt die Auffassung der israelischen Regierung und deren Beweggründe vor und betont, daß die verantwortlichen Politiker in Jerusalem »der Besatzung ein Ende machen wollen. Dabei müssen wir allerdings schrittweise vorgehen und uns auf gegenseitige vertrauensbildende Maßnahmen stützen. Wir gehen davon aus, daß Sie guten Willens sind. Daher sollten Sie vorläufig die Idee eines palästinensischen Staates und die Zukunft von Jerusalem und den jüdischen Siedlungen vergessen, weil wir nur dann ernsthaft verhandeln können, wenn Sie diese Fragen ausklammern.«

Schon nach der ersten Zusammenkunft erklären sich die Palästinenser bereit, auf die Erörterung des künftigen Status von Jerusalem zu verzichten, während die mehrdeutige Formulierung in dem Dokument, das Hirschfeld und Pundik ausgehandelt hatten, den Eindruck erwecken konnte, daß Jerusalem in den Autonomieplan einbezogen würde.

Das Rededuell zwischen Uri Savir und Abu Ala' ebnet den Weg zu einer Art beiderseitiger Faszination. Und das, obgleich die Unterschiede zwischen den beiden Männern kaum größer sein könnten. Der aus begütertem Hause stammende vierzigjährige Israeli, der eine Bilderbuchkarriere hinter sich hat, ist beeindruckt von der Intelligenz und Virtuosität dieses fast sechzigjährigen Bankiers, der bestens mit sämtlichen Finessen der nahöstlichen Geheimdiplomatie vertraut ist. Sämtliche Arbeitssitzungen – es sind insgesamt elf zwischen Mai und August – finden größtenteils in der Nacht statt. Die Israelis werden sich schließlich dem Rhythmus der Palästinenser anpassen: Mittagessen gegen 12 Uhr, dann die erste Gesprächsrunde bis zum Abendessen, und erst gegen 23 Uhr beginnt die Erörterung der wirklich wichtigen Punkte, die sich bis 6 Uhr morgens hinzieht. In der Regel treten die Spannungen zwischen 3 und 4 Uhr morgens auf, wenn eine Seite den Wunsch verspürt, die andere »über den Tisch zu ziehen«. Bei all diesen Begegnungen ist die psychologische Dimension allgegenwärtig. Auf palästinensischer Seite ist die Rollenverteilung ganz klar: Abu Ala' ist ein gemäßigter Pragmatiker, während sein Assistent, Hasan Asfur, einen viel aggressiveren Ton anschlägt. Manchmal fährt er die Israelis an:

– Wir trauen Ihnen nicht. Sie wollen uns doch nur reinlegen. Sie haben sich gegen uns verschworen!

Jeder Fortschritt und jedes Zugeständnis von Abu Ala' werden von derartigen Ausfällen begleitet. Die Beziehungen zwischen den beiden Delegationen schwanken dialektisch zwischen einer prekären Sympathie und einem unbändigen Haß, der plötzlich aufflammt und sich Luft macht.

Der Humor ist ein wirksamer Katalysator, der die Dinge voranbringt und diese Spannung mildert. Tatsächlich arbeiten die Israelis, noch mehr als die PLO-Vertreter, unter großem Zeitdruck. Um zu vermeiden, daß seine rege Reisetätigkeit auffällt, bleibt Savir immer nur übers Wochenende. Jeden Montagmorgen ist er pünktlich in seinem Büro, nachdem er in der Nacht aus Oslo zurückgekehrt ist.

Nach Aussage von Larsen und seiner Frau, die sich ständig in einem Nebenzimmer aufhielten, »herrschte zwischen den Delegationen das gleiche Klima wie in einer Jungenbande. Unerwartete Scherze, die von schallendem Gelächter begleitet waren, wechselten übergangslos mit eisigen, haßerfüllten Momenten.«

Dieses emotionale Wechselbad wird noch dadurch verstärkt, daß Israelis und Palästinenser ständig unter sich sind: bei den Mahlzeiten, den nächtlichen Gesprächen, den Spaziergängen durchs Unterholz und den verschlüsselten Telefonaten nach dem Muster:

– Hat Ihr Vater mit seinem Großvater über diesen Punkt gesprochen?

– Ja, und der Sohn hat uns gestern mitgeteilt, daß er eine weitere Unterredung wünscht.

Das Telefon klingelt zu jeder Tages- und – vor allem – Nachtzeit. Die Norweger werden häufig um 4 Uhr morgens durch Telefonanrufe aus der PLO-Zentrale in Tunis aus dem Schlummer gerissen.

»Einmal«, so erzählt Larsen, »war ich derart wütend, daß ich den Anschlußstecker herausgezogen habe, um noch ein paar Stunden ungestört schlafen zu können.«

Während man in den Wirtschaftsfragen rasch Fortschritte erzielt, kommt man bei den heiklen Sicherheitsfragen nur zäh voran. Nach dem Eindruck von Marianne Heiberg, die eng mit dem Ehepaar Larsen zusammenarbeitet, »lassen die roten Linien, die in den Köpfen der Unterhändler gezogen sind, nur sehr wenig Manövrierraum«.

Als die beiden Delegationen am 22. Mai auseinandergehen, haben sie sich auf ein Verfahren zur Vorbereitung des nächsten Treffens geeinigt. Jede Seite wird ihrem »Großvater« (der Deckname für Arafat und Rabin) Bericht erstatten, und sobald diese ihre Meinungsbildung abgeschlossen haben, wird man mit Larsen telefonisch den Termin der nächsten Gesprächsrunde vereinbaren.

In dem Flugzeug, das sie nach Israel zurückbringt, macht Uri Savir seinen beiden Begleitern ein Kompliment:

– Das ist das erste Mal, daß ich an einer Verhandlung teilnehme, bei der sich das israelische Team so gut versteht.

Dieses Lob ist allerdings nur halb ernst gemeint. Hirschfeld und Pundik sind zwar hervorragende Mitarbeiter, doch die Verhandlungen sind mittlerweile so komplex, daß sie nur noch die Rolle von Statisten spielen können.

Savir ist überzeugt, daß es nun an der Zeit sei, eine weitere Person hinzuzuziehen, die in heiklen Verhandlungen bewandert ist und das künftige Abkommen juristisch präzise ausformulieren kann. Allzuviele Punkte bleiben vage, und diese Mehrdeutigkeiten könnten schwerwiegende Folgen haben, sobald der Text in die Praxis umgesetzt werden soll.

Savir hat bei den vielstündigen Gesprächen, die er mit Abu Ala' führte, mit einer gewissen Sorge bemerkt, daß der Palästinenser sich offenkundig viel stärker für die Beziehungen zu Israel interessiert als für die Realitäten des Alltags in den besetzten Gebieten, obgleich sich dort Hunderte dringlicher Probleme stellen.

Als das Flugzeug in Tel Aviv landet, steht sein Entschluß fest. Schimon Peres ist gerade aus Tokio zurückgekehrt. Savir sucht zunächst Jossi Beilin auf, dann begeben sich die beiden Männer gemeinsam zum Außenminister. Peres ist offenbar mit dem Bericht seines Mitarbeiters zufrieden. Dennoch sagt Savir am Schluß:

– Wir brauchen jetzt jemanden, der imstande ist, die Detailfragen zu klären. Das kann nur ein äußerst versierter Jurist, der das Abkommen auf Herz und Nieren prüft und die kleinste Unregelmäßigkeit aufspürt. Ich weiß auch schon ganz genau, wer dafür in Frage kommt.

Peres blickt ihn erwartungsvoll an.

– Und wie heißt dieser Phönix?

– Joel Singer.

Peres nickt zustimmend mit dem Kopf.

– Das ist die denkbar beste Wahl. Ich denke, daß Rabin damit einverstanden sein wird.

11 Singer, der Virtuose

Am 24. Mai um 9.15 Uhr morgens betritt Joel Singer sein Büro im Zentrum von Washington. Singer ist ein Morgenmensch. Dieser Spezialist für internationales Recht arbeitet seit 1989 für Max Kampelman, eine der großen Anwaltssozietäten der amerikanischen Hauptstadt. Kampelman vertritt vor allem die Interessen des israelischen Verteidigungsministeriums und der israelischen Botschaft in Washington. Singer paßt gut in dieses Umfeld, da er längere Zeit in der israelischen Armee gedient hat. Der große, schlanke Israeli mit den lebhaften, ironischen Augen ist erst vor vier Jahren im Rang eines Oberst aus der Armee ausgeschieden. Als Sohn eines Schauspielers hat er schon immer mit Vorliebe hinter den Kulissen agiert, und das mit bemerkenswertem Erfolg.

Seit dem Ende des Jom-Kippur-Krieges im Oktober 1973 hat er an allen wichtigen internationalen Verhandlungen Israels mitgewirkt. 1974 war er am Aushandeln des Truppenentflechtungsabkommens mit Ägypten und Syrien beteiligt, 1978 wirkte er an den Verhandlungen in Camp David mit sowie an der Ausarbeitung des Friedensvertrages mit Ägypten, der ein Jahr später unterzeichnet wurde.

Von 1979 bis 1982 nahm er als Vertreter der israelischen Streitkräfte an den Autonomieverhandlungen teil, die unter amerikanischer Vermittlung zwischen Ägypten und Israel stattfanden. 1983 handelte er das Abkommen über den Rückzug der israelischen Armee aus dem Libanon und über die Stationierung einer multinationalen Beobachtertruppe auf der Sinai-Halbinsel aus.

Diese imposante Erfolgsbilanz trägt ihm die Hochachtung der verantwortlichen Politiker ein.

Einem seiner Vertrauten zufolge »war Singer vermutlich die einzige Person, die einen Konsens zwischen Rabin und Peres erreichen konnte«.

Er hat nicht nur eng mit Rabin zusammengearbeitet, als dieser 1974 Regierungschef und später Verteidigungsminister wurde, sondern auch mit Peres, als dieser 1986 Außenminister wurde.

Schließlich verfügt er über einen letzten, entscheidenden Trumpf: Er kennt die besetzten Gebiete in- und auswendig. Als der für das Westjordanland und den Gazastreifen zuständige Justitiar der israelischen Armee hat er die dort geltenden Gesetze erarbeitet und die juristischen Memoranden über die Rechtmäßigkeit israelischer Maßnahmen in den besetzten Gebieten verfaßt.

Nach Aussage eines ehemaligen Mitarbeiters »gleicht Singer einem Künstler, der einen Vertrag mit dem Geschick und Feinsinn eines großen Modeschöpfers ›zurechtzuschneidern‹ versteht«.

Am 24. Mai, um 10 Uhr morgens, ist der »Künstler« gerade in das Studium eines Schriftstücks vertieft, als ihn ein dringender Anruf aus Jerusalem erreicht. Der Mann am anderen Ende der Leitung sagt ihm unverblümt:

– Sie müssen sofort nach Israel kommen.

– Weshalb?

– Ich kann Ihnen das jetzt nicht genauer erläutern. Sie müssen jedenfalls das erste Flugzeug nehmen, das nach Israel fliegt. Ich spreche im Namen des Ministerpräsidenten und des Außenministers, die beide im Rahmen der Prüfung einiger Dokumente Ihren juristischen Rat einholen möchten.

– Einverstanden, antwortet Singer, ich komme.

– Noch ein letzter Punkt, meint die fremde Stimme. Gleich nach Ihrer Ankunft, noch bevor Sie zu der Verabredung kommen, sollten Sie ins Hotel Hilton fahren. Dort ist ein Zimmer für Sie reserviert. In der Hotelhalle werden Sie von einem

Mann erwartet, der Ihnen etwas zeigen wird. Prüfen Sie es eingehend.

Singer sagt alle Termine ab und ruft Max Kampelman an, um ihn von seiner Abwesenheit zu unterrichten. Er redet sich mit einem familiären Problem heraus und nimmt von New York einen Nachtflug. Übermüdet trifft er morgens in Tel Aviv ein, wo er sich sogleich an der Rezeption des Hotels Hilton meldet. Dort nähert sich ihm ein, wie er selbst meint, »etwas sonderbarer« Mann. Er ist untersetzt, trägt einen Bart und spricht mit leiser Stimme, wie ein Verschwörer.

– Guten Tag, sagt er, mein Name ist Yair Hirschfeld.

Sie suchen sich in der Hotelhalle einen Platz, und nachdem sie sich hingesetzt haben, überreicht ihm der Professor einen maschinengeschriebenen Text mit den Worten: »Das ist eine Vereinbarung, auf die wir uns mit der PLO verständigt haben. Bitte lesen Sie den Text ...«

Für Singer hat die ganze Situation etwas Unwirkliches. Man bittet ihn darum, an einem Ecktisch, der in einem Gang steht, durch den ständig Gäste hinein- und hinausgehen, ein streng geheimes Dokument zu prüfen. Er schaut auf seine Uhr. Es bleibt ihm noch eine halbe Stunde bis zu seinem Treffen mit Jossi Beilin und Uri Savir. Hirschfeld, der ihm gegenübersitzt, streicht sich mit ängstlichem Blick durch den Bart. Beilin hat ihm am Vortag knapp mitgeteilt: »Wir haben morgen eine Unterredung mit Peres, doch davor müssen Sie ins Hilton fahren und Ihren Text einem Mann namens Singer vorlegen. Er ist Rechtsexperte.«

Der Anwalt hebt den Kopf:

– Das sind ja 25 Seiten, das ist zu lang. Erzählen Sie mir den Inhalt.

Hirschfeld spricht zehn Minuten lang, bevor Singer ihn unterbricht.

– Ich habe verstanden ... Ich werde den Text lesen.

15 Minuten später, nachdem er das Dokument zu Ende gelesen hat, wirft er Hirschfeld einen durchdringenden Blick zu:

– Es ist ein recht lausiges Dokument, das einem nicht durchgebackenen Kuchen gleicht. Das Rezept mag interessant sein, doch das Backen ging völlig daneben.

Hirschfeld beugt sich vor:

– Wenn Sie das Rezept für gut halten, sollten Sie versuchen, den Kuchen zu backen.

Singer steht auf:

– Dazu habe ich keine große Lust. Entschuldigen Sie mich, ich muß jetzt aufbrechen. Ich habe eine Verabredung.

Der Anwalt fährt ins Außenministerium, wo er von Jossi Beilin und Uri Savir erwartet wird. Der Direktor des Ministeriums fragt ihn lächelnd:

– Haben Sie den Text gelesen?

– Ja. Meiner Meinung nach ist es für Israel ein schlechter Handel.

»Tatsächlich«, so erzählt uns Singer später, »hätte ich beinahe gesagt, man sollte es besser in den Papierkorb werfen, weil es absolut wertlos war.«

Seine Gesprächspartner können es kaum fassen:

– Die PLO, entgegnet Savir, hat uns doch mündlich alle Klarstellungen gegeben, die wir verlangten.

– Mag sein, erwidert Singer, daß die besagten Zusicherungen sehr interessant sind, doch das Dokument, das ich gelesen habe, ist völlig unbrauchbar.

Ein bedrückendes Schweigen erfüllt das Zimmer. Der abgespannt wirkende Beilin sagt zu Singer:

– Gehen wir zu Schimon. Er erwartet uns.

Peres fragt als erstes:

– Nun, was hältst du davon?

– Schlampige Arbeit!

Der Minister, der an die schneidenden Worte des Anwalts gewöhnt ist, gibt sich unbeeindruckt.

– Könnten wir den Text nicht wenigstens als eine einfache Rahmenvereinbarung unterzeichnen?

– Vergiß es!

»Tatsächlich«, so sagt uns Singer später, »wußten sie als

Politiker nicht genau, was dieses Dokument eigentlich wert war; sie hatten keinerlei Erfahrung damit und schenkten den Details keine Beachtung.«

– Könntest du, fragt Peres, bis morgen früh eine schriftliche Bewertung des Dokumentes anfertigen?

Singer schließt sich in seinem Hotelzimmer ein und beschreibt mehrere Seiten des mit dem Hilton-Briefkopf versehenen Briefpapers, das in dem Zimmer ausliegt. Diesmal fällt seine Analyse etwas nunancierter aus. Er kommt zu dem Schluß, daß das Dokument »trotz seiner Wertlosigkeit« zumindest einen positiven Punkt enthalte: Die PLO vertrete nun offenbar einen anderen, kompromißbereiteren Standpunkt als die offizielle palästinensische Delegation in Washington. Vor allem die Bereitschaft zur »schrittweisen« Regelung der Probleme stelle ein neues Moment dar.

Nachdem Singer seine Analyse übergeben hat, fliegt er noch am selben Tag nach Washington zurück, »in der festen Überzeugung, daß die Sache damit erledigt war«. Kaum ist er in seinem Büro eingetroffen, erreicht ihn erneut ein Telefonanruf aus Jerusalem. Dieselbe anonyme Stimme wie zuvor fordert ihn knapp auf:

– Kommen Sie sofort zurück.

»Ich bin erneut nach Israel geflogen«, erzählt er uns, »wobei ich mir als Rechtfertigung gegenüber meinen Arbeitgebern ein paar gute Ausflüchte einfallen lassen mußte.«

Am Freitagmorgen erwartet ihn am Flughafen Lod ein Auto, das ihn zu Schimon Peres bringt. Der Minister wirkt angespannt.

– Rabin hat das Dokument gelesen und hält wie du sehr wenig davon. Aber er möchte mit dir darüber sprechen.

Das Gespräch zwischen den drei Männern dauert fast zwei Stunden. Als erstes möchte der Regierungschef von Singer wissen:

– Was halten Sie von den mündlichen Klarstellungen der Palästinenser?

– Das könnte ein vielversprechendes Element darstellen.

Singer, Rabin und Peres gehen noch einmal sämtliche strittigen Punkte des Dokumentes durch, die sie um die mündlichen Zusicherungen der PLO-Delegation ergänzen. Am Ende der Besprechung sagt Rabin zu Singer:

– Ich ermächtige Sie hiermit, nach Norwegen zu reisen und mit den Palästinensern zu verhandeln.

Uri Savir zufolge »erkannte Rabin allmählich, daß Arafat der Schlüssel war, ob es einem gefiel oder nicht. Der Schlüssel zur Weiterentwicklung der israelisch-palästinensischen Beziehungen, aber auch in gewisser Weise der israelisch-arabischen Beziehungen«.

Der Anwalt schließt sich das ganze Wochenende, allein und umgeben von Aktenbergen, in einem Büro des Außenministeriums ein. Er hat darum gebeten, daß man ihm die vollständigen Abschriften sämtlicher Gespräche mit den Palästinensern bringt – angefangen von der Konferenz in Madrid im Oktober 1991 bis zur letzten Gesprächsrunde in Washington.

Er unterzieht alle Schriftstücke einer eingehenden Prüfung. Eine mühsame und erschöpfende Arbeit. »Nichts, absolut nichts«, sagt er später, »war bei den 20 Monate währenden Verhandlungen herausgekommen. Doch nach der Lektüre dieser Texte wußte ich, was beide Seiten wollten. Auch habe ich die Dinge auf der Basis meiner eigenen Erfahrungen, die ich in früheren Verhandlungen über die palästinensische Selbstverwaltung gesammelt hatte, rekonstruiert.«

Anschließend erstellt der Oberst der Reserve eine Liste mit Hunderten von Fragen, die er den PLO-Vertretern stellen will.

Am 14. Juni fliegt er in Begleitung von Savir, Hirschfeld und Pundik nach Norwegen.

Als sich die beiden Delegationen in der »Thomas-Heftye-Villa«, oberhalb von Oslo, wieder begegnen, ahnt keiner der

Teilnehmer, daß sich die Gespräche bis Anfang September hinziehen und insgesamt fast 200 Stunden dauern werden. Die erste, sehr kräftezehrende Gesprächsrunde verläuft in einer gespannten Atmosphäre. Sie dauert zwei Tage und zwei Nächte. Die Ankunft von Singer ist für die Palästinenser eine kleine Sensation. Sie wissen, daß er fast fünf Jahre lang für Rabin gearbeitet hat und daß er das uneingeschränkte Vertrauen des Ministerpräsidenten genießt. Die PLO-Vertreter sehen darin einen großen Schritt nach vorn, das Zeichen, daß sich der israelische Regierungschef seinerseits eingeschaltet hat. Auch sind die Palästinenser überzeugt, daß sich die Verhandlungen ihrem Ende nähern. Eine Illusion, die Singer auf brutale Weise zerstören wird, indem er wieder ganz von vorn anfängt.

Für Hasan Asfur, den Assistenten von Abu Ala', »war der Dialog mit Savir zwar nicht leicht, aber es gab keine Komplikationen. Die Schwierigkeiten tauchten mit Singer auf. Er hat uns zunächst mit Fragen überschüttet, insgesamt über 40. Die Situation war so unangenehm wie in einem polizeilichen Verhör«.

Abu Ala' reagiert verärgert:

– Ich mag diese Methoden nicht. Soll das etwa eine Prüfung oder ein Test sein?

Der Rechtsanwalt, der über die Lebensbedingungen in den besetzten Gebieten bestens Bescheid weiß, stellt sehr konkrete Fragen: »Wie wollen Sie das Bildungswesen gestalten? Wer wird für diesen Bereich verantwortlich sein? Wie werden Sie die Steuern erheben?« Oder auch: »Wie wollen Sie die Beschäftigung der Palästinenser sicherstellen, die gegenwärtig in Israel arbeiten?«

Nachdem sich seine anfängliche Verstimmung gelegt hat, beantwortet Abu Ala' die Fragen präzise und ruhig: »Ich spürte«, vertraut er uns später an, »daß wir an einem entscheidenden Wendepunkt angelangt waren. Soviel wir wußten, hatte Rabin noch immer kein rechtes Vertrauen zur PLO, und auch wir waren noch nicht restlos überzeugt.«

Der Palästinenser wird Singer beeindrucken, so wie er schon zuvor die Achtung Savirs gewonnen hatte. »Er meinte es meiner Meinung nach ernst«, erklärt uns der Anwalt später, »trotz der Tricks, die wir anwandten, und der Fallstricke, die wir uns gegenseitig während der Verhandlungen legten. Er war einer der Schlüsselfaktoren, die mich zu der Überzeugung brachten, daß die PLO es wirklich ernst meinte. Ich schätze seinen Pragmatismus, seine konkrete Art und Weise, Probleme anzupacken, statt sich in ideologischen Floskeln zu ergehen und auf UN-Resolutionen oder hehre Prinzipien zu pochen.«

Hasan Asfur hingegen bleibt bei seiner unnachgiebigen Haltung, die ein Gegengewicht zu dem Realismus von Abu Ala' bildet. Als dieser, auf eine Frage von Singer antwortend, die künftige Verwaltung des Gaza-Streifens beschreibt, wird er plötzlich von Hasan Asfur unterbrochen:

– Abu Ala' hat keine Ahnung. Ich komme von den Straßen Gazas, und ich weiß, was dort geschieht. Ich glaube Ihnen nicht. Er hat im Ausland, in Saudi-Arabien, gelebt, und er kennt die Probleme nicht.

Mit der Zeit aber wird auch Asfur mehr Kompromißbereitschaft entwickeln und vom guten Willen der Israelis überzeugt sein. Eine Einschätzung, für die er Abu Mazen gewinnen wird, zu dessen engsten Vertrauten er gehört. Und die Nummer zwei der PLO wird ihrerseits Arafat überzeugen.

Und doch ist Mitte Juni noch alles offen.

Nach seiner Rückkehr nach Israel legt Singer Rabin und Peres seine Meinung dar. Er glaubt, daß die PLO es mit den Verhandlungen ernst meint und daß man auf diesem Weg, der »zu weitreichenden Konzessionen seitens der Palästinenser führen könnte«, weitergehen sollte. Für Rabin bringt dieser Bericht die entscheidende Wende.

Einem israelischen Beobachter zufolge, der die beiden Männer gut kennt, »verändert Peres, der eine langfristige Vision hat, seinen Standpunkt allmählich, stufenweise, während Rabin seine Meinung erst dann ändert, wenn ihm hieb- und stichfeste Beweise vorgelegt werden«. Das ist jetzt der Fall. Die Analysen Singers, dem er rückhaltlos vertraut, öffnen ihm die Augen. Von diesem Augenblick an ist er bereit, mit der PLO zu verhandeln. Im übrigen vertraut er uns später an: »Ich hätte Peres nicht weitermachen lassen, wenn die Bewertung von Joel negativ ausgefallen wäre.«

Er bittet den Rechtsanwalt, einen Vertragsentwurf auszuarbeiten, der bei der nächsten Verhandlungsrunde in Oslo vorgelegt werden soll. Singer fliegt zurück nach Washington und formuliert einen Entwurf, der zu 100 Prozent den israelischen Standpunkt widerspiegelt. Er sieht darin vor allem eine Verhandlungsgrundlage. Zehn Tage später fliegt er erneut nach Israel und legt den Text Rabin vor, der geringfügige Änderungen anbringt.

Nachdem die Palästinenser das Dokument zur Kenntnis genommen hatten, waren sie nach Aussage von Uri Savir »wie vom Schlag gerührt. Die praktische Umsetzung dieses Papiers kam für sie nicht in Frage, und wir haben es ohne Pause sechzig Stunden lang erörtert, um die Punkte herauszufinden, in denen wir Kompromisse schließen könnten.«

Die Gespräche dauern – praktisch ununterbrochen – drei Tage und drei Nächte. Yair Hirschfeld, der sich wie Pundik damit begnügen muß, Notizen anzufertigen, ist fasziniert von der Brillanz, mit der Singer und Abu Ala' zu Werke gehen.

»Wir waren«, erzählt er uns später, »die Architekten des Projektes. Wir wußten, wie das fertige Gebäude aussehen würde. Joel hingegen war der Bauingenieur. Er berechnete präzise die erforderliche Menge an Baustahl und Zement sowie die benötigte Zahl der Rohre und Verbindungsstücke. Er stellte sehr konkrete Fragen und machte rechtliche Lösungsvorschläge, an die Abu Ala', der ja weit weg von den besetzten Gebieten lebte, noch nie zuvor gedacht hatte. Abu Ala' begriff, daß die PLO bei einigen Problemen mehr Entgegenkommen zeigen mußte.«

Die Mitglieder der beiden Delegationen wohnen unter falschem Namen in einem Hotel am Stadtrand von Oslo. Nach zwei schlaflosen Nächten geht Hirschfeld hinunter zur Rezeption.

– Ich hätte gern den Schlüssel für Zimmer 225.

Das junge Mädchen an der Rezeption fragt ihn:

– Wie heißen Sie?

Der untersetzte, vollbärtige Mann, der vor Müdigkeit ganz benommen ist, reißt die Augen weit auf und antwortet:

– Ich erinnere mich nicht mehr an meinen Namen.

Am Ende dieser Marathonsitzungen einigt man sich auf einen Kompromiß. Savir und Singer sind von Maximalforderungen ausgegangen, die sie nach und nach zurückgeschraubt haben. Tatsächlich hatte der Rechtsanwalt bereits einen weiteren, differenzierteren Plan in der Tasche, der die israelischen und palästinensischen Forderungen berücksichtigte. Singer zeigt den Palästinensern, daß er sehr viele der mündlichen Erläuterungen eingearbeitet hat, die sie ihm bei den vorangegangenen Treffen gegeben hatten. Es sind nur noch fünf Streitpunkte übrig.

Während all dieser Tage und Nächte stehen die Abgesandten in ständigem telefonischem Kontakt mit Israel und Tunis. Peres läßt sich ständig informieren. Abu Ala' und Hasan Asfur rufen immer wieder die »Jewish Agency« an. Dieser Spitzname gilt einem kleinen Gebäude in der tunesischen Hauptstadt, das in der rue Ahmed-Boukari 9 liegt, hundertfünfzig Meter von der Villa Arafats entfernt. Es beherbergt die Büros der Nummer zwei der PLO, Abu Mazen, der die Abteilung für israelische Angelegenheiten leitet.

Als die beiden Delegationen auseinandergehen, nehmen sie in ihren Aktentaschen den Vertragsentwurf mit.

In Jerusalem ist Peres davon überzeugt, daß man sich diesmal einer Lösung nähert. Am 16. Juni reist er nach Wien, um an der Konferenz der Vereinten Nationen über die Menschenrechte teilzunehmen. Er führt ein langes Gespräch mit Andrej Kosyrew, dem russischen Außenminister, den er bittet: »Nehmen Sie Kontakt zu Arafat auf, und teilen Sie ihm mit, daß wir es ernst meinen und entschlossen sind.«

Drei Tage später übermittelt ihm der russische Botschafter in Israel die Antwort des PLO-Vorsitzenden: »Wir sind zufrieden.«

Schimon Peres beschließt daraufhin, Nimrod Novik, den Spezialisten für schwierige Missionen, nach Kairo zu schikken. Dieser betuchte Geschäftsmann hat am 19. Juni eine lange Unterredung mit Usama al-Baz. Der Israeli und der Sonderberater von Hosni Mubarak erörtern mehrere Stunden lang die verschiedenen Streitpunkte, insbesondere die palästinensische Forderung nach einer Straßenverbindung zwischen Gaza und Jericho. Novik bleibt unnachgiebig.

Der verärgerte al-Baz hält ihm entgegen:

– Wir müssen kreativ sein! Wir müssen eine Lösung finden, eine Möglichkeit, die beiden Zonen miteinander zu verbinden. Ich stimme mit Ihnen darin überein, daß dieser Korridor keinen exterritorialen Status genießen darf und daß die israelische Armee weiterhin die beiden Endpunkte kontrollieren muß. Doch lassen Sie uns eine Vereinbarung treffen, die für beide Seiten akzeptabel ist.

Usama al-Baz entfernt sich für drei Stunden, um Yassir Arafat zu konsultieren, der sich gerade in Kairo aufhält. Im Gegensatz zu dem, was später in der Presse zu lesen war, hat sich Novik nicht geweigert, den PLO-Führer zu treffen. »Ich habe niemals«, vertraut er uns später an, »unter derartigen ideologischen Hemmungen gelitten.«

Nach seiner Rückkehr setzt al-Baz das Gespräch mit Novik fast zwei Stunden lang fort. Der Geschäftsmann wird in einem Punkt eine wichtige Rolle spielen: Die Meretz-Partei, die an der Koalitionsregierung in Jerusalem beteiligt ist, befürwortet eine Verhandlungslösung. Al-Baz und die Palästinenser sind überzeugt, daß sich diese Partei kompromißbereiter zeigen wird als die Arbeitspartei. »Machen Sie sich keine falschen

Hoffnungen in der Frage eines Straßenkorridors und über den Status von Jerusalem«, unterbricht ihn Novik, »denn zwischen den Koalitionspartnern gibt es in dieser Beziehung keinerlei Divergenzen.«

Al-Baz, der die Forderungen Arafats darlegt, weist darauf hin, daß der PLO-Chef auch die Grenzstellen zum Gazastreifen und die Brücken über den Jordan, insbesondere die Allenby-Bridge, die als Verbindung zu Jordanien dient, kontrollieren möchte. Novik lehnt ein weiteres Mal ab.

Das folgende Treffen in Norwegen wird diesmal den Israelis eine unangenehme Überraschung bescheren. Sie hatten damit gerechnet, die fünf noch verbliebenen Streitpunkte lösen zu müssen, da sie davon ausgegangen waren, daß der Vertragsentwurf im großen und ganzen die Zustimmung der PLO-Führung gefunden hatte. Nun jedoch legt die palästinensische Delegation einen völlig neuen Entwurf auf den Tisch, der 20 Punkte umfaßt, die bislang überhaupt noch nicht angesprochen worden waren.

Die Israelis ziehen sich zurück, um das Dokument zu prüfen. Sie stoßen darin auf einen Ton und Formulierungen, die ganz anders sind als alles, was sie bislang von Abu Ala' gewohnt waren. Für Savir und Singer deutet alles darauf hin, daß der Leiter der Wirtschaftsabteilung der PLO für seine allzugroße Nachgiebigkeit gerügt worden ist. Die Israelis kehren in den Sitzungssaal zurück, und Savir hält, Hirschfeld zufolge, in »kühlem, sachlichem Ton« seinen verblüfften Gesprächspartnern vor:

– Das sind die altbekannten Methoden der PLO, die niemals zögert, eine bedeutende Chance zu vertun. Im Grunde genommen ist Ihnen das Schicksal der Bewohner der besetzten Gebiete völlig gleichgültig, und leider bestätigen Sie sämtliche Bedenken, die man Ihnen gegenüber hegen kann.

Die sonst immer heitere Miene Abu Ala's verfinstert sich:

– Wir tun das gleiche wie Sie, entgegnet er. Als Joel Singer dazukam, haben Sie gefordert, daß wir mit den Verhandlungen praktisch wieder ganz von vorn beginnen. Wir haben das akzeptiert.

Der Anwalt unterbricht ihn:

– Es gibt jedoch einen großen Unterschied. Bis zu dem Zeitpunkt, als Uri Savir und ich uns einschalteten, gab es keine offiziellen Verhandlungen. Sie sprachen mit zwei Professoren. Und außerdem hatten wir uns das letzte Mal auf einen Plan geeinigt. Sie haben den Entwurf gebilligt.

Der Ton wird immer schneidender und der Wortwechsel immer unversöhnlicher. Hasan Asfur fährt Singer und Savir an:

– Sie wollen alles kaputtmachen, und Sie verfallen wieder in den gleichen Ton und die gleiche Sprache, die die Israelis in der Vergangenheit immer gebraucht haben. Wir haben monatelang über die Zukunft und nicht über die Vergangenheit gesprochen. Wenn Sie von nun an über die Vergangenheit verhandeln wollen, sollten wir die Sache sein lassen.

Worauf Savir entgegnet:

– Wir haben doch schließlich sämtliche Probleme erörtert, alle Gegensätze überbrückt. Beide Seiten haben sich ernsthaft um eine Einigung bemüht, und nun versuchen Sie einen neuen Vertrag auszuhandeln. Wir können nicht weitermachen.

Die beiden Delegationen verlassen den Verhandlungstisch, man ist an einem toten Punkt angekommen. Israelis und Palästinenser packen ihre Koffer und bereiten sich auf den Rückflug vor. Ein völlig niedergeschlagener Larsen sucht Abu Ala' auf:

– Im Namen unserer Freundschaft bitte ich Sie um einen letzten Versuch: Treffen Sie sich noch einmal mit Uri Savir, und sei es nur für fünf Minuten.

Obwohl sich der Palästinenser zunächst weigert, läßt er sich schließlich doch umstimmen:

– Ich werde im Wald spazierengehen, um mich zu entspannen. Bei meiner Rückkehr werde ich ihn aufsuchen.

Ihr Gespräch wird keine fünf Minuten, sondern zwei Stunden dauern. Singer, der ebenfalls zugegen ist, schlägt Abu

Ala' vor, »sich auf halbem Wege entgegenzukommen. Sie haben zwanzig neue Punkte auf den Tisch gelegt. Wir verpflichten uns, bei zehn Punkten Zugeständnisse zu machen. Tun Sie das gleiche bei den zehn übrigen.«

Savir fügt hinzu: »Wir verlangen von Ihnen jedoch eindeutige Antworten: ja oder nein.«

Abu Ala' antwortet kühl:

– Ich werde diesen Vorschlag an meine Führung weiterleiten. Die Norweger, die über diese Meinungsverschiedenheiten besorgt sind, übernehmen nun eine aktive Vermittlerrolle. Außenminister Jorgen Holst fliegt Ende Juni in Begleitung von Larsen und dessen Frau, Mona Juul, nach Tunis. Offiziell, um in einer gemieteten Villa am Ufer des Mittelmeeres ein paar Tage auszuspannen. In Wirklichkeit aber trifft er sich mehrfach heimlich mit Yassir Arafat. Holst bringt den PLO-Chef dazu, bei den strittigen Punkten Zugeständnisse zu machen.

»Na schön«, antwortet ihm Arafat, »wir sind bereit, nachzugeben, aber nicht in zehn Punkten, sondern nur in sieben.«

Seine Antwort wird nach Jerusalem weitergeleitet. Arafat bittet die Norweger auch darum, Druck auf die Israelis auszuüben, damit sie doch noch die Forderung nach einem Korridor zwischen Jericho und Gaza akzeptieren. Auf Landkarten, die er in seinem Büro ausgebreitet hat, sind alle möglichen Trassen eingezeichnet. Holst verspricht, sich dafür einzusetzen. Arafat, der sich als Kindernarr entpuppt, schenkt dem vierjährigen Sohn des Ministers eine prächtige Armbanduhr.

Anschließend fliegen die Norweger nach Tel Aviv, wo sie zwei Tage lang Gespräche mit Peres führen. Die Krise, die unvermittelt aufgetaucht ist, hat die Begeisterung des israelischen Ministers gedämpft. Er erkundigt sich bei seinen Gästen eingehend nach der Einstellung und den Absichten Arafats. Einmal fragt er sie: »Meint er es wirklich ernst, und ist er entschlossen?«

Plötzlich wird Peres von Zweifeln befallen. »Er glaubte«, so teilt uns später einer seiner Vertrauten mit, »ganz nah an einer Lösung zu sein, die nun plötzlich wieder in weite Ferne zu rücken schien. Er wußte, daß Arafat die Schlüsselfigur sämtlicher strategischer Entscheidungen war, und er glaubte, ihn durchschaut zu haben. Mit einem Male jedoch wurde der PLO-Chef für ihn wieder zu einem Rätsel.«

12 Die Metamorphosen Arafats

Solange sich Yassir Arafat nicht sicher war, daß Rabin persönlich die Osloer Verhandlungen unterstützte, verfolgte er sie nur mit geringem Interesse und überließ es Abu Mazen, über seinen Assistenten Hasan Asfur ihren Verlauf zu kontrollieren. Nachdem jedoch Joel Singer, ein Vertrauter des israelischen Ministerpräsidenten, in Norwegen eingetroffen war, engagierte sich Yassir Arafat stärker. Er las immer wieder die Berichte, die die palästinensische Delegation in Oslo regelmäßig nach Tunis schickte, und er telefonierte stundenlang mit Abu Ala', den der PLO-Chef immer als einen seiner engsten Vertrauten betrachtet hat.

Als Yassir Arafat am 12. Januar 1953 in Kairo die politische Bühne betritt, widmen ihm die Medien auf Anhieb große Beachtung. An diesem Tag, an dem sich die Niederlage der arabischen Armeen im Krieg gegen Israel 1948 zum fünften Male jährt, überreicht der junge Vorsitzende des Bundes palästinensischer Studenten dem ägyptischen Staatspräsidenten eine Petition. Er wird dabei von Journalisten begleitet. Diese Bittschrift trägt Tausende von Unterschriften, während der Text selbst nur einen Satz umfaßt: »Vergessen Sie Palästina nicht!«

Er hat ihn mit seinem eigenen Blut geschrieben.

Muhammad Abd al-Ra'uf Arafat al-Qadura al-Hussaini wird am 4. August 1929 nicht in Palästina, sondern in Kairo geboren. Er ist das sechste Kind eines wohlhabenden Händlers. Der Vater des künftigen Yassir Arafat hat Jerusalem 1927 verlassen und sich in der ägyptischen Hauptstadt angesiedelt. Die Familie hat eine hübsche Wohnung unweit des Zentrums, im Stadtviertel Sakakini, bezogen. Der Junge verbringt seine

Kindheit in diesem kosmopolitischen Milieu, in dem Libanesen, Armenier, Griechen und Juden seit Generationen friedlich nebeneinander wohnen. Geprägt von diesem einträchtigen Miteinander, träumt er von einem palästinensischen Staat, in dem Christen, Juden und Muslime zusammenleben würden. Aufgrund dieser Erinnerung an Kairo glaubt er jedoch auch, daß sich dieses Land mit dem Islam als Staatsreligion abfinden müßte.

Die Recherchen zu diesem Buch führen uns nach Tunis, in das Büro von Yassir Arafat. An den Wänden: Postkarten, Fotos – unter anderem eine Aufnahme der Al-Aksa-Moschee. Drei Personen sprechen zur gleichen Zeit: Der PLO-Chef und Präsident des unabhängigen Staates Palästina hört ihnen zu, während er bei abgedrehtem Ton im Fernsehen einen Zeichentrickfilm verfolgt. Er ist ganz Ohr, er wird sich an alles erinnern, was gesagt wurde. Er ist es gewohnt, ständig in Anspruch genommen zu werden.

Bis zu seiner Hochzeit vor einigen Jahren konnten seine Mitarbeiter zu jeder Tages- und Nachtzeit zu ihm kommen. Mittlerweile gönnt er sich ein paar – genaugenommen sehr wenige – Stunden Privatleben. Manche langjährigen Aktivisten können sich nicht an diese Veränderung gewöhnen, es ärgert sie, vor verschlossener Tür zu stehen.

Welche Politiker bewundert er am meisten? Yassir Arafat antwortet:

– Ben Gurion und de Gaulle.

An erster Stelle nennt er den Gründer Israels.

Der Zionismus übt eine seltsame Faszination auf die Palästinenser aus. Auch wenn sie ihn gehaßt und bekämpft haben, so kopieren sie doch seine Organisation. Die innere Struktur der PLO ist in vielen Punkten dem feindlichen Vorbild nachempfunden. Zweite Übereinstimmung: Wie David Ben Gurion läßt sich Arafat »der Alte« nennen. Auch andere Politiker wie Trotzki und Houphouet-Boigny hat man so genannt, doch im Fall Arafats stechen die Parallelen zu dem alten Juden mit dem Löwenkopf ins Auge. Im Abstand von 40

Jahren verfolgen sie das gleiche Ziel: ein Volk retten, einen Staat gründen.

In de Gaulle bewundert Arafat den Mann, der den Algerienkrieg beendet hat. Der politisch rechtsstehende, autoritäre und weitsichtige General hat es verstanden, die Entlassung Algeriens in die Unabhängigkeit und die Rückkehr einer Million Algerienfranzosen in Frankreich durchzusetzen. Gegen den Willen seiner eigenen Anhänger hat er die Entkolonialisierung vorangetrieben und so eine liberale Politik verwirklicht, die die Linke nicht zu Ende zu führen vermochte.

Obgleich Arafat es nicht zugeben möchte, ist das zweifellos der Grund dafür, daß er lange Zeit geglaubt hat, nur ein starker Politiker, ein Mann der Rechten, könne sich in Israel über die öffentliche Meinung hinwegsetzen, die PLO anerkennen und den Rückzug aus den besetzten Gebieten anordnen. Daher hat er Kontakt zu Politikern des Likud-Blocks gesucht.

Das Abkommen, das Anwar al-Sadat und Menachem Begin geschlossen haben und auf das die Rückgabe der Sinai-Halbinsel an Ägypten folgte, schien ihm recht zu geben.

Wir wissen, daß er mehrfach an die damals regierende israelische Rechte herangetreten ist. Der ernsthafteste Versuch fand im Sommer 1987 statt. Der Vertreter der PLO im Westjordanland, Faisal Hussaini, verhandelte – unterstützt von Sari Nussaibe und Salah Zahaike – mit Mosche Amiran, einem Veteran des Likud.

Der Israeli berichtete zwei Ministern über den Fortgang der Verhandlungen: Dan Meridor und Ehud Olmert, der heute Bürgermeister von Jerusalem ist.

Das Ziel der Verhandlungen war klar: Jitzhak Schamir und Yassir Arafat miteinander in Kontakt zu bringen.

Durch seine Unterhändler ließ Arafat mitteilen, daß er zur gegenseitigen Anerkennung und zur Einstellung jeglicher Gewalttätigkeiten bereit sei. Als Gegenleistung forderte er den israelischen Abzug aus den besetzten Gebieten.

Jitzhak Schamir billigte diese Gespräche.

Damals bemühte sich Schimon Peres um ein Geheimab-

kommen mit König Hussein. Schamir wollte dem Mann der israelischen Linken beweisen, daß er, der Führer der Rechten, mit den Palästinensern selbst verhandeln konnte. Doch er wußte auch, daß die Führung seiner Partei dies mißbilligen würde. Als die geheimen Verhandlungen rasche Fortschritte machten, bekam er weiche Knie und brach die Gespräche ab. Und er ließ Mosche Amiran aus dem Likud ausschließen.

Schamir war nicht de Gaulle. Für Yassir Arafat war dies eine Lehre: Die Geschichte ist kein Modell, das man kopieren kann.

Ein Jahr später, im Sommer 1988, ändert sich alles von Grund auf. König Hussein enthob sich plötzlich sämtlicher hoheitlicher Verpflichtungen im Westjordanland, stellte die Zahlungen an die ehemaligen palästinensischen Funktionäre seines geteilten Königreichs ein, widerrief seine Ansprüche auf die Westbank und ließ Israel und die PLO mit sich allein. Arafat blieb damit nur noch eine Chance: eine Verständigung mit der Arbeitspartei ...

In seinem Büro in Tunis, in dem er uns empfängt, hört Yassir Arafat diesen Erklärungen zu. Ist dies der Grund dafür, daß er die israelische Rechte nicht länger als potentiellen Partner ansah? Hat er sich deshalb der Linken zugewandt? Er macht ein amüsiertes Gesicht und gönnt sich das Vergnügen, nichts zu bestätigen, ohne irgend etwas zu dementieren. Er ist mit seinen Gedanken woanders. Er plaudert mit seinen Botschaftern, die aus ihren Empfangsstaaten zurückgekehrt sind. Plötzlich ändert sich seine Stimmung, er wirkt gelöst, bietet uns Kaffee an und verteilt Süßigkeiten. Jetzt ist er entspannt genug, um auf die Fragen zurückzukommen.

Ja, er hatte das Gefühl, daß an dem Tag, an dem König Hussein endgültig alle Bande mit dem Westjordanland aufkündigte, die Geschichte eine Wendung nahm. Und daß man nun schnell handeln müsse. In diesem Augenblick habe er begriffen, daß er Zugeständnisse machen müsse, wenn er sich mit Israel verständigen wolle.

Einige Minuten nach dieser aufschlußreichen Mitteilung

nimmt Yassir Arafat sie wieder zurück, getreu der entsetzlichen Dialektik, die den PLO-Führer auszeichnet. Nein, nein, wir haben ihn nicht richtig verstanden, er war bereits lange vor diesem 31. Juli 1988 zu Verhandlungen mit Israel bereit. Doch er führt das nicht weiter aus, verrät uns nicht, zu welchen Bedingungen er sich mit den Israelis verständigt hätte, als die Jordanier noch mit von der Partie waren.

Arafat äußert sich auch nicht über die Palästinenserführer aus den besetzten Gebieten. Hat sich ihre Einstellung auf seine eigenen Entscheidungen und auf den Gang der Ereignisse ausgewirkt? Schweigen und Ausweichen.

Und doch!

Nachdem König Hussein die Aktivisten in den besetzten Gebieten fallengelassen hat, stehen sie vor dem Nichts. Die Politik verabscheut bekanntlich das Nichts. Daher haben sie alsbald erwogen, dieses Nichts durch die Gründung einer provisorischen palästinensischen Regierung zu füllen. Sie haben ihre Vorstellungen schriftlich festgehalten und eine Liste der Mitglieder des künftigen Kabinetts aufgestellt.

Der israelische Geheimdienst findet dieses kompromittierende Papier im Haus von Faisal Hussaini und bringt es sofort an die Öffentlichkeit. Natürlich stand der Name Arafats obenan auf der Liste. Doch sollten in der künftigen Regierung vor allem Persönlichkeiten aus dem Gaza-Streifen und dem Westjordanland und praktisch keiner der leitenden PLO-Funktionäre aus Tunis vertreten sein. Das riß Arafat aus allen Illusionen. Wenn er die Palästinenserführer in den besetzten Gebieten ein Abkommen aushandeln lassen würde – gleich, ob im Westjordanland oder in Washington –, würde ihm die Kontrolle über die künftige palästinensische Exekutive entgleiten.

Das erklärt die plötzliche Zunahme der Kontakte zu den Israelis. Arafat nimmt Verbindung auf zu Sympathisanten in der Arbeitspartei, wie Jossi Sarid und Schulamit Aloni. Und sogar zu persönlichen Freunden von Schimon Peres, wie Karl Kahana, einem reichen Wiener Juden.

Arafat erzählt uns, wie auch dieser Versuch auf absurde Weise scheitert: Gerade als Kahana ein Geheimtreffen mit Schimon Peres organisieren will, erliegt der Wiener einem Herzschlag.

Dann schickt Abu Ala' 1992 aus Oslo die ersten Berichte über die Gespräche mit den beiden israelischen Professoren, die Peres nahestehen. Arafat ergreift die Gelegenheit beim Schopfe.

– Alles hat sich geändert, erklärt er uns, als wir erfahren haben, daß Rabin die Verhandlungen in Oslo persönlich gutHieß. Als in Norwegen ein Mann seines Vertrauens, der Jurist Singer, eintraf, waren für uns die letzten Zweifel ausgeräumt. Singer hat alles, was bereits zuvor besprochen worden war, wieder in Frage gestellt. Dennoch beschloß ich – gegen den Rat einiger meiner Freunde – weiterzumachen. Ich war schon damals überzeugt, daß nur diese Verhandlungen etwas taugten. Innerlich hatte ich alle anderen Gespräche bereits abgeschrieben, einschließlich der offiziellen Friedenskonferenz in Washington.

Für Peres empfindet Arafat Sympathie, doch Rabin beeindruckt ihn. Der General Rabin. Der Soldat, der starke Mann.

Wir haben ihn gefragt, woran er in dem Flugzeug dachte, das ihn nach Washington brachte. Er hat nicht geantwortet, er erinnerte sich nicht. Als wir ihn jedoch fragten, was er von Jitzhak Rabin halte, meinte er:

– Er ist Soldat ...

– Sie sind auch Soldat!

– Ja, antwortete er, doch ich bin außerdem Politiker.

– Rabin auch.

– Ja, fuhr er fort, doch ich bin auch noch Tiefbauingenieur!

Die Mitarbeiter des PLO-Chefs lachen laut auf. Das ist nicht nur ein Scherz. Arafat ist noch immer sehr stolz auf sein Diplom von der Universität Kairo.

In der Hoffnung, einen Beitrag zu der unmöglichen Begeg-

nung zwischen Israelis und Palästinensern zu liefern, ist einer von uns seit 1969 mehrfach mit Arafat zusammengetroffen.

Auszug aus den Aufzeichnungen von Marek Halter:
1969. Erste Begegnung mit Yassir Arafat.

Ich bin nach Jordanien gereist, in den Ort Jebel Hussein, unweit Amman. Salah Khalaf alias Abu Iyad, sein Freund seit der gemeinsamen Studienzeit, war anwesend. Stürmisches Treffen. Ich begann mit einer proisraelischen Grundsatzerklärung, worauf mich der PLO-Chef für einen Spion hielt. Vielleicht sogar für Schlimmeres, einen Provokateur.

Beim Abschied rief mir Arafat mißmutig zu:

– Wir sehen uns in einem Jahr in Tel Aviv.

– In diesem Fall werde ich Sie einen Tag vorher umbringen! schrie ich.

Ich war mir nicht im geringsten der Tragweite meiner Worte bewußt. Arafat erbleichte. Dann entschloß er sich, meinen Ausfall als Scherz zu betrachten, und lachte laut auf. Vermutlich war erst in diesem Moment sein Interesse an mir erwacht.

Ein Jahr später befand sich Arafat in Beirut und nicht in Tel Aviv. Des Menschen Schicksal hängt an seinem Hals, sagt der Koran. Die Beduinen König Husseins richten im September 1970, dem »Schwarzen September«, ein Blutbad unter den in Jordanien lebenden Palästinensern an. Einige entkommen, manchmal sogar nach Israel; die Anführer und die Kader setzen sich nach Beirut ab.

1972. Zweite Begegnung.

Bevor ich nach Beirut fahre, möchte ich die israelische Ministerpräsidentin Golda Meir über meine Reiseabsicht unterrichten. Ich mag Golda. Wir sprechen Jiddisch miteinander, meine Muttersprache. Trotz unserer unterschiedlichen Auffassungen über das Palästinenserproblem nimmt sie in meinem Leben die Stelle der Großmutter ein, die ich nicht gehabt habe, weil der Krieg sie mir geraubt hat.

Ich teile ihr mit, daß ich Arafat einen Besuch abstatten werde. Sie wird daraufhin so wütend, daß ich um den Fortbestand unserer engen Beziehung fürchte.

– Wie kannst du mit diesem Subjekt sprechen! Wie kannst du einem Mann die Hand reichen, der den Befehl zur Ermordung jüdischer Kinder gegeben hat! Wie kannst du diese Hand drücken, an der unser Blut klebt!

Ich versuche, sie zu beruhigen. Ich erkläre ihr, daß Israel sich seine Feinde nicht ausgesucht hat und daß man Frieden mit den Feinden schließen muß, die man hat. Daß Moses selbst mit dem Pharao sprach, der für den Tod Zehntausender jüdischer Kinder verantwortlich war ...

Sie unterbricht mich, ohne Verständnis für das Scherzhafte dieses Vergleichs.

– Du bist nicht Moses!

Ich entgegne ihr reumütig:

– Ich weiß wohl, daß Gott Moses befahl, mit dem Pharao zu sprechen, ich kenne die Thora. Mir hat niemand befohlen, mit Arafat über einen Friedensschluß mit Israel zu reden. Außer mein Gewissen.

– Dein Gewissen?

– Ja. Wenn es nur eine einzige Chance gäbe, wenn die Chancen für den Frieden und damit für die Bewahrung des Lebens zahlloser jüdischer und arabischer Kinder nur eins zu einer Million stünden, glaubst du im Ernst, es wäre dann nicht einen Versuch wert?

Nach einigen Minuten hat sie sich wieder beruhigt und begleitet mich zur Tür.

Ich bin sehr niedergeschlagen.

Für eine Reise nach Beirut bin ich nicht auf ihre Erlaubnis angewiesen, doch aus Ehrlichkeit und Loyalität möchte ich keinen Kontakt zu arabischen oder palästinensischen Politikern aufnehmen, ohne zuvor die israelische Regierung davon unterrichtet zu haben. Denn ich bin mir durchaus bewußt, daß es vor allem um die Zukunft Israels und seiner Einwohner geht.

Von Gewissensbissen gepeinigt, liege ich lange wach in meinem Bett. Bei Tagesanbruch werde ich durch einen Anruf Goldas geweckt. Sie sagt ein Wort, ein einziges Wort auf hebräisch.

– Leh'.

Nur zu!

So begebe ich mich erstmals in meinem Leben nach Beirut. Um dort Arafat wiederzusehen. Erneut ein stürmisch verlaufendes, aber kurzes Zusammentreffen. Kurz, weil er unverhofft nach Damaskus reisen muß, stürmisch, weil seine anti-israelischen Äußerungen radikaler sind denn je zuvor. Es fehlt jegliche Basis für einen offenen Gedankenaustausch. Noch immer will er Israel von der Erdoberfläche tilgen.

1978. Kurz nach dem Besuch von Anwar al-Sadat in Jerusalem. Arafat lädt mich erneut zu einem Besuch nach Beirut ein. Ich steige verabredungsgemäß im Hotel Saint-Georges ab. Niemand erwartet mich dort. Gegen ein Uhr nachts ruft mich ein gewisser Fahti an, um sich mit mir für den Vormittag zu verabreden. Wie im Orient üblich, warte ich am nächsten Tag geduldig zwei Stunden lang in der Empfangshalle des Hotels. Dann kommt ein junger Bote. Man wird mich gegen Mittag abholen …

Um 14.30 Uhr hält schließlich ein großer Mercedes vor dem Hotel und nimmt mich mit. Ich sehe, daß der Fahrer bewaffnet ist.

Eine Art Villa in einem Beiruter Vorort. Eine Gruppe von Fedajin mit Kalaschnikow hält Wache. Der Fahrer verhandelt kurz mit ihnen und parkt dann den Wagen inmitten des Kommens und Gehens bewaffneter Männer. Man führt mich in ein feudales und zugleich spärlich möbliertes Empfangszimmer, in dem zahlreiche Leibwächter dicht gedrängt auf mehreren Sofas sitzen. Ich habe noch nie zuvor so viele Sturmgewehre, Maschinenpistolen und Pistolen an einem Ort gesehen. In der Mitte: Arafat im Drillichanzug, einen Revolver im Gürtel.

– Welcome back to Beirut! *sagt er, mir auf die Schulter klopfend.*

Dann spricht er in Arabisch weiter, das von einem fülligen Palästinenser übersetzt wird. Er fragt mich:

– Nun, wie geht es dem Frieden?

– Besser, antworte ich. Sadat hat den ersten Schritt getan …

– Sadat handelt für Ägypten. Und Ägypten wollte seine Gebiete zurückbekommen.

– Und Sie?

– Für uns, sagt Arafat mit lauter Stimme, geht es um Palästina.

– Um ganz Palästina?

Arafats Gesicht verfinstert sich:

– Israel soll zunächst die Gebiete zurückgeben, die es im Sechstagekrieg von 1967 besetzt hat.

Ich ergreife die Gelegenheit:

– Wären Sie bereit, hierfür die gleiche Geste zu machen wie Sadat?

– Nach Jerusalem reisen?

– Ja.

– Die Israelis müssen uns vorher anerkennen!

Ich hatte es gewußt! Ich wiederhole meine Frage:

– Wären Sie bereit, der Weltöffentlichkeit mitzuteilen, daß Sie nach Jerusalem reisen, um mit der israelischen Regierung Gespräche zu führen?

Die bewaffneten Männer rutschen unruhig auf den Sofas herum.

Arafat wiederholt jedes Wort, das ich ihm gesagt habe. Die Geste Sadats? Was war die Geste Sadats? Anerkennung? Er fragt:

– Gespräche worüber führen?

– Über die besetzten Gebiete. Damit Sie endlich einen palästinensischen Staat gründen können. Der im übrigen ohne Föderation mit Jordanien sicherlich nicht lebensfähig sein wird; doch das ist Ihre Sache …

Arafat steht auf. Er nimmt einen Hocker und setzt sich

direkt neben mich. Er schaut mich mit seinen stets tränennassen Augen an und fragt:

– Wäre der Terrorist Begin bereit, mit Arafat zu sprechen?

– Mit dem Terroristen Arafat? Sicher. Wenn Sie zuvor öffentlich erklären, daß Sie Friedensgespräche führen wollen.

– Was wäre, wenn er nicht darauf eingehen würde?

– Hunderttausende von Israelis haben den Krieg satt und würden auf die Straße gehen. In einer Demokratie muß die Regierung auf die öffentliche Meinung Rücksicht nehmen.

– Wenn ich Sie recht verstehe, möchten Sie, daß ich an der Allenby-Brücke auftauche und den israelischen Soldaten sage: Ich bin Yassir Arafat, der PLO-Vorsitzende, bringen Sie mich zu Herrn Begin!

– Nein. Ich bitte Sie lediglich um eine öffentliche Erklärung.

Man bringt uns Kaffee. Das Gespräch ist beendet. Arafat weiß, was er wissen wollte, und er hat alles gesagt, was er sagen wollte. Er schaut auf seine Uhr und steht auf.

– My friend, I have to go, *sagt er auf englisch, bevor er in Arabisch fortfährt: Machen Sie weiter, vielleicht werden Sie eines Tages Erfolg haben ...*

– Sie könnten mir dabei helfen, hake ich nach. Weshalb geben Sie keine öffentliche Erklärung ab? Im Anschluß an den Besuch Sadats in Jerusalem würde sie ein immenses Echo finden. Sie riskieren nichts.

– Außer mein Leben. Wenn ich diese Erklärung abgebe, wird mich Doktor Habasch umbringen lassen.

Ich verliere die Geduld.

– Herr Vorsitzender, haben Sie Angst, sich für Ihr Volk in Lebensgefahr zu begeben?

Yassir Arafat erklärt wütend:

– Ich habe mich noch nie gescheut, für mein Volk mein Leben zu riskieren.

Die Fedajin stehen auf.

Ich fahre fort.

– Mit seinem Feind zu sprechen erfordert manchmal mehr Mut, als ihn zu bekämpfen!

Sagen Sie das Ihren israelischen Freunden! ruft Arafat aus. Und mit ruhigerer Stimme fügt er hinzu:

– Alles zu seiner Zeit. Es ist zu früh.

Er wiederholt:

– Es ist zu früh.

Juli 1988. Ich habe eine Idee und finde einen Verlag, der sofort Feuer und Flamme ist: Man müßte Arafat dazu bringen, seine Autobiographie zu schreiben. Abgesehen von der kufiya *und abschreckenden Fernsehbildern, abgesehen auch von dem durch Terroranschläge begründeten Ruf eines Revolutionärs bzw. von dem durch den Mord an Kindern erlangten Ruf eines Terroristen, weiß ja niemand etwas über diesen Mann, seine Kindheit, seine erstaunliche Überlebenskunst und seine Hartnäckigkeit.*

Ich rufe ihn in Tunis an.

– Was halten Sie davon, die Geschichte Ihres Lebens zu schreiben?

Er zögert:

– Ich habe keine Zeit zum Schreiben.

Er schweigt einen Moment, um dann fortzufahren:

– Wenn Sie jedoch einen Journalisten bei der Hand hätten ... gleich ob Mann oder Frau, doch vorzugsweise jemanden, der aus Palästina stammt, dann könnte ich dieser Person mein Leben erzählen. So würden wir vielleicht zu zweit dieses Buch zustande bringen ...

Ein palästinensischer Journalist? Käme aus seiner Feder etwas anderes als schmeichelnde Floskeln, eine Art Hagiographie? Würde nicht die Ideologie sein Leben und dessen abenteuerlichen Verlauf in den Hintergrund drängen? Um dies zu vermeiden, sollte es jedenfalls eine Frau sein.

Ich denke an Suha, die Tochter der Journalistin Raymonda Tawil, jener palästinensischen Pasionaria, mit der wir Freund-

schaft geschlossen haben. Suha wäre die ideale Gesprächspartnerin für Arafat.

2. August 1988. Raymonda Tawil, die auf der Durchreise in Paris weilt, teilt mir mit, daß der »Alte«, wie sie ihn nennt, mich alsbald treffen möchte.

Wer hätte geglaubt, daß mich Yassir Arafat zehn Jahre, nachdem er mich erstmals nach Beirut hatte kommen lassen, ein weiteres Mal einladen würde?

20. August 1988. Tunis. Ich steige im Hilton ab, dem Stammhotel der Palästinenser. An diesem Abend haben sich hier besonders viele Palästinenser aus der ganzen Welt zu einer Konferenz über die Finanzprobleme der PLO eingefunden. Sie belagern die Empfangshalle, das Restaurant und die Umgebung des Swimming-pools. Sie erinnern mich an Zionisten, die aus Amerika, Deutschland, Frankreich und Großbritannien angereist sind ...

Eine Diaspora.

Ich höre, wie sie über die unbedeutendsten Ereignisse in den besetzten Gebieten reden und, vor allem, ihre Prognosen über die kommenden israelischen Wahlen abgeben.

Eine Szene, die viel Stoff zum Nachdenken liefert und die in gedrängter Form die Geschichte unseres Jahrhunderts verkörpert: Unterdrückte und Totalitaristen, die von der Demokratie der anderen sprechen.

Ich treffe den in Washington lebenden Marwan Kanafani wieder und den Dichter Mahmud Darwisch, der aus Paris angereist ist. Wir sind weit weg von der kriegerischen Atmosphäre in Beirut. Hier sieht man keine khakibraunen Uniformen, keine an Gürteln befestigte Handgranaten. Die Zeit ist nicht spurlos an den Männern und ihren Ideen vorübergegangen.

In dem Bemühen, Arafat zum Schreiben seiner Autobiographie zu bewegen, habe ich Suha Tawil mitgebracht, um sie dem PLO-Führer vorzustellen.

In dem Büro, das an das Arbeitszimmer von Arafat angrenzt, sehe ich einige der PLO-Funktionäre wieder, denen ich in Beirut begegnet bin. Sie sind gealtert. In Hemdsärmeln lesen sie mit müden Augen noch einmal den letzten Entwurf einer Erklärung – einer weiteren ... Auf dem Tisch verstreute Seiten rascheln im Luftstrom eines Ventilators.

Auch Arafat hat sich verändert. Sein Bart ist weiß geworden, und ich sehe, wie er zum Lesen eine Brille aufsetzt.

Sein Englisch ist besser geworden, und er verzichtet auf einen Dolmetscher. Das Gespräch bekommt rasch eine persönliche Note, und da er ein unermüdlicher Plauderer ist, dauert es bis 3 Uhr morgens.

Ich traue meinen Ohren kaum. Zum ersten Mal ist das, was er sagt, äußerst interessant. Er teilt mir nämlich mit, daß der Paragraph der PLO-Charta, in dem die Vernichtung Israels statuiert ist, aufgehoben wird. Daß er den Grundsatz von Verhandlungen mit Israel akzeptiert. Und vor allem versichert er mir, daß er die Idee einer friedlichen Koexistenz zwischen einem künftigen palästinensischen Staat und Israel befürworte.

Zum Abschluß sagt er mir:

– Das ist eine vertrauliche Mitteilung. Ich habe mich verpflichtet, bis zu unserem Kongreß, der in ein oder zwei Monaten in Algier stattfinden wird, keine Interviews zu geben.

– In Ordnung, ich werde mir zu helfen wissen.

– Ich vertraue Ihnen, sagt er.

Und er bittet mich um ein gemeinsames Foto als Erinnerung an diese Begegnung.

31. August 1988. Ich berichte über diese verblüffenden Neuigkeiten in einem Artikel, der gleichzeitig in der New York Times, Il Corriere della Sera, Maariv in Israel, Espressen in Stockholm, Cambio 16 in Madrid und al-Ahram in Kairo erscheint.

September 1988. Der Artikel löst in der PLO einen Skandal

aus, doch Arafat dementiert meine Darstellung nicht. Ich hatte seine Worte getreulich wiedergegeben. Er hatte sich wirklich gewandelt: Noch ein Jahr zuvor hätte er nicht gezögert, mich als Provokateur hinzustellen.

Ende 1988. Arafat kommt zu Gesprächen mit der französischen Regierung nach Paris. Patrick Poivre d'Arvor schlägt vor, daß wir ihn gemeinsam im Fernsehen befragen. In der Live-Sendung bestätigt Yassir Arafat, was er mir über die PLO-Charta gesagt hatte. Der Artikel über die Vernichtung Israels sei hinfällig.

Diese Bemerkung wirbelt viel Staub auf, und jeder schlägt in seinem Wörterbuch unter »hinfällig« nach. »Nicht mehr gültig ... Synonyme: veraltet, unwirksam ...«

Warum hat er ausgerechnet mir all das erzählt?

Arafat glaubt – wie viele Menschen –, daß das jüdische Volk eine Medien- und Finanzmacht mit weltweiten Verästelungen darstelle und daß dieses Netz über Repräsentanten und Sprecher verfüge. Und er glaubt, ich sei einer davon. Als er damit begonnen hat, die Juden zu umwerben, hat er sich an mich erinnert.

Ich habe ihm vergeblich erklärt, daß die Juden weder einen König noch einen Papst noch einen Sprecher haben und daß ein belgischer, venezolanischer, französischer oder britischer Jude nur der Bürger seines jeweiligen Landes ist und nur in seinem eigenen Namen spricht; ich konnte ihn nicht überzeugen.

Natürlich fühlte er sich durch die gleichzeitige Veröffentlichung unseres Gesprächs in acht Ländern in seiner Vermutung bestätigt. Ob er wohl eingesehen hat, daß er und nicht ich der Grund dafür war?

Oktober 1993. Er hat offensichtlich stark abgenommen, wirkt erschöpft, und seine Haare sind deutlich grauer geworden. Doch seine dunklen Augen funkeln wie eh. Er umarmt mich.

Seine schöne junge Gattin, die er vor einigen Jahren geheiratet hat, betritt das Zimmer. Sie ist die einzige Frau in seiner Umgebung. Es ist Suha Tawil, die palästinensische Journalistin, die ich ihm vorgestellt hatte.

Statt das geplante Buch zu schreiben, haben Yassir Arafat und Suha geheiratet.

Ich erinnere ihn an den Tag, an dem ich ihn mit Suha bekannt gemacht habe, die ihm helfen soll, seine Biographie zu schreiben. Er lacht. Er spricht nicht gern über Gefühle.

Bei meiner Ankunft in Tunis habe ich bemerkt, daß die Stadt in das gleiche klare und goldfarbene Licht getaucht ist wie Jerusalem.

13 Der Friede in Gefahr

Das Treffen endet am 6. Juli, um 7.30 Uhr morgens, in allgemeinem Hochgefühl. Die Spannungen der vorangegangenen Sitzungen sind verschwunden, und sämtliche Schwierigkeiten scheinen diesmal aus dem Weg geräumt zu sein. Die Verhandlungspartner wohnen in einem Landhaus unweit von Oslo. Hirschfeld flüstert Singer zu: »Ich glaube, der Kuchen ist jetzt richtig durchgebacken.«

Der Anwalt lächelt. Die ganze Nacht über hatten Israelis und Palästinenser sämtliche Texte umgeschrieben und dabei ihre gegensätzlichen Standpunkte berücksichtigt. Hasan Asfur und Ron Pundik saßen vor ihren Laptops und gaben die Änderungen ein. Die drei noch offenen Punkte schienen so unwesentlich zu sein, daß Savir erklärt hatte: »Einigen wir uns auf das, was wir bereits erledigt haben, und heben wir uns diese drei Probleme für die nächste Phase auf. Wir werden sie zweifellos lösen.« Hirschfeld erinnert sich: »Wir sind in dem sicheren Gefühl abgereist, den Durchbruch erreicht zu haben.«

Sie mußten nun dringend zum Abschluß kommen, denn die Presse hatte Wind von der Sache bekommen. In einem Fernschreiben der Nachrichtenagentur AFP aus der amerikanischen Hauptstadt wurden die geheimen Kontakte in Oslo erwähnt. Die von den Norwegern heftig bestrittene Meldung wurde Ende Juni in den Medien verbreitet. Die undichte Stelle befand sich im US-Außenministerium. Die *Jerusalem Post* hatte von der überraschenden Reise von Nimrod Novik nach Kairo am 19. Juni erfahren. Und die einflußreiche Tageszeitung *Haaretz* berichtete am 12. Juli über »Geheimverhandlungen«.

Rabin bestritt diese Meldung nachdrücklich: »Israel wird nur mit der palästinensischen Delegation, die gegenwärtig mit uns in Washington verhandelt, ein Abkommen unterzeichnen.«

Schließlich stand in einem Artikel, der in einer amerikanischen Zeitschrift veröffentlicht wurde, daß Joel Singer in der amerikanischen Hauptstadt Geheimgespräche mit Nabil Schaath, einem Berater Arafats, führe. Keiner dieser Artikel enthielt die volle Wahrheit. Die angeführten Namen und Orte waren meistens falsch, doch die Schlinge zog sich zu.

Ein Großteil dieser undichten Stellen dürfte auf das Konto Ägyptens gegangen sein, da das arabische Land eine dreifache Vermittlertätigkeit ausübte. Es spielte sowohl gegenüber Israel als auch gegenüber der PLO und den USA die Rolle eines »ehrlichen Maklers«. Obgleich in Kairo nur ein kleiner Kreis von Personen eingeweiht war, gerät eine vertrauliche Information in einer Gerüchteküche wie dem Nahen Osten schließlich immer an die Öffentlichkeit.

Usama al-Baz nimmt seine Rolle als Vermittler immer ernster. Der Berater von Hosni Mubarak reist Anfang Juli, zur gleichen Zeit, als die beiden Delegationen in Norwegen verhandeln, nach Israel, um sich mit Novik, Beilin und Peres zu treffen. In seinen Gesprächen mit den drei Männern beschränkt er sich auf allgemeine Darlegungen. Am nächsten Morgen um 7.30 Uhr wird er von Rabin in seiner Residenz empfangen. Sie plaudern unbefangen bis 9 Uhr.

– Wir müssen unser Gespräch abbrechen, sagt Rabin. Ich habe eine Kabinettssitzung.

– Nein ...

Der Ministerpräsident schaut den alerten und geschäftigen kleinen Mann verdutzt an. Der eigensinnige, unberechenbare al-Baz liebt es, die Rolle des Enfant terrible zu spielen. Er fährt fort:

– Sie werden sich noch ein wenig gedulden müssen. Sie hätten mich abends empfangen können, doch Sie haben es vorgezogen, mich um diese Uhrzeit zu treffen, also geben Sie mir die Viertelstunde, die ich brauche.

Rabin setzt sich wieder in seinen Sessel. Die beiden Männer sind allein in dem Besuchszimmer.

– Ich höre.

– Ich möchte wissen, ob Sie wirklich über alle Einzelheiten der Osloer Verhandlungen unterrichtet sind.

Der Regierungschef hält dies offensichtlich für eine seltsame Frage und antwortet leicht verärgert:

– Selbstverständlich, Peres hält mich auf dem laufenden.

– Das ist keine Antwort, entgegnet al-Baz. Ich möchte wissen, ob Sie über jedes Wort informiert sind, das dort gewechselt wird. Wissen Sie zum Beispiel, daß die Delegierten gerade heute in drei Punkten unterschiedlicher Auffassung waren?

Rabin schüttelt erstaunt den Kopf:

– Nein, das habe ich nicht gewußt.

– Ich sehe also, erwidert der Ägypter in schroffem Ton, daß Sie diese Angelegenheit nicht hinreichend ernst nehmen.

Al-Baz ergeht sich nun in einem zehnminütigen Monolog. In bestechenden, leidenschaftlichen Worten legt er dar, weshalb die »Fährte Oslo« am vielversprechendsten sei und sämtliche Türen öffne, während die Gespräche in Washington niemals zu einem erfolgreichen Abschluß geführt werden könnten.

Er fügt hinzu:

– Wenn Sie offiziell Ihre Zustimmung zu diesen Verhandlungen geben würden – in Ihrem eigenen Namen und im Namen des Staates Israel –, dann würde sofort ein Durchbruch erzielt werden.

Rabin hört ihm noch immer ruhig zu. Nur sein Gesicht verrät eine erhöhte Aufmerksamkeit. Der Berater des ägyptischen Präsidenten spricht plötzlich in einem feierlichen Ton.

– Diesmal komme ich im Auftrag von Yassir Arafat, denn wir sind an einem entscheidenden Punkt der Verhandlungen angelangt. Der PLO-Vorsitzende möchte wissen, ob er bloß mit Regierungsbeamten oder mit Ihnen spricht.

Rabin schweigt eine Weile, steht auf, um mit großen Schritten im Salon auf und ab zu gehen, und setzt sich dann wieder al-Baz gegenüber:

– Sie können Arafat mitteilen, daß ich alles billige, was in Oslo gesagt wurde und noch gesagt werden wird.

Dieses Gespräch sollte von entscheidender Bedeutung sein. Al-Baz fliegt unverzüglich nach Tunis und erklärt dem PLO-Führer: »Wir haben's geschafft, es ist wirklich die richtige Spur. Wir werden ein Abkommen schließen.«

Arafat, der sich wachsendem Widerstand aus den eigenen Reihen gegenübersieht, hätte sich keine bessere Nachricht wünschen können.

Einige Tage nach dem Besuch von al-Baz kommt der ehemalige ägyptische Ministerpräsident Mustafa Khalil nach Israel. Dieser kultivierte und weltläufige ehemalige Bankier war einer der engsten Mitarbeiter von Anwar al-Sadat gewesen. Da er sich aus dem öffentlichen Leben zurückgezogen hat, weiß er nichts von den Osloer Verhandlungen, doch was er über die Lage der PLO zu sagen hat, beeindruckt seine Gesprächspartner. »Israel«, so sagt er zu Schimon Peres und Chaim Ramon, dem Gesundheitsminister, »sollte die PLO vor dem Bankrott bewahren. Die palästinensische Befreiungsorganisation braucht eine finanzielle Soforthilfe in Höhe von 70 Millionen Dollar. Weshalb lassen Sie nicht Ihre Beziehungen in Europa und in den USA spielen, um diese Summe aufzutreiben? Wenn die ›gemäßigte‹ PLO zugrunde geht, werden die radikalen Hamas-Aktivisten, die grundsätzlich gegen den Frieden sind, sofort die Macht ergreifen.«

Es ist gewiß ein ungewöhnlicher Schritt, dem jüdischen Staat vorzuschlagen, die PLO vor dem Bankrott zu bewahren, doch die Einzelheiten, die der ehemalige ägyptische Ministerpräsident mitteilt, bestätigen sämtliche Analysen der Geheimdienste. Aus den Berichten des Mossad, die Jitzhak Rabin zugeleitet werden, geht eindeutig hervor, daß die palästinensische Befreiungsorganisation buchstäblich am Implodieren ist: Die Kämpfer der PLO haben seit Monaten keinen Sold mehr erhalten. Der Kommandant der Fatah-Truppen im Libanon beginnt gegen Arafat zu opponieren.

Die Vertreter der PLO in Bagdad haben seit sieben Monaten kein Gehalt mehr bekommen, während die in Libyen ansässigen PLO-Kader die »Botschaft Palästinas« stürmten, um so ihrer Forderung nach Begleichung der Gehaltsrückstände Nachdruck zu verleihen. Über 15 000 Bürokraten, die in den zahlreichen Einrichtungen und Verbindungsbüros der PLO in der ganzen Welt arbeiteten, waren aus Gründen der Kostensenkung entlassen worden. Die palästinensischen Universitäten in den besetzten Gebieten erhielten keine Finanzmittel mehr, und die Gehaltszahlungen an die Professoren waren eingestellt worden. Die »Familien der Märtyrer«, die bei der Intifada umgekommen sind, erhielten keine Rente mehr.

Die Probleme der PLO und ihre wachsende Schwäche sind auf die einfache Tatsache zurückzuführen, daß sie niemals eine richtige »Befreiungsorganisation« gewesen ist.

Für Gérard Chaliand, einen der weltweit führenden Experten auf diesem Gebiet, »genossen die Befreiungsbewegungen die Unterstützung der Völker, die sie vertraten. Die PLO dagegen verfuhr umgekehrt: Sie unterstützte das Volk und gab vor, es zu repräsentieren.«

Mit der Zeit hatte sich die palästinensische Befreiungsorganisation in eine riesige Bürokratie verwandelt, die über unerschöpfliche Geldmittel verfügte und von Korruption und Unfähigkeit zerfressen wurde.

Diese niederschmetternde Bestandsaufnahme beunruhigt Rabin nicht im geringsten. Im Gegenteil – in seinen Augen ist der Zusammenbruch der PLO ein wichtiger Trumpf in den laufenden Verhandlungen. Auch wenn Arafat nicht umgangen werden kann, ist er doch so angeschlagen, daß er nur noch über einen begrenzten Spielraum verfügt. Ein Vertrauter Rabins meint zynisch: »Arafat war gar nicht mehr imstande, die Verhandlungen abzubrechen, und er wußte das auch.«

Der PLO-Vorsitzende weiß auch, daß das künftige Abkommen, das unter allergrößter Geheimhaltung ausgehandelt wurde, möglicherweise im engeren Führungskreis der PLO und in einem Teil des palästinensichen Volkes auf heftige Ablehnung stoßen wird. So nimmt seine Besorgnis mit jedem Tag zu. Seine Mitarbeiter haben ihn nur selten so angespannt, reizbar und in sich gekehrt erlebt. Jedesmal, wenn er in seinen Gesprächen mit Abu Mazen einen heiklen Punkt erörtert, stellt er die bange Frage: »Weiß Rabin Bescheid?«

Allmählich wächst sich sein Wunsch, den Charakter und die eigentlichen Beweggründe des israelischen Ministerpräsidenten zu durchschauen, zu einer regelrechten Obsession aus. Er fürchtet eine weitere Falle. 45 Jahre Konfrontation haben einen Abgrund des Mißtrauens aufgerissen.

Er beschließt, einen weiteren Vermittler einzuschalten, der die wahren Absichten des israelischen Regierungschefs erkunden soll. Der Mann, an den er sich wendet, heißt Ahmad Tibi.

Dieser 36jährige Arzt, der zu den Palästinensern mit israelischer Staatsangehörigkeit gehört, stammt aus Taibe, wo sein Vater eine Zweigstelle der israelischen Großbank Hapoalim leitete.

Ahmad Tibi, der an der Jerusalemer Universitätsklinik Hadassah gearbeitet hatte, war 1987 in die Schlagzeilen geraten, als er es ablehnte, sich wie alle arabischen Angestellten überprüfen zu lassen. Damals stellte der Likud-Block die Regierung, und Tibi wurde entlassen.

Israelische Intellektuelle organisierten daraufhin eine Unterstützungskampagne für ihn, der sich ehrgeizige junge Politiker der Arbeitspartei anschlossen, unter anderem Chaim Ramon, der einige Jahre später in der Regierung von Jitzhak Rabin das Gesundheitsministerium übernehmen sollte. Und Raymonda Tawil, Arafats Schwiegermutter in spe, machte ihn auf einer seiner Auslandsreisen mit dem PLO-Chef bekannt.

So kommt es, daß der rundköpfige, lebhafte Tibi Anfang Juli nach Tunis bestellt wird. Arafat empfängt ihn um 2 Uhr nachts:

– »Ahmad«, fragt er ihn, »weshalb zögert Rabin noch immer, mir Jericho zu geben?«

Der israelische Palästinenser war von Abu Mazen ins Vertrauen gezogen worden. Er wußte, daß die entscheidenden Verhandlungen in Norwegen stattfinden. Doch die Frage Arafats überrascht ihn. Er wußte nicht, daß Jericho ein Element dieser Verhandlungen war.

Der PLO-Vorsitzende hat sein Kopftuch ausgezogen. Mit entblößtem Kopf und eingeschnürt in seine olivgrüne Uniform, wirkt er müde und gealtert.

– Du mußt, sagt er zu Tibi, herausfinden, was Rabin eigentlich will und ob er wirklich unterrichtet ist und hinter der Sache steht. Ich muß wissen, ob er es ernst meint, und zwar schnell.

Tibi ist überrascht von der Atmosphäre, die am Sitz der PLO herrscht: eine Mischung aus Verwirrung und Mißtrauen. Arafat spricht unter vier Augen mit ihm, und anscheinend haben nur noch einige wenige Vertraute direkten Zugang zu ihm. Der Palästinenserführer ist ganz offensichtlich noch mißtrauischer geworden und weniger denn je bereit, seine Macht mit anderen zu teilen.

Unmittelbar nach seiner Rückkehr nach Jerusalem ruft Tibi seinen Freund Chaim Ramon an, den Gesundheitsminister und Sprecher Rabins. Der 42jährige mit dem jugendlichen Gebaren empfängt ihn am 17. Juli in seinem Ministerium:

– Arafat, sagt ihm Tibi gleich zu Beginn, hat mich zu einem offiziellen Treffen mit Ihnen ermächtigt.

Ramon antwortet lächelnd:

– Rabin hat mir noch nicht erlaubt, mich mit Ihnen zu treffen und Ihnen irgendeine Antwort zu geben.

Tibi nimmt seine Brille ab und reibt sich die Augen, als wolle er einen schlechten Traum vertreiben.

– Hören Sie zu, Chaim, übermitteln Sie Rabin die Fragen, die ihm Arafat stellt. Er möchte wissen, ob der Ministerpräsident zu direkten Verhandlungen mit der PLO und ihm sowie zur gegenseitigen Anerkennung bereit ist.

Ramon verspricht, alsbald mit Rabin darüber zu reden. Am frühen Nachmittag des nächsten Tages ruft er bei Tibi an:

– Können Sie bitte gleich in mein Büro kommen?

Als sich die beiden Männer gegenübersitzen, erklärt der Israeli:

– Auch Rabin möchte Arafat vier Fragen stellen. Er möchte wissen, ob die PLO den Grundsatz einer zweistufigen Lösung anerkennt: zunächst eine Übergangslösung, dann eine endgültige Lösung.

Zweitens: Ist die PLO damit einverstanden, daß der Status von Jerusalem erst bei den endgültigen Verhandlungen erörtert wird?

Drittens: Ist die PLO damit einverstanden, daß die besetzten Gebiete während der Übergangsphase unter israelischer Kontrolle bleiben?

Und die letzte Frage: Akzeptiert Ihre Organisation auch, daß sämtliche Sicherheitsfragen während der gesamten Übergangsphase in israelischer Hand bleiben?«

Ramon hat frei gesprochen und sagt zum Schluß: »Ahmad, Sie wissen, wie nahe ich dem Ministerpräsidenten stehe. Wenn die Antwort positiv ausfällt, werden Sie sehr wahrscheinlich bekommen, was Sie möchten.«

Tibi fährt nach Hause, fertigt einen Bericht über die Unterredungen an und telefoniert dann mit Arafat. Kaum beginnt er mit der genauen Schilderung der Gespräche, als ihn der PLO-Vorsitzende auch schon unterbricht.

– Komm sofort hierher.

Tibi trifft am 22. Juli in Tunis ein. Arafat vernimmt mit unbewegter Miene die Bedingungen, die Rabin stellt, und meint dann knapp:

– Ich werde darüber nachdenken.

Er geht aus dem Zimmer und läßt Tibi allein. Eine Stunde später kommt der PLO-Chef zurück.

– Geh zu Abu Mazen. Ich habe gerade mit ihm gesprochen.

Tibi legt die 150 Meter, die die Villa Arafats vom Büro Abu Mazens trennen, zu Fuß zurück. Der grauhaarige Mazen, der einen schmalen Schnurrbart trägt, hat eine marineblaue Safarijacke an. Er wirkt sehr nervös und raucht eine Zigarette nach der anderen.

Tibi erzählt uns später: »Ich war ihm zuvor schon häufig begegnet, mindestens dreißigmal, doch an diesem Abend erkannte ich ihn nicht wieder.«

Die Nummer zwei der PLO liest nun ebenfalls Tibis Bericht.

– All das ist außerordentlich wichtig, lassen Sie mir Zeit, darüber nachzudenken. Treffen wir uns morgen früh wieder.

Am nächsten Tag um 12 Uhr trifft sich Tibi erneut mit Abu Mazen, der noch immer sehr angespannt wirkt:

– Ich habe intensiv darüber nachgedacht. Ich verstehe nicht, weshalb Rabin uns all diese Fragen stellt. Er kennt unseren Standpunkt. Wir haben ihm bereits alles gesagt.

Mit einer verdrießlichen Handbewegung legt er Tibis Bericht auf einen niedrigen Tisch in der Mitte des Zimmers und fügt dann hinzu:

– Offen gesagt, ich habe nicht die geringste Lust, darauf zu antworten.

– Wenn wir nicht reagieren, wird sich die Lage nur verschlechtern ...

Abu Mazen wirft Tibi einen skeptischen Blick zu.

– Das garantiere ich Ihnen, beteuert der israelische Palästinenser. Die Israelis werden es als ein negatives Zeichen werten. Sie müssen mir eine Antwort geben.

Mazen beantwortet die vier Fragen schriftlich in fünf Punkten. Er erklärt sich mit sämtlichen Bedingungen Rabins einverstanden, fügt jedoch hinzu: »Die PLO hält [...] den Begriff ›umfassende Sicherheit‹ für nicht hinnehmbar. Dagegen könnte die Organisation den Begriff ›äußere Sicherheit‹ in Erwägung ziehen.«

Die Nummer zwei der PLO fragt Tibi anschließend:

– Wann fliegen Sie nach Israel zurück?

– Frühestens in zehn Tagen. Ich muß Arafat auf seiner Reise nach Malaysia, Korea und Vietnam begleiten.

– Sie sind wohl nicht ganz bei Trost! brüllt sein Gesprächspartner. Fliegen Sie auf der Stelle zurück und übermitteln Sie diese Antworten.

Chaim Ramon zeigt sich über die Zusicherungen der PLO so erfreut, daß er beinahe Tibi dazu beglückwünscht hätte. »Das ist ein bedeutender Fortschritt«, vertraut er ihm an, »ich werde sofort Rabin aufsuchen.« Einige Stunden später fällt der Regierungschef sein Urteil: »Das ist der fortschrittlichste Standpunkt, den die PLO jemals eingenommen hat.« Rabin verschleierte auf elegante Weise eine für die Palästinenser bittere Wahrheit: Sie hatten sämtliche Bedingungen des Gegners akzeptieren müssen.

In der Überzeugung, daß »Arafat in der Falle saß« – wie sich einer seiner Vertrauten ausdrückte –, ist Rabin nun entschlossen, stetig Druck auf ihn auszuüben. Er beauftragt Ramon, sich am nächsten Tag wieder mit Tibi in Verbindung zu setzen. Der Palästinenser hält sich in Haifa auf und macht sich gerade für eine Hochzeitsfeier zurecht, als ihn der Anruf erreicht:

– Ahmad, wir sollten uns so schnell wie möglich treffen.

– Ich fahre morgen früh nach Jerusalem zurück. Wir könnten zusammen frühstücken.

– Eine ausgezeichnete Idee, erwidert der Israeli, kommen Sie in meine Wohnung.

Um 8 Uhr morgens sitzen sich die beiden Männer bei einer Tasse Tee gegenüber. Der Minister lächelt vielversprechend:

– Rabin ist mit Ihrem Text einverstanden, doch bleibt noch die Frage der Gerichtshoheit zu klären. Darüber schweigt sich das Papier aus.

Der überraschte Tibi antwortet:

– Unser Standpunkt, den Abu Mazen mir gegenüber noch einmal bekräftigt hat, ist klar: Die palästinensische Gerichtshoheit soll für sämtliche nach 1967 besetzten Gebiete einschließlich Jerusalem gelten.

– Ich weiß, entgegnet Ramon. Rabin hält diese Position jedoch für zu unnachgiebig.

– Wünschen Sie eine rasche Antwort?

– Ja.

– Ich muß mit Tunis Rücksprache halten.

– Sie können von hier aus telefonieren, bietet der Israeli an.

Ahmad Tibi ruft vom Besuchszimmer des israelischen Gesundheitsministers den Sitz der PLO an.

– Weshalb sind die Israelis denn so mißtrauisch? antwortet Abu Mazen. Diese Frage der Gerichtshoheit ließe sich doch problemlos regeln.

Diese Klarstellung stellt Rabin zufrieden, der wieder durch Ramon erklären läßt: »Ich weiß jetzt, daß die PLO und Arafat es absolut ernst meinen.«

In Wirklichkeit ist der Regierungschef ein kämpferischer und gewiefter Stratege. »Mit all diesen Fragen«, kommentiert einer seiner engsten Mitarbeiter, »hat er die Widerstandskraft der palästinensischen Verteidigungslinien getestet. Er war nunmehr überzeugt, daß sie beim ersten heftigen Ansturm zusammenbrechen würden.«

Arafat und die kleine Gruppe seiner Berater agieren unter immer schwierigeren Umständen. Die Nervosität, die Abu Mazen einige Tage zuvor bei seinen Begegnungen mit Tibi in Tunis gezeigt hatte, rührte von neuen Schwierigkeiten her, die in Oslo aufgetaucht waren.

Uri Savir erzählt uns später: »Wir hatten einen strategischen Fehler gemacht. Wir hatten ein Dokument vorgelegt, das von Peres und Rabin gebilligt worden war, und sie praktisch vor die Wahl gestellt: ›Entweder Sie sind damit einverstanden oder Sie reisen ab.‹ Wir hätten diesen Satz einemillionmal wiederholen können, und sie hätten uns noch immer nicht geglaubt: Für sie war es undenkbar, daß sich hinter den Vorschlägen von Juden nicht irgendwelche Hintergedanken und manipulatorischen Absichten verbargen. Das war ein sehr heikler Augenblick.« Die Palästinenser protestieren gegen zahlreiche Punkte. Savir telefoniert mit Peres, während der norwegische Außenminister Jorgen Holst bei Arafat interveniert.

Abu Ala' ist zur Abreise entschlossen. In dem Augenblick, in dem er vom Verhandlungstisch aufstehen möchte, wendet sich Savir an die Palästinenser.

– Sie lassen keine Gelegenheit aus, um eine Chance zu vertun. Wir haben unsere ganze Kraft eingesetzt und sind gescheitert. Das ist nicht das Ende des iraelisch-palästinensischen Dialogs. Die Geschichte wird uns zu einer Einigung zwingen. Nach uns werden andere kommen und triumphieren. Einstweilen werden die Wirkungen in Israel selbst jedoch verheerend sein, weil unsere Vorgesetzten den Eindruck haben werden, daß man nicht mit den Vertretern des palästinensischen Volkes verhandeln kann. Die radikalsten Kräfte auf beiden Seiten werden Auftrieb bekommen, und viele Menschen werden sterben. Daß es so kommen wird, dafür tragen Sie die alleinige Verantwortung.«

Savir spricht in einem schroffen, nüchternen Ton. Yair Hirschfeld dagegen, der nach ihm das Wort ergreift, ist sehr viel bewegter. Er ist offensichtlich den Tränen nahe, und seine Stimme überschlägt sich vor Wut.

– Ich hatte Ihnen versprochen, daß unser Dialog über Wirtschaftsfragen zu etwas sehr viel Konstruktiverem führen würde, und ich habe meine Zusage eingehalten. Die israelische Regierung führt Geheimverhandlungen mit Ihnen. Ich hatte Ihnen versprochen, daß wir zu einer umfassenden Regelung kommen würden. Das ist geschehen. Wir haben Verständnis für einander entwickelt, und nun stellen Sie wieder alles in Frage. Das ist eine Tragödie für Sie und für uns.

Sichtlich erschüttert und ohne ein Wort zu sagen, verlassen Abu Ala' und Hasan Asfur den Raum. Einige Stunden später wird der Streit beigelegt sein. Den Israelis ist es ein weiteres

Mal gelungen, unter Wahrung der Formen ihren Standpunkt durchzusetzen.

Beide Seiten haben nur noch ein Ziel: so schnell wie möglich ein Abkommen zu unterzeichnen.

Einige Tage später findet in der norwegischen Botschaft in Paris ein weiteres Treffen statt. Abu Ala' und Peres führen zunächst ein langes Gespräch unter vier Augen, zu dem später Singer und Savir stoßen. Die Verhandlungen, die um 9 Uhr begonnen haben, gehen um 4 Uhr früh des kommenden Tages zu Ende. Die Palästinenser unterbreiten einen neuen Vorschlag, der praktisch sämtliche anstehenden Probleme löst. Nach Aussage Singers »war damit der Vertrag in großen Teilen fertig. Wir mußten jetzt rasch zum Abschluß kommen.«

Wie Yves Cuau in der Zeitschrift *l'Express* treffend schrieb: »Der Weg, der von der Hölle des Gaza-Streifens in das friedliche Jericho führt, ist mühsam, manchmal sogar schwindelerregend. Es steht zu hoffen, daß die Protagonisten noch einmal das Evangelium nach Lukas 13, 24 gelesen haben: ›Ringt danach, daß ihr durch die enge Pforte hineingeht.‹«

14 Ägypten als Vermittler

Es geht das Gerücht, daß sämtliche Krisen, die in Oslo auftraten, am Ufer des Nil überwunden wurden. Arafat ist wiederholt nach Kairo gereist, ebenso Peres und Rabin. Zugleich hat man behauptet, die ägyptische Hauptstadt sei nichts anderes als ein Briefkasten gewesen. Ein auf Trinkgeld versessener Postbote. Wem soll man glauben.

In dieser Phase unserer Recherchen hielten wir es für angezeigt, selbst dorthin zu reisen.

Die Stunde des Friedens im Nahen Osten hat schon mehrfach in Kairo geläutet. Jedesmal glaubten Vermittler guten Willens, daß sie sich dem Ziel näherten und daß sie Zeugen des magischen Augenblicks würden, der die plötzliche Wende brächte.

Juni 1970. In einem Büro, in dem drei mit Rohleder überzogene Sessel standen, interviewten wir den engsten Freund Arafats, Salah Khalaf alias Abu Iyad, den Mitbegründer der Fatah und später die Nummer zwei der PLO. Auf dem dritten Sessel saß Abu Haul, der Sicherheitschef der PLO.

Abu Iyad erklärte: »Wir stellen eine jordanisch-palästinensische Streitmacht auf. Wir werden in Amman die Macht ergreifen und mit Israel über die Rückgabe der besetzten Gebiete und einen Friedensvertrag verhandeln. Die Zukunft gehört einem jordanisch-palästinensischen Staat bzw. Staatenbund.«

Kurze Zeit später, während des »Schwarzen Septembers«, metzelten die Beduinen König Husseins von Jordanien die palästinensischen Kader nieder. Abu Iyad wird später, am 14. Januar 1991, in Tunis von Leuten Abu Nidals ermordet, der selbst nach Bagdad geflohen war und damals von Arafat unterstützt wurde.

Gastgeber dieses Gesprächs über einen gescheiterten Frieden war Lutfi al-Khuli, ein Schriftsteller, Leitartikler von al-Ahram *und ein typischer ägyptischer Linker, also antiisraelisch, selbstbewußt und immer zu Späßen aufgelegt. 1973 übermittelt er uns eine Einladung des Generalsekretärs der Union Sozialistischer Arabischer Staaten, Said Mir'i, zu einem Kolloquium über die französisch-äyptischen Beziehungen. In der Umgebung Kairos stehen riesige Pyramiden – einige unserer Vorfahren, die in ägyptischer Knechtschaft lebten, haben vor 5000 Jahren an ihrer Errichtung mitgewirkt ... Doch das hält uns natürlich nicht von der Reise ab.*

In der Empfangshalle des Hotels Sheraton drängten sich die Menschen. Der Vertreter der Arabischen Union, der uns begleitet, bahnt uns mit seinen Ellbogen einen Weg zur Rezeption. Eine Bewegung in der Menge gibt den Blick frei auf ein Dutzend Polizisten, die einige Personen umringen. In der Mitte: Anwar al-Sadat und Boutrus Boutrus Ghali, der damalige ägyptische Außenminister.

– Was machen Sie in Kairo? fragt uns Boutrus Ghali. Kommen Sie, ich werde Sie dem Präsidenten vorstellen.

Boutrus Ghali flüstert ihm ein paar Worte zu. Sadat schaut uns einen Augenblick an, bevor er uns auf englisch fragt:

– Kommen Sie aus Israel?

– Nein, Herr Präsident, aus den Vereinigten Staaten, von einer Diskussionsveranstaltung an der Harvard University.

– Haben Sie über den Nahen Osten gesprochen?

– Nein, über den Frieden im Nahen Osten.

– Halten Sie den Frieden für möglich?

– Und Sie, Herr Präsident?

Sadat lächelt und fragt uns, was wir in Kairo machen, dann lädt er uns ein, gemeinsam mit ihm in der Bar des Hotels einen Kaffee zu trinken.

Als erstes fällt uns auf, daß wir – aus Polen stammende Juden und ägyptische Araber – mit dem gleichen Akzent Englisch sprechen ... Wir berichten ihm von unseren Friedensbemühungen, er stellt uns Fragen über Israel. Er gebraucht immer wieder ungewöhnliche Formulierungen. So nennt er den Jordan »einen Bach, in dem mehr Geschichte als Wasser fließt«.

– Glauben Sie wirklich, daß Israel Frieden will?

– Wenn Sie daran zweifeln, können Sie Israel auf die Probe stellen.

Sadat lächelt über das ganze Gesicht:

– Wie?

– Reden Sie mit den Israelis. Die Juden glauben an die Macht des Wortes.

Der ägyptische Staatspräsident lacht laut auf:

– Möchten Sie etwa, daß ich nach Jerusalem fahre und mit Frau Golda Meir spreche?

– Wieso nicht?

– Offen gesagt, Gesprächspartner müssen gleichberechtigt sein, und die arabische Welt fühlt sich, zu Recht oder zu Unrecht, gedemütigt.

– Aber die arabische Welt ist riesig und Israel winzig klein!

– Gerade deshalb!

Sadat wischt sich den Schnurrbart und den Mund ab.

– Wenn Sie das nächste Mal nach Ägypten kommen, lassen Sie es mich vorher wissen, ich würde mich freuen, Sie wiederzusehen.

Er macht einen Schritt in Richtung Ausgang, dreht sich dann um und ermuntert uns:

– Sprechen Sie weiter über den Frieden im Nahen Osten: Auch wir Araber glauben an die Macht des Wortes!

Diese unverhoffte Begegnung erschien uns wie ein Traum. Doch einige Monate später zerstoben unsere trügerischen Hoffnungen: Am Jom-Kippur-Tag griff Ägypten Israel an.

Wir fühlten uns verraten. Einer von uns hatte bereits ein Jom-Kippur-Fest im Krieg erlebt, und zwar 1939 in Warschau. Gewiß, gewiß, es besteht nicht der geringste Zusammenhang, und doch kann man seine Erinnerungen nicht kontrollieren, so daß er statt der Radiomeldungen das Heulen der Stukas zu vernehmen glaubte. Israel hätte diesen Krieg beinahe verloren, gewinnt ihn schließlich doch noch in einer übermenschlichen Kraftanstrengung, findet aber nicht den Weg zum Frieden.

Vier Jahre später, im Mai 1977, kommt es in Israel zu einem politischen Erdbeben. Die Arbeitspartei verliert zum ersten Mal seit 30 Jahren die Parlamentswahlen und gibt die Macht an die Likud-Partei ab. Menachem Begin wird Ministerpräsident. Dieser Politiker der extremen Rechten hatte uns einmal gesagt, sein Herz schlage links – man hört manchmal derartige paradoxe Bemerkungen aus dem Mund seiner Mitmenschen in der ganzen Welt. Er war der Anführer der jüdischen Untergrundorganisation Irgun gewesen, die einen bewaffneten Kampf gegen die britische Mandatsmacht geführt und im Unterschied zu den übrigen Gruppen, vor allem der Hagana, auch Terroranschläge gegen die arabische Bevölkerung verübt hatte. Die ganze Welt ist besorgt: Begin, so glaubt man, würde niemals einen Friedensvertrag schließen, ja, seine Kompromißlosigkeit könnte sogar einen neuen Krieg auslösen. Man zitiert einen alten Satz von Ben Gurion: »Wenn Begin einmal an die Macht kommen sollte, wird er sein Land in den Untergang führen.« Doch Ben Gurion ist tot. Die Wähler, denen Begin seinen Sieg verdankt, sind mehrheitlich Sepharden, die an seiner polnischen, aschkenasischen Herkunft offenkundig keinen Anstoß nehmen.

Die Atmosphäre in Israel verändert sich. Was von dem Pioniergeist übriggeblieben war, verflüchtigt sich in der Konsumgesellschaft, und die Abgeordneten ziehen jetzt zu den Sitzungen in der Knesset Krawatten an.

Mosche Dajan ist Außenminister. Wie fast jedesmal, wenn wir ihn treffen, wiederholt er seinen Wunsch nach einem Gespräch unter vier Augen mit Arafat. Arafat hält sich zur selben Zeit in Kairo auf. So fahren wir nach Ägypten. Während sich Lutfi darum bemüht, ein Treffen mit dem PLO-Chef zu organisieren, erfüllt Sadat sein altes Versprechen und empfängt uns.

Der ägyptische Staatspräsident muß am Tag darauf eine Rede vor der Volksversammlung halten.

– Eine wichtige Rede, sagt er und kneift dabei seine gutmütigen Augen lächelnd zusammen. Sie wissen, wie man in der Politik verfährt: Man springt auf ein Pferd, galoppiert davon, und die anderen versuchen einen einzuholen, wenn sie können, nicht wahr? Ich dagegen werde eine Rakete besteigen! Und Sie werden sehen, wie all diese alten Politiker schnaufend hinter mir herlaufen werden! Sie werden mich anflehen, ihnen eine Verschnaufpause zu gönnen!

Wir verstehen nichts.

Am Tag darauf wird seine Rede im Fernsehen übertragen. Pferd, Rakete – all diese sonderbaren Andeutungen bekommen einen klaren Sinn, als Anwar al-Sadat erklärt:

– Ich bin bereit, bis ans Ende der Welt zu gehen, wenn dies auch nur einem einzigen meiner Söhne das Leben rettet. Ich bin bereit, den Teufel aufzusuchen. Ich bin sogar bereit, nach Israel zu gehen.

Die Abgeordneten brechen in spontanen Beifall aus.

In seinem Kairoer Domizil verfolgt auch Yassir Arafat die Rede Sadats im Fernsehen. Dieses Mal haben wir keine Gelegenheit, ihm das Angebot von Mosche Dajan persönlich zu übermitteln. Doch die Israelis haben jetzt einen Gesprächspartner. Die Antwort Begins an Sadat wird ebenfalls im Fernsehen übertragen:

– Wir Israelis reichen Ihnen die Hand. Lassen Sie uns Frieden schließen.

Dann geht alles sehr schnell. Am 13. November dieses Jahres 1977 ermächtigt das israelische Parlament den Ministerpräsidenten, eine Einladung an den ägyptischen Staatspräsidenten auszusprechen. Am Morgen des 19. November landet Anwar al-Sadat in Tel Aviv.

1993 sind wir wieder einmal in Kairo, diesmal auf der Spur der »Friedens-Connection«. Riesige gesichtslose Betonbauten säumen das Ufer des Nil, Hotels überziehen die Nilinseln, und bei Nacht wird die Stadt von zahllosen blinkenden Reklameschildern erhellt. Verschwunden sind die mit Baumwolle beladenen Barken. Statt ihrer verkehren nur noch scheußliche Vergnügungsdampfer auf dem dunklen, trägen Fluß. In den letzten 15 Jahren hat sich die Stadt völlig gewandelt, doch die Einwohner sind dieselben geblieben. Auf den Straßen herrscht das gleiche dichte Menschengewimmel wie in Indien. Die Ägypterinnen bringen noch immer jährlich 1 Million Babys zur Welt. Der Taxifahrer, der uns zum Parlament fährt, biegt unklugerweise in das Straßengewirr des Bazars Khan Khalil ein, um den Weg abzukürzen. Bald darauf steckt der Wagen im Strom der Menschen fest. Verblüfft merken wir, wie plötzlich zahlreiche Passanten den Wagen anheben und einige Meter weit, bis zur nächsten Kreuzung, tragen, an der sie uns lächelnd und scheinbar mühelos wieder zu Boden lassen.

Auch Lutfi al-Khuli lächelt. Er residiert noch immer in seinem riesigen, unmöblierten Büro bei der Zeitung El Ahram. *Die drei mit Rohleder überzogenen Sessel stehen noch immer in der Ecke, in der sie schon bei unserem Gespräch im Juni 1970 standen. Lutfi al-Khuli erinnert sich an die Erklärungen des Palästinensers.*

– Ja, seufzt er, man hätte schon früher ein Friedensabkommen schließen können. Doch dazu wäre es erforderlich gewesen, daß die Menschen sich ändern oder sterben ...

Einige haben sich geändert, andere sind gestorben, und der Friedensvertrag ist unterzeichnet.

Wer in Ägypten war über die Osloer Geheimverhandlungen informiert?

Der damalige Ministerpräsident Sadats, Mustafa Khalil, der zu den Architekten des Camp-David-Abkommens gehört, beteuert, nur drei Personen hätten davon gewußt: Präsident Mubarak, sein Berater Usama al-Baz, den ihm sein Vorgänger Sadat hinterlassen hatte, und der Außenminister, Amr Musa. Lutfi bestätigt das und bietet uns sogar an, ein Treffen mit al-Baz zu arrangieren. Leider sagt al-Baz am nächsten Tag mit der Begründung ab, er müsse die Antrittsrede von

Hosni Mubarak abfassen, den die Wähler soeben mit 96 Prozent der Stimmen für weitere sechs Jahre in seinem Amt bestätigt haben. Wir werden zu der Zeremonie eingeladen und hören die Rede, ohne jedoch von al-Baz einen neuen Gesprächstermin zu bekommen. Er muß Vorschläge für die Zusammensetzung des neuen Kabinetts ausarbeiten und zwei Reisen von Präsident Mubarak – zu einer Konferenz der OAU (Organisation für die Einheit Afrikas) in Addis Abeba und zu einem Treffen mit US-Präsident Clinton nach Washington – vorbereiten. Am nächsten Tag teilt man uns aus Paris mit, daß man in Israel nach uns suche. Ein Schimon Peres nahestehender Geschäftsmann, Nimrod Novik, habe uns etwas Dringendes zu sagen. Wir rufen in Tel Aviv an. Es gleicht einem Wunder, wenn man an einem Telefon in Kairo eine hebräisch sprechende Stimme vernimmt. Kann man dies jemandem verständlich machen, der nicht unter dem endlosen Krieg zwischen Ägypten und Israel gelitten hat? Unsere Freude verdoppelt sich, als wir hören, was Nimrod Novik will. Er sucht uns im Auftrag des ägyptischen Botschafters in Israel... Der uns seinerseits im Auftrag von Usama al-Baz sucht: Der Berater hat für den folgenden Morgen eine Lücke in seinem Terminkalender entdeckt und ist bereit, uns die Rolle Kairos in den Osloer Verhandlungen zu erläutern.

Wir haben bis morgen nichts mehr zu tun. Gleich, ob man sich irgendwo hinsetzt oder irgendwo stehenbleibt, zu guter Letzt ist man immer von Sand bedeckt. Die angrenzende Wüste dringt bis ins Zentrum Kairos vor; sie streut ihre Körner auf Fensterbänke und Tische von Cafés. Man ist schnell mit einer Sandschicht überzogen. Man braucht nur eine Weile irgendwo auszuharren. Als Lutfi uns jedoch vorschlägt, an einer Diskussion teilzunehmen, erklären wir uns sofort einverstanden. Eine Diskussion über den Friedensprozeß im Nahen Osten mit den Botschaftern der betroffenen Staaten.

Wie richtig unsere Entscheidung doch war! Wir treffen dort alte Bekannte, Said Kamal und David Sultan. Ein großer rauhbeiniger Mann mit Donnerstimme, der palästinensische

Botschafter in Kairo, und der israelische Botschafter in Ägypten, der in Kairo geboren ist. Mit dem ersten essen wir zu Abend, und mit dem zweiten trinken wir am nächsten Morgen Kaffee. Sie berichtigen Daten, erweitern unsere Kenntnisse und führen neue Personen ein.

Es gibt zwei Typen von Ägyptern: die Nachfahren der Pharaonen und die arabischen Eroberer. Jene haben offene, entspannte Gesichter, eine niedrige Stirn, ein breites Lächeln und breite Schultern. Die zweiten sind zierlicher und agiler, aber auch reservierter. Usama al-Baz gehört zur zweiten Kategorie, während Amr Musa, Nasser und Mubarak in die erste Kategorie fallen.

Als der ägyptische Staatspräsident im Oktober 1993 Frankreich besucht, haben wir die Gelegenheit zu einem kurzen Interview mit ihm und zu einem längeren Gespräch mit seinem Außenminister. Er empfängt uns zum Frühstück in seinem Hotel. Plötzlich taucht eine Frau auf, wechselt ein paar Worte mit ihm und eilt dann zu ihrem Tisch zurück. Als er unsere verdutzten Gesichter sieht, flüstert er uns zu: »Haben Sie denn nicht die israelische Bildungsministerin Schulamit Aloni erkannt?« Tatsächlich hat sich einige Tische weiter eine kleine Gruppe von Personen um den israelischen Botschafter in Frankreich geschart. Es dauert nicht lange, bis sie alle zum Plaudern zu uns herüberkommen, so als seien sie niemals durch 45 Jahre Haß getrennt gewesen.

15 Die verblendete Supermacht

Der amerikanische Außenminister Warren Christopher unternimmt Ende Juli eine Reise in den Nahen Osten, die ihn nach Israel, Syrien, Ägypten und in den Libanon führt. Er trifft gerade zu der Zeit dort ein, als die bewaffneten Auseinandersetzungen zwischen der israelischen Armee und den proiranischen Hisbollah-Milizen einen neuen Höhepunkt erreichen.

Christopher ist kein visionärer Politiker, ja nicht einmal ein Virtuose auf dem diplomatischen Parkett. Der Wirtschaftsanwalt aus Los Angeles war bereits in der Regierung Carter die Nummer zwei des Außenministeriums gewesen. Er hatte an den Verhandlungen über das Camp-David-Abkommen mitgewirkt und dabei den Eindruck eines zwar beharrlichen, aber farblosen Unterhändlers hinterlassen. Allerdings mußte er nun auch eine sehr schwierige Aufgabe bewältigen: Er sollte die Richtlinien der neuen amerikanischen Außenpolitik bestimmen, die ihren alten Schwerpunkt verloren hat. Der Zusammenbruch des Kommunismus und der Zerfall der Sowjetunion beraubten die USA einer wichtigen Stütze: Mit dem »Erzfeind« war der Existenzgrund für das Bündnis weggefallen, zu dem sich die westeuropäischen Staaten und zahlreiche antikommunistischen Regime in der übrigen Welt unter der unangefochtenen Führung Washingtons zusammengeschlossen hatten. Der Zerfall der UdSSR im Dezember 1991 hatte das Ende einer Epoche eingeläutet. Obgleich Christopher dies erkannte, war er außerstande, die Grundzüge einer neuen Ordnung zu entwerfen.

Sein Amtsvorgänger, James Baker, hatte erklärt: »Die Vereinigten Staaten haben den Kommunismus besiegt, indem sie den Kalten Krieg gewannen. Und durch ihren Sieg im Golfkrieg haben sie auch den arabischen Radikalismus bezwungen.«

Unter vier Augen stimmte der gegenwärtige Außenminister dieser Einschätzung zu. Doch während sich Baker auf einen Präsidenten hatte stützen können, der sich außenpolitisch stark engagierte, blieb Christopher ganz auf sich gestellt. Die Sitzungen der amerikanischen Regierung liefen immer nach dem gleichen Muster ab. Jedes innenpolitische Problem wurde von Bill Clinton und seinen Mitarbeitern lange und breit erörtert. Sobald hingegen ein außenpolitisches Thema angeschnitten wurde – gleich, ob es sich um Bosnien, Somalia, Rußland oder den Nahen Osten handelte –, wandte sich der amerikanische Präsident an Christopher:

– Herr Außenminister, dafür sind Sie zuständig.

Einer, der an diesen Sitzungen teilgenommen hat, sagt uns darüber: »Ich habe noch nie erlebt, daß Bill Clinton einem internationalen Problem mehr als fünf Minuten gewidmet hat.«

Mehrere Beobachter verglichen die Außenpolitik des US-Präsidenten mit den Donuts, den dicken Kringeln aus Hefeteig, auf die die Amerikaner so versessen sind. Einer von ihnen meinte: »Wir befanden uns in dem Loch in der Mitte und hatten keine klaren Prioritäten mehr. Wir interessierten uns nur noch für untergeordnete, periphere Probleme.«

Bei seiner Ankunft im Nahen Osten gibt der Chef der amerikanischen Diplomatie eine überraschende Erklärung ab: »Ich komme«, so sagt er, »um die Befürchtungen der Palästinenser und der Israelis zu zerstreuen, die sich über die erfolglosen Washingtoner Friedensgespräche Gedanken machen, die nunmehr schon zwanzig Monate andauern. Die israelische Regierung braucht neue Garantien, die ihr beweisen, daß sie niemals von den USA im Stich gelassen werden wird.« Rabin und Peres können sich nur mit Mühe ein Lächeln verkneifen angesichts von so viel Unwissenheit und Naivität.

Allerdings trug Christophers ungewöhnliche Hartnäckigkeit ungewollt dazu bei, daß sich der Abschluß eines Geheimvertrages beschleunigte. Er wollte unbedingt ein Abkommen zwischen Israel und Syrien erreichen und hoffte, daß sich Syrien als Gegenleistung für den Abzug der israelischen Truppen von den seit 1967 besetzten und seit 1981 dem israelischen Gesetz unterstehenden Golan-Höhen zu einem »umfassenden Frieden« bereit finden würde.

Rabin, der mit verdeckten Karten spielte, hatte diesem Plan zwar nicht offen widersprochen, seinen Mitarbeitern aber unter vier Augen anvertraut: »Uns geht es vorrangig um eine Übereinkunft mit der PLO. Es wird schwierig genug sein, dafür die Unterstützung der israelischen Öffentlichkeit zu gewinnen, so daß wir uns gegenwärtig nicht noch eine zweite Front gegenüber Syrien leisten können.«

Christopher und sein Team erfahren am 4. August in Jerusalem kein Sterbenswörtchen von den Geheimverhandlungen mit der PLO. Und doch verfolgt Arafat die Reise des amerikanischen Außenministers mit großer Sorge. Denn er befürchtet, daß ein Abkommen zwischen Damaskus und Jerusalem eher unterschriftsreif sein könnte als der Vertrag zwischen Israel und PLO.

Einer seiner Vertrauten sagt später: »Er fürchtete, daß der Zug ohne ihn abfahren würde, und er wollte nicht, daß sich die unangenehme Erfahrung, die er vierzehn Jahre zuvor, bei der Unterzeichnung des Friedensabkommens zwischen Israel und Ägypten, gemacht hatte, noch einmal wiederhole.«

Der Generalsekretär der Vereinten Nationen, Boutrus Boutrus Ghali, erinnert sich noch genau an diese Zeit. Der Kopte, der fließend Französisch spricht, war damals stellvertretender ägyptischer Außenminister: »Ich verhandelte am 15. Oktober 1978 im Pariser Hotel Crillon über das Camp-David-Abkommen. Sadat war der Ansicht, daß wir neben der Rückgabe der Sinai-Halbinsel auch die Frage des Gaza-Streifens regeln sollten, der Ägypten zugeschlagen werden sollte, während die anderen besetzten Gebiete der Zuständigkeit des jordanischen Königs Hussein unterliegen sollten. Aus diesem Grund hat er vorgeschlagen, den zweiten Teil des Camp-David-Abkommens zuerst im Gaza-Streifen umzusetzen. Als Arafat und Begin das strikt ablehnten, sagte mir Sadat: ›Wenn sie nicht wollen, werden wir nicht darauf bestehen. Es ist dann nicht mehr unser Problem.‹ Dabei hätten wir 15 Jahre gewonnen.« Arafat hat es nicht vergessen. Er weiß auch, daß das Camp-David-Abkommen der Bevölkerung in den besetzten Gebieten das Recht auf Selbstverwaltung einräumte. Diese Regelung blieb zwar hinter der zurück, die er jetzt aushandelte, doch hat er es bitter bereut, die Gelegenheit nicht ergriffen zu haben.

Warren Christopher trifft in Syrien zweimal mit Hafiz al-Asad zusammen. Dieser außerordentlich gewiefte Politiker, der seit 23 Jahren in Damaskus regiert, verhält sich ganz seinem Ruf entsprechend und erzählt dem Amerikaner genau das, was er hören will. Tief in seinem Sessel versunken, die Arme auf den Lehnen ausgestreckt, gibt er dem US-Außenminister mit ruhiger, beschwichtigender Stimme Zusicherungen, an die er sich möglicherweise nicht halten wird. König Hassan II. von Marokko sagt über ihn: »Ich bin häufig mit ihm zusammengetroffen, und mir ist dabei aufgefallen, daß er zwar aufrichtig war, aber niemals die volle Wahrheit sagte. Er log nicht. Er sprach einfach nicht über gewisse Dinge.«

Nach Abschluß dieser Unterredungen erklärt der Amerikaner stolz: »Ich glaube, daß wir den laufenden Friedensprozeß gerettet haben.« Wohlgemerkt: den zwischen Israel und Syrien.

Wirklichkeitsfremde Worte in einer Region, die sich oftmals jeglicher Logik entzieht. Christopher, der ein Abkommen zwischen Israel und Syrien für das Rückgrat einer künftigen Friedensregelung hält, hat hartnäckig auf dieses Ziel hingearbeitet.

Während Christophers Pendelreise durch den Nahen Osten läßt sich Bill Clinton kein einziges Mal von ihm unterrichten.

Seine Einstellung steht in krassem Gegensatz zu der von George Bush, der sich immer wieder einschaltete, indem er persönlich mit den betreffenden Staatschefs telefonierte.

Clinton macht derweil auf Martin's Vineyard Urlaub, einer beliebten Ferieninsel unweit von Boston, die von seinen 200 Leibwächtern belagert wird. Er verbringt die Tage mit den Kennedys, die in der Nähe wohnen, spielt mit Hillary Golf und ißt bei dem Schriftsteller William Styron oder bei Katherine Graham, der steinreichen Eigentümerin der *Washington Post*, zu Abend. Nach offizieller Lesart »widersteht« Clinton der Versuchung, sich in die Außenpolitik einzumischen. Diese Formulierung eines seiner Berater ruft bei Beobachtern und Experten ein Lächeln hervor: »Es bestand vielmehr ein absolutes außenpolitisches Vakuum«, meint später einer von ihnen.

Unmittelbar nach seiner Rückkehr in die amerikanische Hauptstadt wird Christopher über die Fortschritte informiert, die die »norwegische Connection« erzielt hat. Der Bericht, den er in Händen hält und der von Holst und Egeland stammt – den obersten Entscheidungsträgern des norwegischen Außenministeriums –, beschreibt eingehend sämtliche Punkte, in denen man bereits Einvernehmen erzielt hat. Dennoch bleibt Christopher skeptisch. Und sein Mitarbeiter Dennis Ross bestärkt ihn in dieser Überzeugung. Der Außenminister erklärt: »Es wird ihnen niemals gelingen, diese Grundsatzerklärung in eine dauerhafte Friedensregelung zu verwandeln.«

In Wirklichkeit zeigen Clinton und seine Regierung ein wachsendes Desinteresse an dem von Bush und Baker in Madrid eingeleiteten Friedensprozeß. Jitzhak Rabin befindet sich in einer paradoxen Lage. Obgleich die Demokraten Israel sehr viel wohlwollender gesinnt sind als ihre Vorgänger, gleichen sie nach Aussage eines Beraters des israelischen Ministerpräsidenten »einem hilfsbereiten Arzt, der unfähig ist, eine Behandlung zu verordnen«.

Die Reise der amerikanischen Delegation in den Nahen Osten führt zu einem offenen Konflikt zwischen Palästinenserführern aus den besetzten Gebieten, die in Washington am Verhandlungstisch sitzen, und Arafat. »Wir wußten jetzt«, erklärt Hanan Aschrawi, »daß unsere Delegation nur deshalb zusammengestellt worden war, um Verhandlungen hinter den Kulissen vorzubereiten.«

In diesen Worten kommt, kaum verhüllt, ihre tiefe Enttäuschung zum Ausdruck. Seit Wochen gelangen bruchstückhafte Informationen an die Mitglieder dieser Delegation. Sie wissen, daß die Verhandlungen, die sie seit 21 Monaten führen, völlig umgangen werden. Als Faisal Hussaini und Hanan Aschrawi sich anschicken, Christopher die neuen palästinensischen Vorschläge zu unterbreiten, müssen sie plötzlich erkennen, daß Arafat dem Amerikaner schon am 9. August über die Ägypter den Text zugeleitet hat. Und was in ihren Augen noch schwerer wiegt: Der Inhalt wurde geändert. Arafat macht weitreichende Zugeständnisse, insbesondere im Hinblick auf den künftigen Status von Jerusalem; erklärt er sich doch bereit, diesen erst in den endgültigen Verhandlungen zu erörtern, während die palästinensische Delegation fordert, dieses Problem solle sofort behandelt werden.

Zwischen Tunis und dem »Orient-Haus«, dem in Ost-Jerusalem gelegenen Sitz der Palästinenserführer aus den besetzten Gebieten, kommt es zu einer heftigen Auseinandersetzung. Faisal Hussaini und Haidar Abd al-Schafi, Palästinenserführer aus Gaza und einer der Mitbegründer der PLO, sind tief gekränkt. Arafat befiehlt ihnen, Christopher offiziell das umgearbeitete Dokument zu überreichen. Sie weigern sich, und Abd al-Schafi entschließt sich sogar, den Besuch des Amerikaners zu boykottieren, während Hussaini und Aschrawi sich zu einem fünfzehnminütigen Gespräch mit ihm treffen und ihm dabei das geänderte Dokument überreichen. »Sie schienen verstimmt und enttäuscht zu sein«, erzählt uns später einer von Christophers Vertrauten, der hinzufügt: »Sie waren hin- und hergerissen zwischen Loyalität und Auflehnung. Wir glaubten, diese Spannungen innerhalb der PLO machten den Abschluß eines Vertrags mehr als unwahrscheinlich.«

Bis zur letzten Minute bemühen sich Hussaini und Aschrawi darum, Arafat zu Änderungen an dem Dokument zu bewegen. Vergebens. Einmal während des Telefongesprächs ist die Spannung so groß, daß der PLO-Vorsitzende seinen Gesprächspartnern an den Kopf wirft:

– Ein Postbote hat Briefe zu überbringen, nicht zu öffnen.

Dieser Vergleich kränkt Hussaini, Aschrawi und Abd al-Schafi so sehr, daß sie erwägen, zurückzutreten. Sie werfen Arafat vor, den Kampf und die Ziele der Palästinenser für ein Stück Land zu verraten, das lediglich die Karikatur eines Staates sein wird. Doch schon bald geben sie ihren Widerstand auf. Der PLO-Vorsitzende duldet nicht, daß man seine Macht in Frage stellt.

Einige Tage später, Mitte August, spielt Usama al-Baz auf gefährliche Weise mit dem Feuer. Er empfängt Henry Siegman, den Präsidenten des einflußreichen Jewish Congress in den USA. Die »jüdische Lobby« in den Vereinigten Staaten war von jeher entschieden gegen jeglichen Dialog mit der PLO. Siegman und al-Baz unterhalten sich angeregt. Im Verlauf ihres Gesprächs fragt der Amerikaner:

– Glauben Sie, daß die Washingtoner Gespräche noch einmal aus der Sackgasse kommen und Fortschritte erzielen werden?

Al-Baz wirft ihm einen listigen Blick zu, bevor er antwortet:

– Herr Präsident, erlauben Sie mir, Ihnen einen Rat zu geben, wenn Sie den Ball im Auge behalten wollen. Der Ball ist nicht mehr in Washington ..., sondern in Oslo.

Siegman ist sprachlos. Er weiß, daß die multilateralen Verhandlungen über rein technische Fragen offiziell in der norwegischen Hauptstadt stattfinden. Die Worte des Ägypters nimmt er nicht ernst. Er erzählt seinen Vertrauten davon und fügt achselzuckend hinzu: »Oslo, das ist wirklich absurd!«

Unterdessen setzen die Unterhändler ihren Verhandlungsmarathon in der Abgeschiedenheit der skandinavischen Wälder fort. Das Projekt muß unbedingt vor dem 14. September, dem letzten Tag der Friedensgespräche in Washington, abgeschlossen werden. Die Palästinenser haben die Option »Gaza-Jericho« auf den Tisch gelegt, natürlich ohne zu wissen, daß diese Idee von Peres stammt. Als Abu Ala' diesen Vorschlag unterbreitet, erwidert Joel Singer:

– Ich werde mit Rabin darüber sprechen.

Bei ihrem nächsten Treffen erklärt der Anwalt dem Palästinenser:

– Ich habe dem Ministerpräsidenten Ihre Forderungen bezüglich Jericho mitgeteilt; er ist nicht von seinem Stuhl aufgesprungen.

In Wirklichkeit unterstützt Singer diese Option. Er hat Rabin erklärt, daß es sich um einen »für die Palästinenser sehr wichtigen Punkt« handele.

Uri Savir hingegen ist sehr viel zurückhaltender; ja er geht bei Treffen zwischen den israelischen Unterhändlern sogar so weit, zu fordern: »Jericho darf nicht in das Abkommen einbezogen werden.«

Kaum haben sich die beiden Delegationen im Grundsatz geeinigt, kommt es zu Meinungsverschiedenheiten hinsichtlich der konkreten Ausgestaltung des Plans. Während die Israelis nur der Stadt Jericho das Recht auf Selbstbestimmung einräumen möchten, fordern die Palästinenser, daß sich die Selbstverwaltung auf die gesamte Region erstrecken müsse. Singer besteht darauf, daß ein Sechstel aller palästinensischen Behörden in Jericho angesiedelt wird. Eine weitere wichtige Frage: Auf welche Gebiete soll sich die Machtbefugnis des Palästinenser-Rates erstrecken, dessen Einrichtung in den Dokumenten vorgesehen ist? Nur auf den Gaza-Streifen und Jericho oder auf die Gesamtheit der besetzten Gebiete?

Noch ein weiterer entscheidender Punkt ist strittig: Sollen schon in der ersten Phase sämtliche – oder nur ein Teil der – Hoheitsbefugnisse auf die Palästinenser übertragen werden?

Bereits Mitte Juni hatte Jitzhak Rabin Joel Singer in seine Absichten eingeweiht: »Sobald wir ein Abkommen geschlossen haben, werden wir die Ergebnisse den israelischen und palästinensischen Delegationen in Washington mitteilen, ohne sie über die Hintergründe zu informieren. So können wir dem Vorwurf entgehen, offizielle Verhandlungen mit der PLO aufgenommen zu haben.«

Die beiden Männer beraten sich an diesem Sommerabend in der Residenz des Ministerpräsidenten. Singer entgegnet sofort:

– Ich halte das nicht für ratsam. Aus mehreren Gründen. Die Vorstellung, wir könnten diesen Vertragsentwurf einfach nach Washington schicken, wo unsere Delegation ihn dann unterzeichnet, so als handele es sich um ihren eigenen Plan, ist ziemlich realitätsfremd, Herr Ministerpräsident.

Die blauen Augen Rabins blicken Singer verdutzt an:

– Weshalb?

– Erstens, weil ich davon überzeugt bin, daß die Mitglieder unserer Delegation sich weigern werden, das Dokument zu unterzeichnen. Zweitens, weil ich glaube, daß wir ein Abkommen zwischen Israel und der PLO erreichen müssen, in dem beide Seiten sich zur gegenseitigen Anerkennung verpflichten.

– Unmöglich. Das geht zu weit.

Der israelische Regierungschef spricht in scharfem Ton, so als hätten ihn diese Worte gekränkt.

Singer läßt sich von dieser plötzlichen Verstimmung nicht beeindrucken:

– Es wird mit Sicherheit Indiskretionen geben, aus denen hervorgeht, daß Israel mit der PLO verhandelt hat; und was wird dann geschehen? Unser Land hätte ganz einfach einen traditionellen Standpunkt aufgegeben, keine Verhandlungen mit der PLO zu führen, ohne dafür eine Gegenleistung zu erhalten. Da wir zu Gesprächen mit ihnen bereit sind, müssen sie uns umgekehrt allerlei Zusicherungen geben: Verzicht auf terroristische Aktivitäten, Anerkennung des Existenzrechts Israels.

– Allerlei Zusicherungen . . .

Rabin wiederholt diese Formulierung mit ironischer Miene:

– Offen gestanden, glaube ich nicht, daß die PLO zu diesen Zusicherungen bereit sein wird.

– Probieren wir es.

– Nein, wir müssen das auf später verschieben.

– Später, Herr Ministerpräsident, ist zu spät. Sobald diese Verhandlungen erst einmal öffentlich bekannt sind, wird die PLO von Israel eine faktische Anerkennung erhalten haben, die ihr genügt. Sie wird dann nicht mehr zu weitergehenden Verpflichtungen bereit sein.

Das von Singer vorgeschlagene Szenario stößt bei Rabin und Peres auf wenig Gegenliebe. »Mit der PLO sprechen war eine Sache«, sagt uns später ein enger Mitarbeiter von beiden, »doch den Gegner, den man seit fast 30 Jahren so heftig bekämpfte, offiziell anerkennen, stellte für die beiden Männer einen immensen psychologischen Kraftakt dar.«

Singer, der der Ansicht ist, daß es sich um ein wesentliches Element eines künftigen Abkommens handelt, versucht, Rabin umzustimmen.

Bei einer weiteren Unterredung schlägt er vor, einen »nichtoffiziellen Vertragsentwurf auszuarbeiten, in dem die Einzelheiten der gegenseitigen Anerkennung zwischen Israel und der PLO enthalten sind«.

Wieder lautet die Antwort Rabins:

– Nein, lassen Sie das.

Der Anwalt, der sich dadurch keineswegs entmutigt fühlt, unterbreitet Rabin und Peres daraufhin einen weiteren Vorschlag. Die beiden israelischen Regierungsmitglieder lehnen erneut ab, doch bemerkt Singer diesmal beim Ministerpräsidenten etwas mehr Entgegenkommen.

– Lassen Sie mich wenigstens, bittet er ihn, inoffizielle, persönliche Sondierungen vornehmen. Ich werde die Bereitschaft der Palästinenser erkunden, ohne daß dadurch für den israelischen Staat die geringsten Verpflichtungen entstehen.

Rabin antwortet ihm:
– Einverstanden, tun Sie das!

Ende Juni überreicht Singer Abu Ala' ein mehrseitiges Dokument, das die Überschrift trägt: »Persönliche Vorschläge von Joel Singer.« Der Text sieht eine Vereinbarung über die gegenseitige Anerkennung vor.

Das Dokument wird von Arafat und Abu Mazen in Tunis gründlich geprüft. Erst Ende Juli bekommt Singer eine Antwort. Nach Abschluß einer jener Sitzungen in Norwegen, die im Streit endeten und bei der sich die Delegationen wortlos trennten, ging Abu Ala' auf Singer und Uri Savir zu:

– Heute ist es schlecht gelaufen, doch Sie haben mich gar nicht gefragt, wie es mit dem zweiten Vertragsentwurf steht?

– Nun, erwidert Savir, wie lautet Ihre Antwort?

– Ach, entgegnet der Palästinenser in ungezwungenem Ton, grundsätzlich sind wir mit der gegenseitigen Anerkennung einverstanden.

Tatsächlich werden auch die Gespräche über diese Frage nur zögernd vorankommen. Die Palästinenser legen einen ersten Entwurf vor, den die Israelis kategorisch ablehnen. Singer wirft seinen Gesprächspartnern vor:

– Ihr Vorschlag ist viel zu sehr nach dem »alten PLO-Muster« gestrickt. Während wir klare Aussagen möchten, ergehen Sie sich in verblasenen Formulierungen und »Artigkeiten«, und erst bei genauerem Hinsehen erkennt man die ganzen Beschränkungen und Verpflichtungen, die Sie uns auferlegen. Der Text muß einfach und kurz sein. Beginnen wir von vorn.

Das folgende Treffen verläuft genauso enttäuschend. Diesmal hat die PLO ein Dokument vorbereitet, in dem beiderseitige Verpflichtungen festgelegt sind. Die Israelis sind fassungslos, als sie einen Paragraphen entdecken, in dem es heißt: »Die beiden Parteien heben die PLO-Charta auf.« Und eine andere Klausel etwas weiter unten besagt: »Die beiden Parteien verzichten auf weitere Terroranschläge.«

Bei der Sitzung entrüstet sich Savir:

– Das ist völlig unannehmbar. Wir verüben keine Terroranschläge, und wir stehen auch nicht an der Spitze der PLO. Sie müssen sich als Vertreter des palästinensischen Volkes und als Gegenleistung für Ihre Anerkennung durch Israel zu diesen Verpflichtungen bekennen.

Singer fügt hinzu:

– Aus diesem Grund muß der Text klar, prägnant und ... einseitig verpflichtend sein.

Abu Ala' entgegnet bissig:

– Auch Sie müssen eine Lösung finden, denn wir sind wie ein Krebsgeschwür, das allmählich Ihren Magen zerfrißt. Wissen Sie, was mein Eindruck ist? Wenn wir zu einem doppelten Abkommen gelangen, also eine Grundsatzerklärung und eine Urkunde über die gegenseitige Anerkennung unterzeichnen, dann werden wir uns in der Lage einer Person befinden, die in ihrem Gewehr nur eine Kugel hat. Ist diese eine Kugel einmal abgefeuert, dann kommt sie nicht wieder zurück. Sobald die Unterschriften unter die Dokumente gesetzt sind, kann niemand mehr zurück. Weder Rabin noch Arafat.

– Das ist völlig richtig, antwortet Savir, doch bis dahin werden wir Ihnen die Dinge nicht erleichtern.

Abu Ala' wirft ihm ein breites Lächeln zu:

– Seien Sie unbesorgt, das gilt umgekehrt genauso.

Das erbitterte Ringen wird bis zum 20. August weitergehen. An diesem Tag wird Schimon Peres im Rahmen einer offiziellen Reise durch die skandinavischen Länder in Norwegen eintreffen. Diese Reise ist freilich nur ein Vorwand, um den eigentlichen Grund zu verschleiern: Die seit acht Monaten mit so viel Verbissenheit ausgehandelte Grundsatzerklärung kann nun endlich in Anwesenheit des Chefs des israelischen Außenministeriums unterzeichnet werden.

Am 14. August schlägt der Sprecher Arafats, Bassam Abu Scharif, in einem Interview mit der Zeitung *Libération* die »Gründung einer palästinensischen Regierung« mit Sitz in Jericho vor. Zwei Tage später antwortet Peres direkt, er sei einverstanden, die Selbstverwaltung für den Gaza-Streifen und Jericho zu »testen«.

Je näher das Datum des 20. August rückt, um so mehr wächst die Anspannung der Protagonisten. Yassir Arafats Besorgnis verwandelt sich in Euphorie. Immer wieder sagt er zu Abu Mazen mit tief gerührter Stimme:

– Endlich werden wir Boden unter unseren Füßen haben. Etwas Konkretes.

Über die Norweger versucht er die Einstellung der Amerikaner in Erfahrung zu bringen, herauszufinden, wie sie die Fortschritte bei den Verhandlungen bewerten. Holst, der Chef des norwegischen Außenministeriums, unterrichtet Warren Christopher.

Der amerikanische Außenminister antwortet kühl:

– Präsident Clinton wird wahrscheinlich an dieser Entwicklung interessiert sein.

Das State Department bleibt offenkundig bei seiner ablehnenden und skeptischen Einstellung. Als Bill Clinton einige Monate später gefragt wird, wann er von dem Abkommen erfahren habe, antwortet er treuherzig:

– Offen gestanden, so sehr ich mich auch bemühe, ich erinnere mich nicht mehr.

Am 17. August um 3 Uhr nachts wird Arafat von einer allerletzten Angst heimgesucht. Er befürchtet, der Text, der in drei Tagen unterzeichnet werden soll, könnte noch Fußangeln für die PLO enthalten. Mitten in der Nacht ruft er Said Kamal an, den offiziellen PLO-Vertreter in Kairo:

– Ruf sofort Tahir Schah an und sag ihm, er soll das nächste Flugzeug nach Oslo nehmen. Ich möchte, daß er den Vertrag durchliest, bevor er unterzeichnet wird.

Tahir Schah war bei den Camp-David-Verhandlungen der ägyptische Verhandlungspartner von Joel Singer. Die beiden Männer kennen sich recht gut, da sie zwischen 1979 und 1982 das Autonomieabkommen ausgehandelt haben.

Gegenwärtig ist er juristischer Berater der palästinensischen Delegation bei den bilateralen Verhandlungen in Washington. Bei Tagesanbruch gibt ihm Mubarak grünes Licht. Im Lauf des Vormittags fliegt er nach Rom, wo er am frühen Nachmittag einen Anschlußflug nach Oslo nimmt. Abu Ala' überreicht ihm in seinem Hotelzimmer den Vertragstext. Tahir Schah liest ihn aufmerksam durch und wendet sich dann, nach beendeter Lektüre, an den Palästinenser, der in einem Sessel Platz genommen hat:

– Der Text ist perfekt, ich habe nichts zu beanstanden. Wer hat ihn aufgesetzt?

Abu Ala' antwortet ein wenig verlegen:

– Ein israelischer Jurist – Joel Singer.

Der Ägypter lächelt erfreut:

– Ach so, Singer. Kommentar überflüssig.

Unterdessen reagieren Rabin und Peres in Israel völlig gegensätzlich. Während der Ministerpräsident keinerlei Regung zeigt, wird der Außenminister immer überschwenglicher. Der minutiöse, methodisch vorgehende Regierungschef erteilt Singer seine letzten Anweisungen:

– Wir dürfen keine Verpflichtung eingehen, deren Einhaltung von dem anderen Teil abhängt. Jeder Vertrag muß auf eigenen Füßen stehen.

Peres dagegen spürt, daß er kurz vor dem Ziel ist. Seit 20 Jahren arbeitet er auf diese Lösung hin, die ihm einen Platz in der Geschichte sichern wird. Dieser Politiker, der einerseits ein Visionär, andererseits aber auch ein gewiefter Pragmatiker ist, weiß, daß er in der Vergangenheit aus Unentschlossenheit und taktischem Kalkül Chancen vertan hat. Jetzt, mit 70 Jahren, ist er entschlossen, die Sache zu einem erfolgreichen Ende zu bringen, »in der festen Überzeugung, daß der Abschluß eines Friedensvertrages die einzige wichtige Sache ist, die mir in meinem Leben noch zu tun bleibt«, wie er seinen Vertrauten mitteilt.

Eines Abends, als er mit Uri Savir und Jossi Beilin allein ist, vertraut er sich ihnen in ungewohnter Offenherzigkeit an. In melancholischem Ton schildert er die Beschwernisse des Alters, die Schwierigkeiten eines Politikers, seinen Ambitionen treu zu bleiben. Und er fügt hinzu:

– Golda Meir und Dajan konnten nichts für den Frieden tun.

– Und Sie? fragt Savir.

– Ich kann, antwortet Peres. Doch ich mußte den richtigen Augenblick abwarten.

Seine Gesprächspartner fragen ihn, welche israelische Persönlichkeit er am meisten bewundere.

– Ben Gurion.

Laut Savir »betrachtete sich Peres als sein Erbe. Schon eine geraume Weile sprach er von einem anderen Nahen Osten. Er hatte erkannt, daß sich ohne diesen Frieden nichts ändern konnte.«

Nach Aussagen von Yair Hirschfeld »stellt der Besuch von Peres in Oslo am 20. August für die Palästinenser offensichtlich den Schlußtermin dar. Sie wußten, daß sie ein Abkommen schließen mußten, doch zugleich sahen sie keinerlei Vorteil darin, vor diesem Datum zu einem Abschluß zu kommen.«

Als der israelische Minister am Morgen des 18. August nach Stockholm fliegt, sind in dem Vertragsentwurf noch immer vier Punkte strittig, und beide Seiten haben sich auf ihre Positionen versteift.

Unmittelbar vor seinem Abflug aus Israel telefoniert Peres mit dem norwegischen Außenminister Johan Jorgen Holst, der gerade beim Frühstück sitzt.

– Johan, fragt Peres, weshalb kommen Sie nicht nach Schweden? Treffen wir uns in Stockholm. Sie können uns helfen, die letzten Schwierigkeiten aus dem Weg zu räumen.

– Einverstanden, erwidert der Norweger, ich nehme das nächste Flugzeug und stoße noch heute zu Ihnen.

Einige Minuten später klingelt das Telefon in dem Auto von

Terje Rod Larsen, der zu seinem Haus in Bergen an der Westküste Norwegens unterwegs ist.

– Hallo Terje, hier ist Schimon. Kommen Sie so schnell wie möglich nach Schweden. Ich werde in Haga Castle wohnen, dem Gästehaus der schwedischen Regierung.

Kaum hat Peres den Hörer aufgelegt, wendet er sich an den in seinem Büro wartenden Singer und fordert ihn auf:

– Joel, packen Sie Ihre Sachen, Sie kommen mit mir.

Trotz aller Bemühungen des Reisedienstes des Außenministers ist es nicht möglich, für Singer im selben Flugzug, mit dem Peres fliegt, einen Platz zu bekommen. So trifft er erst vier Stunden später in Stockholm ein.

Keiner der israelischen Diplomaten, die den Besuch ihres Ministers in den skandinavischen Ländern vorbereiten sollten, ahnt, daß dieser ein Friedensprotokoll mit der PLO unterzeichnen wird.

Um 22.45 Uhr, als der protokollarische Teil seines Besuches in Schweden zu Ende ist, begibt sich Peres gemeinsam mit Singer in das Gästehaus der schwedischen Regierung. Kurze Zeit später treffen Holst, Larsen und dessen Frau, Mona Juul, ein. Die Norweger bemühen sich so stark um Diskretion, daß sie regelrechten Verschwörern gleichen.

Man macht es sich in dem geschmackvoll eingerichteten Empfangszimmer bequem. An den Wänden hängen alte Porträts. Holst nimmt den Telefonhörer ab und wählt die Privatnummer von Arafat in Tunis. Am anderen Ende der Leitung meldet sich der PLO-Chef:

– Herr Vorsitzender, sagt Holst, Außenminister Schimon Peres sitzt neben mir. Wenn Sie bereit sind, können wir mit der Arbeit beginnen.

– Nein, antwortet Arafat, Abu Ala' ist nicht hier, und ich weiß nicht, wo er sich aufhält. Lassen Sie mir noch ein wenig Zeit.

Peres, Holst und die anderen müssen sich anderthalb Stunden gedulden. Es ist schon nach Mitternacht, als Yassir Arafat endlich all seine Mitarbeiter in seinem Büro versammelt hat: Abu Ala', Abu Mazen, Hassan Asfur und Abd Rabbo.

Die Diskussionen auf dieser sorgfältig abhörgesicherten Leitung ziehen sich bis nach 5 Uhr morgens hin. Insgesamt kommt es zu fünfzehn Telefongesprächen zwischen Tunis und Stockholm. Holst spielt die Rolle des Boten und des Vermittlers zwischen den beiden Lagern. Jedesmal, wenn er die Meinung der Israelis einholen muß, legt er den Hörer auf, nachdem er den Palästinensern zuvor mitgeteilt hat:

– Ich rufe Sie wieder an.

Zunächst spricht Arafat, doch sein Englisch wird rasch zu unpräzise für die technischen Gespräche, die nun beginnen. Der norwegische Außenminister hört plötzlich ein dumpfes Geräusch. Die Stimme des PLO-Chefs hallt im Hörer wider:

– Ich habe das Telefon fallen lassen, als ich es Abu Ala' überreichen wollte, der das Gespräch fortsetzen wird.

Peres geht um 1.30 Uhr zu Bett und läßt Singer und seinen Mitarbeiter Avi Gil die Gespräche fortführen. Bei den strittigen Punkten handelt es sich um Durchführungsbestimmungen des Gaza-Jericho-Abkommens. Rabin hat verlangt, stündlich über den Fortschritt der Verhandlungen unterrichtet zu werden.

Zweimal weckt Singer Peres auf, das zweite Mal nach 4 Uhr morgens. Der Streit hat sich an einem Formulierungsproblem entzündet, das sich auf den Sitz des künftigen Palästinenser-Rates bezieht.

Peres fragt Singer im Halbschlaf:

– Müssen wir deshalb Rabin anrufen?

Singer schüttelt den Kopf:

– Nein, es handelt sich um eine nebensächliche Frage, ein rein sprachliches Problem. Ich glaube, wir können das selbst entscheiden.

– Gut, antwortet Peres, dann rufen wir ihn nicht an.

Um 5.30 Uhr morgens ist das Abkommen unter Dach und Fach. Es handelt sich um eine Grundsatzerklärung, die den

Palästinensern nicht etwa, wie häufig ungenau übersetzt wird, die »Autonomie« gewährt, sondern vielmehr die »Selbstverwaltung« *(self-government)*. Der Unterschied ist beträchtlich. Die Autonomie gilt für eine Gemeinschaft ohne Rücksicht auf ihren Wohnort, während die »Selbstverwaltung« in einem bestimmten Gebiet ausgeübt wird, also eine physische Grundlage besitzt. Das Abkommen sieht auch vor, daß in allen besetzten Gebieten spätestens neun Monate nach Unterzeichnung des Abkommens allgemeine Wahlen unter Aufsicht einer internationalen Behörde stattfinden sollen. Bis dahin soll ein in Jericho ansässiger »Palästinenser-Rat«, dessen Mitglieder von der PLO ernannt werden, hoheitliche Befugnisse im Westjordanland und im Gaza-Streifen ausüben, um die Übertragung weiterer Befugnisse einschließlich der Polizeigewalt vorzubereiten.

Holst erklärt Arafat am Telefon: »Herr Vorsitzender, es ist alles geregelt.« Darauf hört er am anderen Ende der Leitung einen lauten Freudenschrei.

Arafat, der in seinem Büro sitzt, bricht in ein langes Schluchzen aus, bevor er seine Kameraden küßt. Er befiehlt: »Holt sofort einen Fotografen.« Der Palästinenserführer möchte unbedingt diesen Augenblick verewigen und erklärt seinen Vertrauten:

– Das ist der Beginn einer neuen Ära. Unser jahrzehntelanger Kampf geht endlich zu Ende.

Alle Palästinenser sind in Tränen aufgelöst. Erschöpft fliegen Holst und Larsen nach Oslo zurück, um die feierliche Unterzeichnung vorzubereiten, die am nächsten Tag noch immer unter strengster Geheimhaltung stattfinden soll. Es war abgemacht worden, daß Abu Ala', Hasan Asfur und Muhammad Abu Khusch gleich bei Tagesanbruch Tunis verlassen sollten, um abends in Norwegen einzutreffen.

Bevor Holst und Larsen in ihr startbereites Flugzeug steigen, besprechen sie mit Peres die Sicherheitsmaßnahmen, die ergriffen werden sollen. Der Israeli beharrt auf einem Punkt: Die übrigen Mitglieder der israelischen Delegation, die an der

Reise teilnehmen, dürfen auch weiterhin nicht das geringste erfahren.

Als sich Holst von Peres verabschiedet, erklärt er in scherzhaftem Ton:

– Es freut mich sehr, daß Norwegen eine herausragende Rolle spielen konnte, während es 1988 die Schweden waren, die den Dialog zwischen der PLO und den USA in Gang brachten. Zwischen den beiden Völkern herrschte schon immer ein heftiger Wettstreit, wie Sie vielleicht wissen werden. Doch jetzt haben wir sie in ihrem eigenen Land und in ihrer eigenen Hauptstadt ausgestochen. Und zudem lassen wir sie noch die Telefonrechnung bezahlen!

Die letzte Hürde: Peres und Singer rufen Rabin an, um ihm zu erläutern, wie sie den letzten Streitpunkt geregelt haben. Der Ministerpräsident gerät in helle Wut:

– Ich bin gegen den Wortlaut, den ihr gewählt habt. Ich lehne die Unterzeichnung des Vertrages ab, wenn dieser Punkt nicht geändert wird.

Der reisefertige Larsen muß ein letztes Mal bei Arafat intervenieren, um diese Meinungsverschiedenheit auszuräumen.

Einige Stunden später trifft sich der frisch geduschte und rasierte Peres mit den israelischen Journalisten, die ihn auf seiner Rundreise begleiten:

– Offen gestanden, sagt er ihnen in vertraulichem, überzeugendem Tonfall, verschwenden Sie nicht Ihre Zeit damit, mich nach Oslo zu begleiten. Es ist ein völlig belangloser Routinebesuch.

16 Rabin, der Schweiger

Man hat uns gewarnt: Der verschlossene und in militärischen Kategorien denkende Rabin ist – selbst für seine Freunde – nicht leicht zu durchschauen. Aus Skepsis schlägt er nur selten neue Wege ein; wenn er sich jedoch davon überzeugt hat, daß eine Sache gerecht oder eine Handlung unvermeidbar ist, dann geht er konsequent und beharrlich vor.

Genauso war es auch bei den Osloer Verhandlungen. Sobald Jossi Beilin Peres über die vielversprechende Fährte informiert und dieser seinerseits Rabin davon unterrichtet hatte, verfolgte dieser sie bis ans Ende.

Rabin, der 1922 in Jerusalem geboren wurde, verbringt einen Großteil seiner Jugend in Kibbuzim, bevor er in die Armee eintritt. Zwei starke Persönlichkeiten haben ihn geprägt. Jigal Allon, sein Lehrer an der Landwirtschaftsschule in Kaduri, der später Außenminister wird. Und Jitzhak Sadeh, der Gründer der Palmach, *einer Stoßtruppe, die sich überwiegend aus Kibbuzniks zusammensetzte und aus der die meisten Generäle der jüdischen Armee hervorgehen sollten. Jitzhak Sadeh, der in Israel einen fast schon legendären Ruf genießt, hat zwei Erben gehabt: Jigal Allon und Mosche Dajan. Dajan, der Ben Gurion und Peres nahesteht, tritt schon sehr früh in die Politik ein. Der jüngere Jitzhak Rabin, der vom gegnerischen Lager zu den Anhängern Allons gezählt wird, bleibt Soldat. Er übernimmt den Posten des Generalstabschefs, als Mosche Dajan, der einäugige General, kurz vor Ausbruch des Sechstagekrieges zum Verteidigungsminister ernannt wird.*

Wir begegnen Jitzhak Rabin erstmals in diesem Jahr 1967.

Nach dem Sieg hält er an der Hebräischen Universität auf dem Skopusberg eine Rede, die Erstaunen hervorruft. Er findet an jenem Tag den Ton bedeutender historischer Reden und gibt einen Vorgeschmack auf die Ansprache, die er 26 Jahre später anläßlich der Unterzeichnung der Urkunde über die gegenseitige Anerkennung zwischen Israel und der PLO halten wird. Kurz nach der Eroberung des Westjordanlandes, der Sinai-Halbinsel und des Golan erklärt der General Rabin, das jüdische Volk sei kein Volk von Eroberern. Israel sei eine Demokratie und müsse sich für Demokratie oder Unterdrückung entscheiden, da das eine das andere ausschließe. Israel müsse diese besetzten Gebiete als Gegenleistung für den Frieden zurückgeben.

1975 kommt der Ministerpräsident Jitzhak Rabin zu einem Staatsbesuch nach Frankreich. Wir erzählen ihm bei dieser Gelegenheit von unseren Kontakten zu den Palästinensern, und er berichtet über seine Verbindungen zu den Ägyptern, die damals vom marokkanischen König vermittelt werden. Zwei Jahre später verliert er die Wahlen. Sein Nachfolger, Menachem Begin, reist nach Camp David und unterzeichnet den Friedensvertrag mit Anwar al-Sadat. Das ist die größte Enttäuschung seines Lebens.

Nach den Wahlen im November 1988 übernimmt Jitzhak Rabin in der Regierung der nationalen Einheit das Ressort des Verteidigungsministers. Er gibt sofort grünes Licht für Gespräche mit Palästinenserführern aus den besetzten Gebieten, einschließlich derer, die der PLO angehören. Doch die Palästinenser erhalten keine Genehmigung aus Tunis. Bald darauf werden einige von ihnen vom israelischen Inlandsgeheimdienst Schin Beth verhaftet, dem Erkenntnisse vorlagen, daß die vermeintlichen Gesprächspartner in Wirklichkeit Terroristen waren. In den besetzten Gebieten wagte es niemand mehr, ohne die Rückendeckung Arafats mit den Israelis zu verhandeln.

Zu den Palästinenserführern, die 1988 den Dialog mit Rabin befürwortet hatten, gehörte auch Yassir Abd Rabbo. Fünf

Jahre später ist er eines der fünf Mitglieder der PLO-Führung, die die Verhandlungen in Oslo verfolgen.

Dieser Mißerfolg ist offenbar nicht spurlos an Rabin vorübergegangen und hat ihn nach seiner Rückkehr an die Macht dazu bewogen, den Palästinensern aus den besetzten Gebieten mit Mißtrauen zu begegnen.

Mai 1993. Jitzhak Rabin, der ein weiteres Mal Ministerpräsident geworden ist, empfängt uns in einem Hotel in Herzliya, in dem er mit seiner Frau Lea das Wochenende verbringt, zu einem zwanglosen, fast freundschaftlichen Meinungsaustausch. Die Osloer Verhandlungen zwischen Israelis und Palästinensern sind bereits im Gange. Obschon er sie mit keinem Wort erwähnt, überraschen seine Äußerungen über die neue Generation der Palästinenser in den besetzten Gebieten, die Israel gut kennen und sogar seine Sprache sprechen:

– Ich habe wie Sie gehofft, daß sich diese neue Generation der Palästinenser durchsetzen würde und daß ihre neuen Führer unsere Ansprechpartner werden würden, weil sie uns besser kennen als die PLO-Funktionäre in Tunis. Ich habe jedoch rasch gemerkt, daß sie jedesmal, wenn wir von ihnen eine klare Antwort auf unsere Vorschläge erwarteten, sich Zeit erbaten und Rücksprache mit Tunis hielten. Da habe ich mir gesagt, daß es für alle Beteiligten einfacher wäre, die Probleme in direkten Gesprächen mit Tunis zu lösen.

Im Rahmen unserer Recherchen zu diesem Buch haben wir Rabin ein weiteres Mal aufgesucht. Er hat uns in Hemdsärmeln in seinem Amtszimmer in Jerusalem empfangen und schien gewillt zu sein, diesmal seine gewohnte Zurückhaltung aufzugeben. Er beantwortete bereitwillig all unsere Fragen und versuchte keinem Thema auszuweichen.

Wir haben häufig beobachtet, daß Menschen, die hart wirken, eigentlich sehr sensibel sind. Wenn Rabin seine Maske fallen läßt, dann neigt er seinen Kopf nach links und sieht aus wie ein kleiner Junge, den man trösten möchte. In dieser Haltung erzählt er uns, wie Schimon Peres ihn über die Verhand-

lungen in Oslo unterrichtet und er ihm knapp geantwortet habe: »Laß es uns versuchen.«

Wann hat Schimon Peres ihn informiert? »Von Anfang an«, stellt Rabin klar. In diesem Punkt gehen die Darstellungen freilich auseinander. Doch Schimon Peres läßt uns wissen:

– Was immer man Ihnen diesbezüglich über mein Verhältnis zu Rabin erzählen mag, ist falsch. Zu Beginn sprachen wir immer unter vier Augen, ohne Zeugen.

Rabin bestätigt dies. Nach einigem Zögern, wie es scheint. Er erläutert uns, daß er damals nur wenig Hoffnung in die norwegische »Connection« gesetzt habe, sich aber durch die politische Lage dazu gedrängt fühlte, diese Chance wahrzunehmen:

– Ich habe rasch eingesehen, daß die multilateralen Verhandlungen ergebnislos verlaufen würden. Zwischen Begin und Sadat hatte Gott selbst vermittelt, bei den Washingtoner Verhandlungen dagegen wurde der Kontakt zwischen Israel und Palästinensern nur durch die Medien aufrechterhalten. Und wenn die Araber die Fortsetzung ihres Kriegs gegen Israel mit dem Schicksal der Palästinenser begründeten, dann würde die Lösung des Palästinenser-Problems genügen, um, wenn schon nicht den Krieg selbst, so doch seine Legitimationsgrundlage zu beseitigen.

Je mehr Berichte aus Oslo sich auf seinem Schreibtisch stapelten, um so deutlicher erkannte Jitzhak Rabin, daß er sich persönlich einschalten mußte:

– Schimon Peres konnte zwar jederzeit Initiativen ergreifen, doch mir, dem Ministerpräsidenten, würde man mangelnde Wachsamkeit oder, im Gegenteil, mangelnde Entschlossenheit vorwerfen. Wenn sich der Friedensprozeß unglücklicherweise als verhängnisvoll für Israel erweisen sollte, dann würden die Demonstranten vor meinem Fenster protestieren!

Welche Gefühle bewegten ihn in dem Flugzeug, das ihn zur Unterzeichnung des Abkommens nach Washington brachte?

Er antwortet, daß Gefühle in der Politik nichts zu suchen hätten. Das ist seine feste Überzeugung, und doch erzählt er im selben Atemzug, wie ihm sein persönlicher Referent Eytan Haber einen Tag vor der Abstimmung in der Knesset über die Verträge mit der PLO den Besuch einer Abordnung von Kriegsinvaliden angekündigt habe. Die Vorstellung, ihnen gegenübertreten zu müssen, habe in ihm ein derart beklemmendes Gefühl erweckt, daß er seinen Referenten gefragt habe, ob er sie unbedingt empfangen müsse. Ja. Bevor er sie hereinbat, trank er ein Glas Whisky. Ein Sprecher löst sich aus der Gruppe der ehemaligen Soldaten und nähert sich Rabin in seinem Rollstuhl. Er eröffnet Jitzhak Rabin, die Abordnung sei gekommen, um seine Friedenspolitik zu unterstützen.

– Ich habe geweint, gesteht Rabin. Zum ersten Mal in meinem Leben habe ich in der Öffentlichkeit geweint.

17 »Oslo – ein belangloser Routinebesuch«

Das Bankett im Gästehaus der norwegischen Regierung, das am 19. August in Oslo stattfindet, ist so langweilig, wie Schimon Peres es vorhergesagt hat. Die Mitglieder der israelischen und der norwegischen Delegation sprechen recht lustlos über die bilaterale Zusammenarbeit. »Welch ein bedeutsames Treffen!« flüstert ein israelischer Diplomat in sarkastischem Tonfall seinem Nachbarn zu. Der Ärmste ist nicht eingeweiht, und das Geheimnis, das Johan Jorgen Holst mit Schimon Peres teilt, übersteigt sein Vorstellungsvermögen. Die beiden Männer lächeln einander höflich zu und tauschen zwischen gebratenem Lachs und dem Erdbeerdessert Banalitäten aus.

Kurz nach 23 Uhr erklärt Peres, sich zurückziehen zu wollen, da er müde sei. Innerhalb weniger Minuten stehen alle Gäste auf und verlassen den Raum.

Die Parkeveien-Straße, in der sich das herrschaftliche Stadthaus befindet, das die Abendgesellschaft beherbergt, liegt nur einige hundert Meter vom königlichen Schloß entfernt. Die Teilnehmer bemerken nichts Ungewöhnliches, obgleich das ganze Viertel von den Geheimdiensten abgeriegelt worden ist. Die norwegische Spionageabwehr arbeitet diesmal mit dem Mossad zusammen. Mehrere israelische Agenten, die in den letzten Tagen eingetroffen sind, überwachen die Gegend.

Das offizielle Abendessen soll die Hauptsache verschleiern. Zur gleichen Zeit streiten sich nämlich am anderen Ende der Stadt, in der Königssuite des Hotels Plaza, die israelischen und palästinensischen Unterhändler über die letzten Einzelheiten. Sie sind übereingekommen, bis spätestens Mitternacht alles unter Dach und Fach zu bringen. Abu Ala' und Uri Savir verfassen, jeder in einer anderen Ecke des Zimmers sitzend, die

Reden, die sie einige Stunden später, anläßlich der Unterzeichnung, halten wollen.

Yair Hirschfeld bringt beinahe den Zeitplan durcheinander. Er soll den Text des Abkommens tippen, und die Delegationsmitglieder bemerken, daß er eine wichtige Formulierung weggelassen hat.

Statt »die Übergangszeit soll nicht länger als fünf Jahre dauern« – der Wortlaut, auf den sich die Parteien verständigt haben – schreibt er »die Übergangszeit soll fünf Jahre dauern«.

Die Delegierten berichtigen den Fehler zwar unverzüglich, doch Hirschfeld gesteht ihnen in größter Verlegenheit: »Ich glaube, daß das Dokument, das ich Rabin geschickt habe, nicht die Worte ›soll nicht länger als‹ enthält.« Die Palästinenser geraten völlig außer Fassung.

– Das ist ja entsetzlich, entfährt es einem von ihnen, dann können wir den Vertrag nicht unterzeichnen.

In größter Eile müssen die Israelis nun in Jerusalem anrufen und Rabin eine mürrische Zustimmung abringen.

Um 0.30 Uhr klingelt im Zimmer das Telefon. Niemand hebt ab, doch die sechs anwesenden Männer haben das Signal verstanden. Einige Minuten später klopft es an der Tür. Geheimdienstagenten schleusen die Israelis und Palästinenser durch die Hotelküche zu einem versteckt liegenden Nebenausgang. Sie bringen sie zu Minibussen, die in der Nähe geparkt sind. Sämtliche Fenster der Fahrzeuge sind verhängt. Die Fahrzeugkolonne bewegt sich etwa 10 Minuten durch das menschenleere Oslo, bevor sie vor dem Haus Parkeveien-Straße 45 anhält. Holst, Larsen und Peres warten bereits im ersten Stock des Gebäudes, im »Orangenen Saal«. An der Wand hängt ein Gemälde, das zwei Zugpferde und einen Schäfer mit seiner Herde zeigt.

Die Mitglieder der israelische Delegation stoßen zu Peres, während die Palästinenser geduldig in einem Nebenzimmer warten. Dann gehen die Türen des Salons auf. Abu Ala' und Schimon Peres geben sich mit ernstem Gesicht die Hand. Die

Atmosphäre ist feierlich und entspannt zugleich. »Das Ganze war wie ein Traum«, vertraut uns ein Teilnehmer an. »Mit einem Mal begriffen wir, daß 45 Jahre blutiger Konfrontation und unversöhnlichen Hasses in Kürze endgültig der Vergangenheit angehören würden.«

In der Mitte des Zimmers wird derselbe Holztisch aufgestellt, an dem 1905 Ministerpräsident Christian Michelsen die Unabhängigkeitserklärung Norwegens unterzeichnet hat.

Uri Savir und Abu Ala' nehmen nebeneinander Platz und zeichnen die 20 Seiten des auf Englisch abgefaßten Dokuments mit den Anfangsbuchstaben ihrer Namen »US« und »AQ« (Ahmad Qrei', der eigentliche Name des Palästinensers) ab. Es handelt sich um ein dünnes rotes Schriftstück, das mit goldgelben Fäden gebunden ist. Anschließend setzt Johan Jorgen Holst als »Zeuge« seine Initialen darunter. Dieses Dokument stimmt in jedem Punkt mit dem Vertrag überein, der am 13. September auf dem Rasen des Weißen Hauses paraphiert wird. In der Präambel heißt es, daß die »Regierung des Staates Israel und die ›palästinensische Delegation‹ als Vertreterin des palästinensischen Volkes darin übereinstimmen, daß es Zeit ist, den Jahrzehnten der Konfrontation und des Konflikts ein Ende zu setzen, ihre beiderseitigen legitimen und politischen Rechte anzuerkennen, in friedlicher Koexistenz, wechselseitiger Achtung und Sicherheit zu leben und im vereinbarten politischen Prozeß eine gerechte, umfassende und dauerhafte Friedensregelung und eine historische Versöhnung zu erreichen«.

Dieser Text ist im wesentlichen eine Grundsatzerklärung, deren eigentlicher Wert in dem Vertragsentwurf über eine palästinensische Selbstverwaltung in den besetzten Gebieten liegt, die im Gaza-Streifen und in der Stadt Jericho beginnen soll. Das Dokument ist in manchen Punkten sehr präzise, in anderen wiederum absichtlich ungenau. Es ist vor allem ein Programm, eine Liste mit Fragen, über die nacheinander verhandelt werden soll. Diese Mehrdeutigkeit, die von den Unterhändlern gewollt war, wird sich später als schweres Hemmnis erweisen. Und doch ist das, was mitten in der Nacht in diesem Saal geschieht, ein unerhörtes Ereignis.

Abu Ala' und Uri Savir halten kurze Ansprachen an die bewegten Teilnehmer. Die Rede des Palästinensers zeugt von Einfühlungsvermögen und Mäßigung. Er beglückwünscht Schimon Peres, der zufälligerweise ausgerechnet an diesem Tag 70 Jahre alt wird. »Dieses Abkommen«, sagt er zu ihm, »ist gewissermaßen ein Geburtstagsgeschenk.«

Champagnerflaschen werden entkorkt, doch der israelische Außenminister weist die Schale zurück, die man ihm anbietet. Er hat vor einigen Stunden ein Telegramm erhalten, das ihn darüber informiert hat, daß bei einem Anschlag im Gaza-Streifen sieben israelische Soldaten ums Leben gekommen sind. Das Ereignis, zu dessen Wegbereitern er gehört, ist zwar von historischer Tragweite, doch er weiß auch, daß noch ein langer und steiniger Weg vor ihnen liegt. Die ganze Zeremonie wird von einem Team des norwegischen Geheimdienstes gefilmt. Palästinenser und Israelis erhalten jeweils eine Kopie, doch hat man einmütig beschlossen, diesen Videofilm nie der Öffentlichkeit zugänglich zu machen. Aus einem wesentlichen Grund: Die Unterzeichner haben angeblich auch geheime Zusatzprotokolle paraphiert, die anschließend sorgfältig in Tresorfächern eingeschlossen wurden. Einer dieser Anhänge soll insbesondere, auf drei Seiten, die Verpflichtung der PLO enthalten, nach Ablauf der (maximal) fünfjährigen Übergangszeit keinen palästinensischen Staat auszurufen. Das wäre ein riesiges Zugeständnis, zu dem sich Arafat nicht öffentlich bekennen könnte. Eine weitere Klausel soll im einzelnen die Mittel aufführen, die die israelische Armee zum Schutz der israelischen Siedler einsetzen darf.

Peres fliegt am nächsten Tag nach Israel weiter und läßt Uri Savir in Oslo zurück, der die Gespräche fortführen soll. Unmittelbar im Anschluß daran macht er eine Zwischenlandung in Finnland, wo er sich wieder heimlich mit Jorgen Holst, Rod Larsen und Mona Juul trifft.

Rabin unterzieht seinen alten Rivalen gleich nach dessen Rückkehr förmlich einem Verhör. Peres erzählt, daß ihm Abu Ala' am Ende der Zeremonie unter vier Augen anvertraut habe: »Wir werden es schaffen, wenn die Sicherheitsfragen und das Problem der wirtschaftlichen Entwicklung zusammen geregelt werden.«

Der israelische Ministerpräsident weiß, daß Arafat künftig »als Partner an ihn gekettet sein wird«, wie später der israelische Journalist Ehud Yaari schreiben wird. Eine Tatsache, die einige Wochen zuvor noch unvorstellbar gewesen wäre. Doch Rabin bleibt besorgt. Auch wenn das Abkommen, das gerade geschlossen wurde, nach Aussage eines Unterhändlers den »besten Deal darstellt, den Israel machen konnte«, so bleiben doch viele Punkte noch reichlich vage. Im Vergleich zu den Vereinbarungen von Camp David ist die Normalisierung zwischen Israel und der PLO ein von zahlreichen Unklarheiten geprägter hochkomplexer Prozeß. Peres unterstreicht die historische Tragweite des Dokuments und seine Vorteile für Israel. Rabin hingegen deckt die Schwachpunkte auf und sagt mehrfach zu einigen Vertrauten: »Wir haben uns zwar auf die Grundsätze geeinigt, doch 80 Prozent ihrer Umsetzung müssen wir noch aushandeln.«

Er hat sich für die Option »Land gegen Frieden« entschieden, die in den vielzitierten UN-Resolutionen 242 und 338 enthalten ist. Die Israelis werden ihre Truppen umgehend (spätestens vier Monate nach Unterzeichnung des Vertrages) aus dem Gaza-Streifen und Jericho abziehen, und dann aus den übrigen Gebieten des Westjordanlands. Im Gegenzug werden die Palästinenser Israel anerkennen und Abkommen über wirtschaftliche Zusammenarbeit mit dem jüdischen Staat schließen. Doch er ahnt, daß die Umsetzung des ersten Abkommens immer stärker vom Abschluß dieses zweiten Abkommens abhängen wird. Denn die Palästinenser verfügen nunmehr über einen Trumpf, den sie als Druckmittel einsetzen können. Sie können nämlich erklären: »Ohne eine umfassende beiderseitige Anerkennung werden wir uns nicht an die

Grundsatzerklärung gebunden fühlen.« Ein solcher Entschluß, die beiden Abkommen miteinander zu verknüpfen, würde Israel in Zugzwang bringen. In Anbetracht einer solchen Möglichkeit ist der israelische Regierungschef dafür, Zurückhaltung zu üben und dem Vertrag so wenig Bedeutung wie möglich beizumessen: »Wir sollten ihn einfach als ein Experiment oder einen Test darstellen«, meint er.

Dennoch sind Arafat und Rabin entschlossen, zügig zu einem Abschluß zu kommen, um ihren Gegnern keine Zeit zu geben, sich zu organisieren und eine Gegenoffensive zu starten.

In Tunis erheben sich bereits Stimmen gegen dieses Ereignis, das Arafat noch nicht einmal offiziell angekündigt hat. Der Dichter Mahmud Darwisch, eine der charismatischen Persönlichkeiten der PLO, erklärt nach einer langen vertraulichen Unterredung mit Arafat seinen Austritt aus dem Exekutivkomitee der PLO. Er macht ihm Vorwürfe wegen der völligen Geheimhaltung, unter der die Verhandlungen stattfanden, wegen der Zugeständnisse an Israel, aber auch wegen zahlreicher Unregelmäßigkeiten bei bestimmten Finanzgeschäften der Organisation. »Ich spreche«, erklärt er, »im Namen eines großen Teils des palästinensischen Volkes.«

Arafat antwortet mit aschfahlem Gesicht:

– Das palästinensische Volk ist manchmal ungezogen.

– Weshalb, erwidert Darwisch, suchen Sie sich dann nicht ein anderes Volk?

Nach Ansicht des Dichters haben Arafat und die PLO »sich damit für Pragmatismus und politischen Realismus und gegen den Idealismus der Vergangenheit entschieden«. Und bald darauf fügt er hinzu: »Mein Gewissen erlaubt mir nicht, an diesem Gaza-Jericho-Abenteuer teilzunehmen. Wir verabschieden uns von unserer Geschichte in einem Zustand der Anarchie. Wir treten in eine neue Phase ein, auf die wir uns nicht vorbereitet haben.« Zahlreiche ranghohe PLO-Funktionäre pflichten seiner Analyse bei.

Rabin beobachtet diese Spannungen mit Sorge. Obgleich Arafats Stellung trotz des zunehmenden Widerstandes noch unangefochten ist, fürchtet Rabin, er könne von einer Woge des Protestes hinweggespült werden.

Er weiß, daß die Dauerhaftigkeit des Abkommens wesentlich von der Unterstützung des wichtigsten, bislang nicht einbezogenen Verbündeten Israels abhängen wird: den USA. Sie sind die einzige Macht, die die Substanz und die Umsetzung des Vertrages garantieren kann. Zudem verfügen sie über großen Einfluß bei zahlreichen arabischen Regimen, vor allem den reichen Erdölmonarchien am Persischen Golf. Schließlich wird die amerikanische Unterstützung Rabin dabei helfen, der israelischen Öffentlichkeit das Abkommen zu »verkaufen«.

Am späten Nachmittag des 25. August telefoniert der Ministerpräsident mit Warren Christopher. Der amerikanische Außenminister macht gerade ein paar Tage Urlaub in Kalifornien. Was Rabin ihm mitteilt, raubt ihm nach Aussage eines Zeugen »buchstäblich die Stimme«. Die amerikanische Regierung paßt sich zwar nach außen hin rasch an die neue Entwicklung an, indem sie sich »hocherfreut« über diesen Ausgang zeigt. In Wirklichkeit aber sind ihre Vertreter tief gekränkt. Das geringe Vertrauen, das sie in Arafat setzen, und ihre schlechte Meinung von Peres, den zahlreiche amerikanische Experten für einen »Politiker ohne Format« halten, haben sie dazu veranlaßt, die »norwegische Connection« nicht ernstzunehmen. »Wie hätten wir auch«, gesteht ein Mitarbeiter von Christopher, »Verhandlungen, die acht Monate zuvor von zwei Amateuren – israelischen Professoren, die nicht die geringste Ahnung von den Regeln der Diplomatie hatten – eingeleitet worden waren, auch nur die geringste Bedeutung beimessen sollen?«

Die Regierung Clinton bemüht sich, das ganze Ausmaß ihrer Unkenntnis zu verschleiern! Noch wenige Tage zuvor hatten ranghohe Beamte des State Department israelischen

Diplomaten empfohlen, »jeglichen Kontakt mit der PLO zu vermeiden«.

Dennoch gibt sich Christopher an jenem 25. August als guter Verlierer. Rabin teilt ihm mit:

– Herr Außenminister, ich wäre Ihnen dankbar, wenn Sie umgehend Schimon Peres empfangen würden, der Ihnen sämtliche Einzelheiten des Abkommens erläutern wird.

– Einverstanden, antwortet der Amerikaner. Wann möchte er kommen?

– Er kann morgen abfliegen, oder übermorgen.

Christopher, den diese Eile überrascht, bleibt nichts anderes übrig als zuzustimmen. Bevor Rabin auflegt, fügt er hinzu:

– Dieser Besuch muß unbedingt unter strengster Geheimhaltung stattfinden.

»Während des Gesprächs«, so erzählt uns später ein Vertrauter Christophers, »betonte Rabin mehrfach zwei Punkte: Er trage die alleinige Verantwortung für das Abkommen, und Peres sei nur sein Bote. Der Ministerpräsident wollte, daß wir über sämtliche Zugeständnisse unterrichtet werden, die er gemacht hatte oder zu machen bereit war. Er war am Ende des Weges angelangt und wollte feste Zusicherungen im Hinblick auf unsere Unterstützung.«

Rabin äußert auch zwei Bitten. Er möchte, daß der amerikanische Außenminister den jordanischen König Hussein, den libanesischen Ministerpräsidenten Rafiq Hariri und den syrischen Außenminister Faruq al-Shara' informiert. Christopher ruft zunächst in Damaskus an. Der syrische Minister gibt sich überrascht und reserviert. »Ich werde Präsident Assad davon in Kennntnis setzen«, antwortet er.

König Hussein ist noch am Arbeiten, als ihn der Anruf aus Kalifornien in seinem Palast in Amman erreicht. Es ist nach 22 Uhr in der jordanischen Hauptstadt. Der Herrscher macht keinen Hehl aus seiner Verärgerung.

– Herr Außenminister, Jordanien ist kein Land, das bloß für die Aufnahme palästinensischer Flüchtlinge verantwortlich wäre. Wir hätten begrüßt, wenn man uns auf dem laufenden gehalten hätte.

– Majestät, ich dachte, der Vorsitzende Arafat hätte Sie unterrichtet, erwidert Christopher verlegen.

– Nein, versetzt Hussein barsch. Er hat mir immer versprochen, daß wir unser Vorgehen aufeinander abstimmen, und nun muß ich feststellen, daß er sein Wort gebrochen hat.

Der König, der seit 42 Jahren regiert, fürchtet, daß sein Regime die Kosten dieses Abkommens tragen muß. 60 Prozent der jordanischen Bevölkerung sind Palästinenser. Demographische und wirtschaftliche Veränderungen würden die Stabilität des Regimes bedrohen.

Am nächsten Tag erklärt der Herrscher einigen Vertrauten: »Wir sind Zeugen eines schier unglaublichen politischen Schauspiels. Lassen Sie uns dieses phantastische Spektakel genau verfolgen.«

Die arabische Einheit und der arabische Nationalismus, die bereits unter dem Golfkrieg gelitten haben, werden nun zusätzlich dadurch geschwächt, daß die Palästinenser zu den Staaten der Region auf Distanz gehen.

»Sie trennen ihre Sache von der des arabischen Volkes«, urteilt ein ägyptischer Beobachter.

Die Reise von Peres nach Kalifornien wird gründlich vorbereitet. Nur Rabin, dessen persönlicher Referent, Jossi Beilin, Uri Savir und der Chef des Mossad sind eingeweiht. Aus Gründen der Sicherheit und der Geheimhaltung beschließt man, daß der Außenminister kein israelisches Flugzeug benutzen soll. Holst, der die Reise mitmacht, schlägt daraufhin vor, in einer norwegischen Maschine zu fliegen. In Begleitung von Larsen und Mona Juul verläßt er Oslo am Morgen des 27. August. Die Maschine macht eine kurze Zwischenlandung auf einer Luftwaffenbasis in der Nähe von Tel Aviv, um Schimon Peres und Joel Singer an Bord zu nehmen, die sich über die Schabbat-Verbote hinwegsetzen. Anschließend fliegt sie weiter in Richtung Schweiz.

Vier Stunden später landet das Flugzeug in Genf und bleibt am Ende der Rollbahn stehen, in der Nähe eines anderen, startbereiten Flugzeugs, das keinerlei Kennzeichen trägt. Innerhalb von wenigen Minuten steigen die Passagiere um und fliegen mit Ziel Los Angeles weiter.

In Goose Bay, einer kanadischen Luftwaffenbasis, die unweit des Polarkreises, am Rand eines langgestreckten Fjordes, liegt, ist eine technische Zwischenlandung vorgesehen. Nach der Planung der für die Reiseorganisation zuständigen Sonderabteilung des israelischen Geheimdienstes soll das Flugzeug mitten in der Nacht in diesem entlegenen Winkel der Erde landen – zu einer Zeit also, da praktisch kein Flugverkehr mehr herrscht. Alles läuft genau wie geplant.

Peres verläßt das Flugzeug, um sich ein paar Minuten lang in dem menschenleeren Flughafengebäude die Beine zu vertreten. Dort halten sich zu dieser Zeit nur zwei Putzfrauen auf, die die Gänge ausfegen. Plötzlich erkennt ihn eine von beiden und eilt mit einem breiten Lächeln auf ihn zu.

– Herr Peres, würden Sie mir bitte ein Autogramm geben?

Der verdutzte Israeli macht sofort kehrt und entfernt sich raschen Schrittes.

Einige Stunden später landet das Flugzeug auf dem in Alarmbereitschaft versetzten Marinestützpunkt Point Mugu, in der Nähe von Santa Barbara, wo der amerikanische Außenminister seinen Urlaub verbringt.

Dieser begrüßt gemeinsam mit Dennis Ross seine Gäste auf dem Rollfeld. Dann schließen sie sich in ein Besuchszimmer ein, in dem sie vor neugierigen Blicken geschützt sind. Die getäuschten Amerikaner werden sich als gute Verlierer zeigen und mit viel Fingerspitzengefühl reagieren. Christopher gratuliert Peres und dem Norweger und erklärt, die USA seien bereit, »dieses Abkommen uneingeschränkt zu unterstützen«.

»Sie haben sich sehr nobel verhalten«, sagt uns später Uri

Savir, »denn sie haben sogleich verstanden, daß dieses Ereignis den Dingen eine neue Wendung gab. Sie zeigten keine Spur von jenem nachtragenden Verhalten, das meiner Ansicht nach jedes beliebige europäische Land gezeigt hätte.«

Der amerikanische Außenminister, der zuvor ein langes Telefongespräch mit Bill Clinton geführt hat, schlägt vor, das Abkommen im Rahmen einer feierlichen Zeremonie in Washington zu unterzeichnen. Die Idee gefällt Peres und Holst.

Jitzhak Rabin telefoniert unmittelbar nach dem Abflug von Peres mit Christopher, um sich über die Begegnung zu informieren. Der israelische Regierungschef möchte sichergehen, daß sein Minister als »getreuer Bote« aufgetreten ist und nicht versucht hat, das Abkommen allein als sein Verdienst darzustellen.

Während sich das Flugzeug mit Schimon Peres und Johan Jorgen Holst an Bord noch über amerikanischem Hoheitsgebiet befindet, läuft in Redaktionsstuben in der ganzen Welt ein Telex über den Ticker. Es bringt ans Tageslicht, was die Protagonisten unbedingt geheimhalten wollten: Der israelische und der norwegische Außenminister haben sich soeben in Kalifornien heimlich mit dem amerikanischen Außenminister getroffen.

Die Indiskretion geht auf das Konto eines ranghohen Beamten des State Department, den Christopher angewiesen hatte, »über das gerade zu Ende gegangene Treffen absolute Verschwiegenheit zu bewahren«. Der Beamte schickte daraufhin unverzüglich folgende Dienstanweisung an Dutzende von Mitarbeitern des Ministeriums: »Die Herren Peres und Holst haben sich soeben heimlich mit Außenminister Warren Christopher getroffen. Dieses Treffen muß unbedingt geheimgehalten werden.«

In Jerusalem herrscht helle Aufregung. Rabin tobt vor Wut. Er weiß, daß man die Wahrheit nun nicht mehr länger verschweigen kann; immerhin möchte er den Augenblick des Bekenntnisses so lange wie möglich hinauszögern. Denn die Verhandlungen über die gegenseitige Anerkennung dauern immer noch an. Er möchte noch ein paar Tage Zeit gewinnen.

Der Regierungschef agiert mit vollkommener Kaltblütigkeit und unüberbietbarem Zynismus. Noch bevor Peres wieder in Israel eingetroffen ist, führt er in seinem Amtszimmer ein langes Gespräch mit den Mitgliedern der israelischen Delegation bei den Washingtoner Friedensverhandlungen. Obgleich die seit 22 Monaten andauernden Gespräche bislang keinerlei Ergebnisse gezeitigt haben, bereiten diese sich auf die Rückkehr in die amerikanische Hauptstadt vor, in der am Dienstag, dem 31. August, die 11. Gesprächsrunde eröffnet werden soll.

Rabin treibt mit diesen Diplomaten, die ihm, ohne es zu wissen, in den letzten Monaten als »Deckmantel« gedient haben, ein doppeltes Spiel. Er weist sie nachdrücklich an, gegenüber den Forderungen der Palästinenser unnachgiebig zu bleiben.

– Jetzt ist nicht die richtige Zeit, um Kompromisse zu schließen, fügt er hinzu, denn die PLO befand sich noch nie in einer so ungünstigen Lage.

Die Mitglieder der Delegation blicken sich verwundert an. Rabin fährt fort:

– Ich habe General Uri Saguy gebeten, Ihnen einen genauen Überblick über die Lage zu geben.

Der Mann in Uniform, der den Raum betritt, ist Chef des militärischen Nachrichtendienstes. Mit unbewegtem Gesicht und nüchterner Stimme täuscht er die Mitglieder der Delegation, die von seinen Darlegungen tief beeindruckt sind. »Die PLO«, so sagt er insbesondere, »ist völlig pleite, und Arafat wankt, so daß man ihn nur anzutippen braucht, um ihn zu Fall zu bringen«.

Eljakim Rubinstein, der Leiter der Delegation, wird Rabin diese Manipulation übelnehmen. Unmittelbar nachdem der Abschluß des Geheimabkommens bekanntgegeben wird, mißbilligt er öffentlich das Verhalten Rabins und weigert sich, nach Washington zurückzukehren.

Ein anderer Bericht, der diesmal der Wahrheit entspricht, bereitet Rabin Kopfzerbrechen. Auf seine Weisung hin haben der für die innere Sicherheit zuständige Schin Beth und der militärische Nachrichtendienst Aman in den besetzten Gebieten eine geheime Erhebung durchgeführt. Sie kommen zu alarmierenden Schlußfolgerungen: Mindestens 10 000 jüdische Siedler seien bereit, bewaffneten Widerstand gegen die Umsetzung einer Autonomievereinbarung zu leisten. »Es könnte zur Bildung einer regelrechten Geheimarmee kommen«, warnt der Bericht. Rabin weiß, daß ein Ausbruch unkontrollierter Gewalt den Prozeß der Übertragung von Hoheitsbefugnissen zum Erliegen brächte.

Auch Arafat fürchtet diese Möglichkeit. Er vertraut Abu Mazen an: »Wenn der Gaza-Streifen im Chaos versinkt, wird niemand in Israel bereit sein, weitere Gebiete abzutreten.« Er erinnert sich an den Rat, den ihm Peres in der Nacht, in der sie in Stockholm verhandelten, durch den Mund von Holst zukommen ließ: »Neutralisieren Sie rasch die radikalen Kräfte auf Ihrer Seite, wir werden die Opposition auf unserer Seite ausschalten.«

Er weiß ganz genau, daß die Israelis ihm bei der Bekämpfung der Hamas-Bewegung mit starker Hand zur Seite stehen würden. Dennoch kann er sich nicht auf einen gnadenlosen Kampf gegen die Islamisten einlassen, denn dies würde auf einen totalen Bürgerkrieg unter den Palästinensern hinauslaufen. Er muß Rabin zu einer Beschwichtigungsgeste bewegen. Er bittet Ziyad Abu Zayyad, Kontakt zum israelischen Ministerpräsidenten aufzunehmen. Sein Ziel: die Freilassung eines Teils der 400 Hamas-Aktivisten, die im Dezember 1992 in den Südlibanon abgeschoben worden waren.

Ziyad Abu Zayyad ist das »Auge« Arafats in den besetzten Gebieten. Dieser 43 Jahre alte Palästinenser, der in der Nähe von Jerusalem geboren wurde, soll vor allem die Handlungen und Gesten von Faisal Hussaini überwachen, dem Führer der Palästinenser in den besetzten Gebieten, in dem der PLO-Chef einen Rivalen sieht.

Ziyad trifft sich mit Efraim Sneh, dem militärischen Berater von Jitzhak Rabin. Die beiden Männer kennen sich seit langem. Bei den Gesprächen werden rasche Fortschritte erzielt. Rabin erteilt trotz der Einwände seiner Delegation in Washington seine Zustimmung zur Rückführung eines Teils der Deportierten. Die israelischen Militärs möchten, daß jeweils fünf Verbannte pro Tag zurückkehren dürfen. Arafat ruft Abu Zayyad an.

– Hören Sie, ich möchte, daß sie alle auf einmal oder allenfalls in zwei Gruppen zurückkehren.

Der Palästinenser leitet die Forderung weiter. Kurze Zeit später erhält er einen Anruf von Sneh, der ihm erklärt: »Rabin hat mich beauftragt, Ihnen mitzuteilen, daß Sie die Deportierten abholen können, wann Sie wollen – alle auf einmal oder in zwei Gruppen. Das steht ganz in Ihrem Belieben und ist ihm gleich.«

Ziyad Abu Zayyad teilt diese Antwort dem PLO-Chef mit, der seinerseits erwidert: »Übermitteln Sie Rabin meine Hochachtung und Anerkennung für diese freundliche Geste.«

Nach Ansicht von Abu Zayyad verwehrt das in Norwegen geschlossene Abkommen »Arafat und Rabin endgültig die Möglichkeit zur Umkehr. In gewisser Weise sitzen sie im selben Boot und sind dazu verurteilt, weiterhin eine politische Lösung zu verfolgen. Die Grundsatzerklärung, die sie unterzeichnet haben, stellt lediglich den Passierschein dar, der den beiden Parteien erlaubt, ein Minenfeld zu betreten, in dem jeder mit bedächtigen Schritten voranschreiten muß, um nicht hinzufallen und das Ganze in die Luft zu jagen.«

Am Sonntag, dem 29. August, unterrichtet Schimon Peres das vollzählig versammelte israelische Kabinett über das Abkommen, das man gerade mit der PLO geschlossen hat und das eine künftige palästinensische Selbstverwaltung im Gaza-Streifen und in Jericho vorsieht. Zwei Tage später, zur gleichen Zeit, als die 11. Runde der bilateralen Verhandlungen in Washington eröffnet wird, gibt Israel den Abschluß öffentlich bekannt. Der Leiter der palästinensischen Delegation in Washington, Heidar Abd al-Schafi, läßt sich davon nicht beirren. Er erklärt: »Wir arbeiten weiter, um den Zusammenbruch des Friedensprozesses zu verhindern.«

»Allerdings ist die Zeit der Maskeraden und Komödien nun endgültig vorbei«, unterstreicht Hanan Aschrawi. Die wirklichen Verhandlungen wurden am Vortag in Oslo wiederaufgenommen. Die Delegationen, die wieder im 32. Stockwerk des Hotels Plaza untergebracht sind, trennen sich am Tag darauf. Bei dem Abkommen über die gegenseitige Anerkennung bestehen in mehreren Punkten Meinungsverschiedenheiten. Die Israelis möchten, daß die PLO dem »bewaffneten Kampf« und nicht nur dem »Terrorismus« abschwört. Sie fordern ebenfalls die Einstellung der Intifada und die Aufhebung der PLO-Charta. Auch wenn Arafat in Paris erklärt hat, die Charta sei »hinfällig«, so sieht sie doch noch immer die Zerstörung des jüdischen Staates vor.

Seit dem 20. August haben Singer und Savir drei von den Palästinensern vorgelegte Dokumente abgelehnt. Irgendwann im Verlauf ihrer Gespräche sagt Abu Ala' halb verärgert und halb belustigt zu Singer:

– Weshalb formulieren Sie eigentlich kein Arbeitspapier, das wir als Diskussionsgrundlage verwenden können?

– Einverstanden, erwidert der Anwalt. Ich stütze mich auf Ihre drei Entwürfe und werde einen Text formulieren, der einfach und verständlich ist.

– Abgemacht, entgegnet Abu Ala'.

Der von dem Israeli ausgearbeitete Text wird von den beiden Delegationen »Sieben-Punkte-Plan« getauft und dient als Grundlage der Verhandlungen.

Tatsächlich sitzen die Israelis nun in der Falle, so wie es Rabin befürchtet hatte. Beide Seiten hatten sich darauf verständigt, daß die Unterzeichnung der Grundsatzerklärung völlig unabhängig von dem Abschluß eines Vertrages über die gegenseitige Anerkennung sein sollte.

In den ersten Septembertagen teilt die palästinensische Delegation Singer und Savir jedoch mit:

– Ohne ein umfassendes Abkommen über die gegenseitige Anerkennung wird es mit uns keine Unterzeichnung der Grundsatzerklärung geben. Yassir Arafat duldet das nicht.

– Aber, entgegnet Singer, wir hatten uns doch darauf geeinigt, die beiden Dokumente nicht miteinander zu verknüpfen.

– Ja, das stimmt, räumt Abu Ala' ein. Doch jetzt ist es zu spät. Es hat Indiskretionen gegeben. Alle Welt weiß mittlerweile, daß wir mit Ihnen verhandeln.

Die amerikanische Regierung bietet Israel und der PLO an, am 13. September in Washington eine feierliche Zeremonie zu organisieren. Dieser Vorschlag schneidet den israelischen Regierungspolitikern endgültig jede Rückzugsmöglichkeit ab. Das umfassende Abkommen über die gegenseitige Anerkennung muß also unbedingt vor diesem Datum unterzeichnet werden.

Am 31. August beginnen Rabin und Peres damit, den Selbstverwaltungsplan der israelischen Öffentlichkeit zu »verkaufen«. »Wir haben heute erstmals die Aussicht auf Frieden«, erklärt der Ministerpäsident vor der Knesset. »Es gibt in der gesamten arabischen Welt eine Bewegung in Richtung Frieden. Ich behaupte nicht, daß keine Hindernisse oder Schwierigkeiten auftauchen werden, doch ich bin überzeugt, daß sich uns die Aussicht auf Frieden bietet.«

Das Ende des Mythos von »Großisrael«, der seit über 15 Jahren von der israelischen Rechten hochgehalten wird, versetzt der Opposition einen schweren Schlag. Benjamin Netanjahu, der Chef der Likud-Partei, beschwört die Gefahr eines palästinensischen Staates, der zu einer »extremen Verwundbarkeit Israels« führen würde.

Arafat wiederum entfaltet eine rege diplomatische Betriebsamkeit. Am frühen Vormittag desselben Tages ruft er in Damaskus an. Präsident Asad weigert sich, mit ihm zu sprechen. Betreten bittet der PLO-Vorsitzende den Mitarbeiter des syrischen Präsidenten, mit dem er telefoniert: »Richten Sie meinem inniggeliebten Bruder Hafiz al-Asad unbedingt aus, daß ich ihn alsbald treffen möchte, um sämtliche Mißverständnisse auszuräumen.«

Der Palästinenserführer fliegt unmittelbar darauf nach Alexandria, wo er von Hosni Mubarak erwartet wird. Arafat bedankt sich herzlich beim ägyptischen Staatspräsidenten für dessen Hilfe. Dieser antwortet: »Sie haben eine gute und mutige Entscheidung getroffen. Betrachten Sie Ägypten. Die Initiative Sadats hat uns den Frieden zurückgebracht, und jetzt versuchen wir, unsere Wirtschaft zu entwickeln und unser Land aufzubauen. Das ist der Zweck jedes Friedensprozesses.«

Arafat nickt, höflich lächelnd. In Wirklichkeit haben die Ausführungen Mubaraks sehr wenig mit seinen akuten Sorgen zu tun. Die Feinseligkeit von Asad bekümmert ihn. Wenn sich der syrische Präsident entschließen sollte, das Abkommen anzuprangern, könnte er eine regelrechte »Ablehnungsfront« auf die Beine stellen, der sich womöglich weitere arabische Staaten anschließen würden. Arafat steht unter großem Zeitdruck. Wieder einmal rechnet er auf die Vermittlung Ägyptens. Er vertraut Mubarak seine Befürchtungen an. »Ich werde Asad und König Fahd anrufen«, versichert der ägyptische Staatspräsident. »Soll ich es gleich tun?«

Dem PLO-Vorsitzenden fällt ein Stein vom Herzen. Die beiden Telefonate verlaufen jedoch ganz anders, als sich Arafat dies wünscht. Der syrische Präsident führt gerade ein Gespräch unter vier Augen mit König Hussein von Jordanien, der soeben zu einem überraschenden Besuch in Damaskus eingetroffen ist. Die Annäherung zwischen Israelis und Palästinensern macht die beiden Staatschefs nervös.

Der saudiarabische König seinerseits antwortet dem ägyptischen Staatspräsidenten: »Ich danke Ihnen dafür, daß Sie mich informiert haben, doch ich möchte nichts von Arafat hören.«

Fahd empfindet einen unbändigen Haß auf den Palästinenserführer, seit sich dieser im Golfkrieg auf die Seite von Saddam Hussein gestellt hat.

Am späten Nachmittag fliegt Arafat in den Sudan. Er führt dort ein langes Gespräch mit Hasan Turabi, dem Ideologen des islamischen Regimes, das in Khartum regiert. Nach Ansicht zahlreicher westlicher Experten unterstützt die sudanesische Regierung aktiv viele radikale islamistische Bewegungen. Arafat bemüht sich, Turabi, einen freundlichen und gebildeten Mann, dazu zu bewegen, seinen ganzen Einfluß bei den Führern der Hamas-Bewegung geltend zu machen, damit diese das Abkommen nicht mit Gewalt bekämpfen.

Am 2. September trifft Arafat in Casablanca ein, wo er ein langes Gespräch mit König Hassan II. führt. Der marokkanische Herrscher war der erste arabische Führer, der einen Dialog mit den Israelis begonnen und zuerst Mosche Dajan und später Rabin und Peres empfangen hat. Mehrere bedeutsame Treffen zwischen Vertretern des jüdischen Staates und palästinensischen Persönlichkeiten haben auf marokkanischem Boden stattgefunden. Schließlich leitet der König auch den Ausschuß al-Quds, der von der Organisation der Islamischen Konferenz eingesetzt wurde und sich mit dem Status von Jerusalem beschäftigt.

Unmittelbar nach seiner Ankunft in Marokko droht Arafat in einer überschwenglichen Stellungnahme, die großes Aufsehen erregt: »Ein palästinensischer Staat ist zum Greifen nahe. Unsere palästinensische Fahne wird bald über den Mauern, Minaretten und Kirchen Jerusalems wehen.«

Als der PLO-Vorsitzende am Spätnachmittag desselben Tages nach Tunis zurückkehrt, findet er eine sibyllinische Botschaft Rabins vor: »Diese Äußerungen sind nicht akzeptabel. Erinnern Sie sich an die Bestimmungen unseres Abkommens.«

Spielt der israelische Ministerpräsident damit auf die geheimen Absprachen an, die die beiden Seiten angeblich getroffen haben? Jedenfalls wird Arafat in der Öffentlichkeit nicht mehr von einem palästinensischen Staat sprechen.

Am 3. September stellt sich der Mann mit der *kufiya* einer langen, stürmisch verlaufenden Aussprache mit den Mitgliedern des Zentralkomitees der Fatah, der wichtigsten Gruppierung innerhalb der PLO. Von den 18 Persönlichkeiten, die diesem Ausschuß angehören, sind sechs nicht anwesend. Eliya Khuri, ein christlicher Bischof, ist zu krank, um nach Tunis zu reisen. Der Dichter Mahmud Darwisch und der PLO-Vertreter im Libanon, Shafiq al-Hut, sind aus Protest gegen die Methoden Arafats zurückgetreten. Die anderen drei haben beschlossen, die Sitzung zu boykottieren. Sie wird 15 Stunden dauern.

Die Diskussion nimmt einen so hitzigen Verlauf, daß zwei Teilnehmer die Sitzung verlassen. Arafat wird wegen seiner Methoden und des Übergehens des Palästinensischen Nationalrats (des Exilparlaments), der das Abkommen hätte billigen müssen, heftig attackiert. Der PLO-Vorsitzende lehnt die Einberufung des Parlaments zum Zweck der Abstimmung über die Option »Gaza-Jericho« kategorisch ab. Abu Zaki, einer der Kritiker, wirft ihm vor: »Du hast acht Monate lang geheime Verhandlungen geführt, nur um den Traum eines palästinensischen Staates preiszugeben.«

Die meisten Männer, die um Arafat versammelt sind, mußten 1967, als das Westjordanland und der Gaza-Streifen von Israel erobert wurden, aus ihrer Heimat fliehen. Khalid al-Hasan, einer der Gründer der Fatah, wirft ein: »Dieser Text verliert kein Wort über die Rückkehr der Flüchtlinge, die 1948 ihre Heimat verlassen mußten. Wo sollen wir hingehen?«

Für Faruq Kaddumi ist die mit Israel geschlossene Grundsatzerklärung »eine Schande«. Der inoffizielle »Außenminister« der PLO verübelt es Arafat, daß dieser ihn nicht in die Verhandlungen mit einbezogen hat. Kurze Zeit nach dieser Sitzung fliegt er nach Bagdad, wo er lange Gespräche mit Saddam Hussein führt.

Einmal kommt es zu einem so heftigen Wortwechsel, daß

eines der Mitglieder des Zentralkomitees Arafat erklärt: »Ich kann dir in Zukunft nicht mehr in die Augen sehen.« Worauf der PLO-Chef erwidert: »Deine Söhne werden mir eines Tages dankbar sein!«

Die Sitzung endet am Samstag, dem 4. September, um 3 Uhr morgens. Zum Abschluß erklärt Arafat seinen Gegnern: »Der Text, den ich euch vorgelegt habe, ist ein Abkommen zwischen uns und Israel, und niemand kann ein Wort daran ändern oder auch nur ein Komma hinzufügen. Entweder ihr billigt ihn, so wie er ist, oder ihr lehnt ihn ab. Wer ist dagegen?«

Vier Hände heben sich.

– »Gut«, resümiert Arafat lächelnd, wobei er die acht Mitglieder des Zentralkomitees betrachtet, die sich nicht gerührt haben, »ich stelle hiermit fest, daß die Mehrheit meine Position unterstützt und das Abkommen soeben gebilligt wurde.«

18 Väter und Söhne

Nach den Vätern die Söhne. Wir hören Namen, die uns etwas sagen, doch die Vornamen lauten anders ...

Es sind die Kinder von Männern, die wir gekannt haben. Die Kinder derer, die sich seit 10 Jahren um eine Friedensregelung bemühen. Die Welt ist klein – diese Welt, die sich zerstreitet und wieder versöhnt. Israel ist ein winziges Land, und auch die Palästinenser sind ein kleines Volk. So ist es eigentlich nicht weiter verwunderlich, daß man auf altbekannte Namen stößt!

Die Väter haben sich umsonst bemüht. Die zweite Generation mußte sich der Sache annehmen.

Vom ersten Tag an saß Ron Pundik neben Yair Hirschfeld am Verhandlungstisch in Oslo. Wie dieser unterrichtet er Geschichte des Nahen Ostens, allerdings an der Universität Tel Aviv.

Sein Vater, Herbert, ist ein bekannter israelisch-dänischer Journalist. Der 34jährige schmächtige Sohn, hinter dessen Hornbrille sich zwei flinke Augen regen, erinnert sich noch genau an die Gespräche, die sein Vater mit dem Schriftsteller Amos Ellon und uns geführt hat. Wir suchten den Weg zum Frieden, der kleine Junge, der uns zuhörte, hat ihn gefunden, als seine Stunde gekommen war.

Im gegnerischen Lager hat Yassir Arafat einen anderen Sohn, Sari Nussaibe, damit beauftragt, die palästinensische Verwaltung aufzubauen.

Wie viele Stunden haben wir gemeinsam mit Saris Vater, Anwar Nussaibe, kühne Pläne geschmiedet! Dieser Mann, der eine beeindruckende Persönlichkeit war, hatte nach dem

Sechstagekrieg seinen Posten als Minister in der Regierung von König Hussein aufgegeben, um in Jerusalem bleiben zu können. Sein geräumiges Haus stand gegenüber dem Hotel American Colony, in dem Teil der Stadt, den die Israelis den Jordaniern abgerungen haben.

Der Sohn schien sich damals kaum für unsere Hirngespinste zu interessieren. Später hat er in den USA studiert, an der Universität Bir Zeit unterrichtet und jahrelang dafür gekämpft, daß die PLO Verhandlungen mit Israel aufnimmt.

Mosche Sneh gehört zu den Gründervätern des Staates Israel. Der berühmte Führer der Hagana stand später an der Spitze einer der beiden kommunistischen Parteien Israels, die mit Moskau gebrochen hatten.

Sein stämmiger, ja dicker Sohn Efraim gleicht ihm – mit seinem offenen runden Gesicht, das hin und wieder von einem flüchtigen Lächeln erhellt wird. Da er die Rührigkeit seines Vaters geerbt hat, ist er nicht nur General, sondern auch Abgeordneter und Vorsitzender des Verteidigungsausschusses der Knesset.

Efraim Sneh erinnert sich an unsere Projekte, Artikel, Kontakte und Aufrufe. Er hat all unsere Briefe an seinen Vater aufgehoben.

Ministerpräsident Jitzhak Rabin hat Efraim damit beauftragt, die Verhandlungen mit Arafat weiterzuführen.

»Wer hätte das gedacht?« sagt er uns lächelnd. »Und dabei wissen Sie noch nicht einmal alles! Während des Libanon-Krieges war ich für den südlibanesischen Sektor verantwortlich. Eines Tages im Jahre 1982 bin ich mit General Drury, dem libanesischen Oberst Haddad und dem Amerikaner Maurice Draper, dem Stellvertreter von Philip Habib, auf das Dach eines Gebäudes im Zentrum von Beirut gestiegen. Durch unsere Ferngläser beobachteten wir, wie Yassir Arafat zusammen mit den Mitgliedern seines Stabes an Bord eines Schiffes ging. Er wechselte den Ort seines Exils. Ich entzifferte den Namen des Schiffes und traute meinen Augen nicht: Atlantis. *Ein Omen? Ich zeigte es meinen Begleitern. Wir haben*

zweifellos alle vier an das gleiche gedacht, doch der Amerikaner sprach es schließlich laut aus: »Und wenn diese Atlantis *untergehen würde wie das vom Meer verschlungene Inselreich? Arafat ... Ich sah ihn durch meinen Feldstecher so deutlich wie in einem Fadenkreuz. Und heute ... heute fungiere ich als Vermittler zwischen Jitzhak Rabin und ihm.«*

19 Die letzten Meinungsverschiedenheiten

Am 5. September weilt Schimon Peres in Paris. »Eine umfassende Friedensregelung ist in greifbare Nähe gerückt«, eröffnet er uns. Im Lauf des Vormittags trifft er mit seinem französischen Amtskollegen Alain Juppé zusammen, bevor er anschließend nach Südwestfrankreich fliegt, wo François Mitterrand ihn zum Mittagessen auf sein Landhaus in Latche eingeladen hat. Der französische Staatspräsident, der ein helles Sakko und ein Hemd mit offenem Kragen trägt, erkundigt sich bei seinem »alten Freund« nach den Fortschritten bei den Verhandlungen über die gegenseitige Anerkennung, die in Paris stattfinden. »Der beiderseitige Wille ist da, doch ein Datum steht noch nicht fest«, antwortet Schimon Peres.

Das Geheimnis ist gelüftet, aber es gelingt der Presse nicht, den Verhandlungsort ausfindig zu machen.

Am Tag darauf, dem 6. September, hält sich Yassir Arafat in Damaskus auf. Seine sechsstündige Unterredung mit Hafiz al-Asad findet nach Aussage des PLO-Führers »in einer Atmosphäre der Brüderlichkeit, Herzlichkeit und gegenseitigen Achtung« statt. In Wirklichkeit herrscht bei dem Treffen eine eisige, angespannte Atmosphäre. Der offenkundig verstimmte syrische Staatspräsident hört sich schweigend die weitschweifigen Erläuterungen des Palästinensers an.

Ein Argument verärgert Asad ganz besonders. Arafat läßt den Syrer nämlich wissen, daß ihm zwölf arabische Staaten, darunter sechs reiche Golf-Monarchien, die bislang erklärte Gegner der PLO und ihres Führers waren, ihre Unterstützung zugesichert hätten.

Diese Neuigkeit macht alle Hoffnungen des Syrers zunichte, die PLO stehe fortan in der arabischen Staatengemeinschaft isoliert da. Asad weiß, daß die Amerikaner ihren ganzen Einfluß geltend machen, um diese Staaten auf ihre Linie einzuschwören. Sogar sein jordanischer Nachbar hat soeben eine Kehrtwendung vollzogen.

Er antwortet Arafat, der ihm die Vorteile dieses Abkommens für die Staaten der Region klarmachen möchte, in schroffem Ton: »Das ist eine palästinensische Lösung. Es steht Ihnen frei, ein Abkommen auszuhandeln, wie Sie es getan haben.« Tief in seinem Sessel eingesunken und ohne sich zu rühren, fährt er nach einer kurzen Pause fort: »Doch nach dem Abkommen, das Sie geschlossen haben, hält Israel weiterhin das Zepter in der Hand. Sie brauchen nach wie vor die Erlaubnis der Israelis, um in die besetzten Gebiete ein- oder ausreisen zu können oder um von Gaza nach Jericho zu fahren.«

Das Argument trifft einen wunden Punkt. Arafat schweigt betreten. Und doch weiß Asad ganz genau, daß sein Spielraum begrenzt ist. Er ist zu stark isoliert, um sich den Amerikanern entgegenzustellen. Damaskus ist zwar der Sitz von zehn palästinensischen Organisationen, die den Vertrag ablehnen. Der Führer einer dieser Organisationen, Ahmad Jibril, hat Arafat unlängst mit »einem Hund, der aus Machtgier seine eigene Mutter verkaufen würde«, verglichen. Doch zugleich »konnte sich Asad, wie wir deutlich spürten, keiner Vereinbarung widersetzen, die zu einem Abzug des israelischen Militärs aus den besetzten Gebieten führen würde«, erklärt einer der Mitarbeiter des PLO-Chefs.

Am 7. September trifft Arafat in Kairo ein. Er hat soeben eine Milliarde Dollar, die er aus Geheimfonds der Fatah entnommen hat, auf Konten ägyptischer Banken transferiert. Mit dem Geld sollen die ersten Infrastrukturprojekte im Gaza-Streifen und in Jericho finanziert werden.

Arafat und seine Berater beschäftigt ein heikles Problem: Die Israelis fordern die Aufhebung der 1964 verfaßten PLO-

Charta, die den jüdischen Staat als ein zionistisches, rechtswidriges und rassistisches Gebilde bezeichnet und zu seiner gewaltsamen Zerstörung aufruft. Nun ist jedoch der PLO-Vorsitzende nicht befugt, ohne die Zustimmung einer Zweidrittelmehrheit des Palästinensischen Nationalrates, der aus 600 Mitgliedern besteht, auch nur einen einzigen der 33 Paragraphen der Charta umzuformulieren oder zu ändern. Das ist ein langwieriges und riskantes Verfahren, das Wochen dauern würde und das Abkommen in Frage stellen könnte.

Usama al-Baz und der ägyptische Außenminister Amr Musa versuchen, die Standpunkte anzunähern, doch die Israelis bleiben hart. Arafat hatte erklärt, die Charta sei »hinfällig«; doch diese Formulierung genügt den Israelis nicht. Die palästinensischen Unterhändler schlagen daraufhin den Begriff »bedeutungslos« (*irrelevant* auf englisch) vor. Dies wird jedoch ebenfalls abgelehnt. Nun scheint die Situation völlig verfahren. Eine durchreisende Persönlichkeit fragt Musa: »Wird es wirklich zu einer Geburt kommen?«

Der Ägypter antwortet ihm mit einer schicksalsergebenen Handbewegung: »Ich kann Ihnen versichern, daß ein Kind zur Welt kommen wird. Doch das genaue Datum der Entbindung hängt noch von vielen Faktoren ab.«

Am Abend des 8. September betreten Uri Savir und Joel Singer die Halle des Pariser Hotels Bristol, eines Luxushotels in der rue du Faubourg-Saint-Honoré, das nur ein paar Schritte vom Élysée-Palast entfernt ist.

Der alte hölzerne Fahrstuhl setzt sie in der Nähe der Suiten 117 und 118 ab, wo sie von Johan Jorgen Holst, Rod Larsen, Abu Ala' und Hasan Asfur erwartet werden.

Eigentlich handelt es sich um ein luxuriöses Appartement mit einer Terrasse, die den Blick auf den beleuchteten Eiffelturm und den Tour Montparnasse freigibt. Der Raum ist geschmackvoll eingerichtet: getäfelte Wände, tiefe Sessel, gestreifte Sofas, ein niedriger gelackter Tisch vor dem Kamin, dezente Beleuchtung.

Holst hat dieses Hotel ausgewählt. Der Norweger hat eine Vorliebe für diesen Ort, der sich nach Aussage von Savir »eigentlich am wenigsten für ein solches Treffen eignete. Das ist ungefähr so, als wählte man in Jerusalem für ein Geheimtreffen ausgerechnet das Hotel King David aus. Glücklicherweise haben die Journalisten, die wußten, daß wir uns in Paris aufhielten, überall nach uns gesucht, nur nicht in den beiden Hotels, in denen wir tatsächlich abgestiegen waren: im Crillon und im Bristol«.

Den sechs Männern steht höchstwahrscheinlich eine schlaflose Nacht bevor. Sie müssen bis zum nächsten Morgen sämtliche noch bestehenden Hindernisse ausgeräumt haben. Holst muß im Laufe des Vormittags nach Tunis und von dort nach Tel Aviv fliegen, um zwei Dokumente zu überbringen, die zunächst von Arafat und dann von Rabin unterzeichnet werden. In diesem Schriftwechsel zwischen dem israelischen Ministerpräsidenten und dem PLO-Führer erkennt Israel die PLO an, während die PLO umgekehrt das Existenzrecht und die legitimen Sicherheitsinteressen Israels anerkennt.

Arafat, Rabin und Peres stehen die ganze Nacht über telefonisch mit ihren Unterhändlern in Verbindung. Diese bestellen weder ein Abendessen noch belegte Brötchen, sondern nur unglaubliche Mengen Kaffee. Die Kellner, die das Appartement betreten und die Männer mit hochgekrempelten Ärmeln an einem Tisch sitzen sehen, sind überzeugt, daß sie sich auf ein langes Kartenspiel vorbereiten.

»Alle drei Stunden kam es zu einer Krise«, erinnert sich Uri Savir.

Die Gespräche haben einige Tage zuvor im Hotel Crillon begonnen.

– Wir möchten, daß Sie das Recht Israels auf Existenz in Frieden und Sicherheit anerkennen, erklärt Singer.

– Wir sind einverstanden, erwidert Abu Ala'.

Singer blickt ihn verblüfft an:

– Wir brauchen eine verbindliche Antwort von Ihnen.

Die Palästinenser entfernen sich, um mit der PLO-Zentrale in Tunis Rücksprache zu halten. Bei ihrer Rückkehr eröffnet Hasan Asfur den Israelis:

– Wir haben mit Abu Ammar (der Deckname von Arafat) gesprochen. Er ist äußerst ungehalten über Ihre Forderung, doch hat er sich schließlich damit einverstanden erklärt, das Recht Israels anzuerkennen, in Frieden und Sicherheit zu leben.

Singer setzt nun einen Vertragsentwurf auf, der von »dem Recht Israels auf eine Existenz in Frieden und Sicherheit« spricht.

Abu Ala' liest den Text und antwortet:

– Nein. Wir sind mit dem Wort »leben« einverstanden, nicht aber mit dem Wort »Existenz«.

Singer und Savir blicken sich entgeistert an:

– Was für ein Unterschied, fragt Savir, besteht Ihrer Meinung nach zwischen den beiden Wörtern?

– Ein gewaltiger, entgegnet Abu Ala' ernst. Leben ist der Normalzustand, während in dem Begriff »Existenz« ein Anspruch auf Legitimität mitschwingt.

Es kommt zu einem regelrechten Streit über den Bedeutungsgehalt der Wörter, und es wird um jedes einzelne Wort gefeilscht: »Diese Nacht glich einer schweren Geburt«, sagt Savir über die letzten Stunden im Hotel Bristol.

Um 3.30 Uhr morgens ruft er Peres an, der noch immer in seinem Büro ausharrt. Der Generaldirektor des Außenministeriums teilt ihm mit, daß Arafat soeben Israel anerkannt und dem Terrorismus abgeschworen habe. Er erkläre sich außerdem bereit, schriftlich zuzusichern, daß die Klauseln in der PLO-Charta, die zur Vernichtung Israels auffordern, ab jetzt »ungültig« (*invalid* auf englisch) seien. Doch er weigere sich noch immer, zur Beendigung der Intifada aufzurufen – dem palästinensischen Volksaufstand, der vor nunmehr fast sieben Jahren ausgebrochen und teilweise der Kontrolle der PLO-Führung in Tunis entglitten ist.

Als Singer und Savir ins Nebenzimmer gehen, um Jerusalem zu konsultieren, meint Abu Ala' scherzhaft zu Holst und Larsen: »Entspannen Sie sich, sie sind gerade zum Angeln gegangen.«

Peres ruft sofort Rabin an, um ihm den Wortlaut der von den Palästinensern vorgeschlagenen Formulierung mitzuteilen. »Bei der Intifada geben wir nicht nach«, antwortet der Ministerpräsident, »andernfalls wird das Abkommen *nit akhim un nit akher* sein« (dieser jiddische Ausdruck bedeutet »nicht von Dauer«).

Um 6 Uhr morgens ziehen sich die Israelis zurück, um sich ein paar Stunden auszuruhen. Es verbleibt nur noch ein strittiger Punkt: Jerusalem möchte, daß die PLO die Bevölkerung der besetzten Gebiete zum Verzicht auf Gewalt und Terrorismus aufruft.

Arafat läßt unverzüglich seine Antwort übermitteln: »Die Forderung nach einer kollektiven Verpflichtung der gesamten Bevölkerung in den besetzten Gebieten ist nicht erfüllbar.«

Die Israelis schlagen daraufhin vor, die PLO solle die Bevölkerung der besetzten Gebiete dazu aufrufen, Gewalt und Terrorismus »abzulehnen« *(to reject)*. Die Palästinenser scheinen mit dem gewählten Wort einverstanden zu sein.

Als die beiden Delegationen jedoch um 11 Uhr wieder zusammenkommen, um die Briefe aufzusetzen, die Holst nach Tunis und Jerusalem überbringen soll, verkündet Abu Ala': »Unsere Antwort in diesem letzten Punkt ist ›nein‹. Arafat hat sich mit den Mitgliedern des Exekutivkomitees der PLO beraten, die einen Aufruf an die Bevölkerung der besetzten Gebiete ablehnen.«

Singer versucht, Kontakt mit Schimon Peres aufzunehmen.

Der Minister steht gerade am Rednerpult der Knesset. Mit dem Hörer in der Hand wartet der Anwalt, bis der Minister seine Rede beendet hat:

– Was gibt es jetzt schon wieder? fragt Peres ungehalten.

– Wir stecken in einer neuen Krise.

– Ich werde Rabin konsultieren.

Zehn Minuten später klingelt das Telefon in der Suite des Hotels Bristol. Peres erklärt lakonisch: »Ohne Aufruf kein Abkommen.«

Das Ringen geht weiter, obschon Holst spätestens um 13 Uhr mit den Dokumenten in der Tasche abfliegen muß. Schließlich geben die Palästinenser in den allerletzten Minuten klein bei: »Sie dachten die ganze Zeit«, erzählt uns Singer später, »daß wir im letzten Moment auf die Forderung verzichten würden.«

Ohne die Intifada zu erwähnen, versichert Arafat in seinem Brief an Rabin, daß die PLO »auf Terrorismus und jede andere Form von Gewalt verzichten und die Verantwortung für sämtliche Mitglieder und Bedienstete der PLO übernehmen wird, um die Einhaltung dieser Verpflichtung zu gewährleisten, jeglichen Verstoß zu verhüten und disziplinarische Maßnahmen bei Zuwiderhandlungen zu ergreifen.«

In einem weiteren für Holst bestimmten Brief verpflichtet sich die PLO dazu, »die Palästinenser im Westjordanland und im Gaza-Streifen zum Verzicht auf Gewalt und Terrorismus aufzurufen«.

Während der norwegische Minister in Begleitung von Larsen und mit drei Briefen im Gepäck – von denen Arafat zwei und Rabin einen unterzeichnen muß – vom Hotel Bristol zum Flughafen fährt, stoßen die vier Männer, die in der Suite zurückbleiben, einen riesigen Seufzer der Erleichterung aus. Sie sind endlich am Ende eines Unternehmens angelangt, dem so viele keinerlei Chance auf Erfolg eingeräumt hatten.

Der Friede, der allmählich Gestalt annimmt, verdichtet sich in einer symbolträchtigen Begebenheit: Die Tochter von Uri Savir und der Sohn von Abu Ala' sind sich am Vorabend erstmals im Hotel begegnet. Sie hat gerade ihren Militärdienst abgeleistet, und der Junge, der einen amerikanischen Paß hat, befindet sich auf einer Reise durch Europa. Während sich ihre Väter über die Wahl der Worte und die Stellung der Kommata streiten, führen sie ein freundschaftliches Gespräch, scherzen miteinander und beschließen, den Abend gemeinsam zu verbringen.

Nach der Abreise von Holst wendet sich Abu Ala' zu Hasan Asfur, bevor er seinen Blick für eine geraume Weile auf Joel Singer und Uri Savir heftet. Die Erschöpfung steht ihnen allen ins Gesicht geschrieben. Der Palästinenser streicht mit der Hand über sein Gesicht und stößt einen langen Seufzer aus:

– Offen gesagt, es war hart, doch ich werde das alles bestimmt vermissen . . .

Er blickt seine Gegner mit breitem Lächeln an:

– Ich bedauere, daß wir nun ans Ende gekommen sind, ich habe sehr gern mit Ihnen verhandelt.

Singer lächelt und beginnt, die Stimme und die Gesten der beiden Palästinenser während der Gespräche nachzuahmen, wodurch er unter den Anwesenden für allgemeine Heiterkeit sorgt. Alle lachen Tränen.

– Wir waren eine verdammte Gaunerbande! meint Abu Ala' an Singer gewandt.

»Diese Bemerkung«, sagt uns der Anwalt später, »war als echtes Kompliment gemeint. Sie bedeutete aber auch: ›Wir wußten, daß ihr uns Fallen stellt, und ihr wußtet, daß wir umgekehrt das gleiche mit euch taten. Doch wir haben beide dieses Spiel gemocht.‹«

Am Flughafen in Tunis werden Holst und Larsen von einer Schar von Journalisten erwartet. Mühsam bahnen sie sich einen Weg zu dem Wagen, in dem bereits ein PLO-Funktionär Platz genommen hat. Es ist ein alter Aktivist, der seit vielen Jahren mit den Norwegern befreundet ist. Er zeigt mit dem Finger auf den Diplomatenkoffer, den der Minister in der Hand hält:

– Ist alles da drin?

Der Norweger nickt:

– Ja.

Da bricht der Palästinenser in Tränen aus und lehnt sich an die Schulter von Larsen, der ebenfalls schluchzt.

Zur gleichen Zeit herrscht in der PLO-Zentrale eine angespannte Atmosphäre. Die Sitzung des aus dreizehn Mitgliedern bestehenden Exekutivkomitees der PLO ist soeben zu Ende gegangen. Neun Mitglieder haben für Arafat gestimmt, vier gegen ihn. Freude aber kommt bei niemandem auf. Faruq Kaddumi hat die Sitzung boykottiert, und mehrere Redner waren der Auffassung, die PLO habe zu weitreichende Zugeständnisse gemacht.

Arafat verläßt den Saal, dessen Wände von einer riesigen Aufnahme der Jerusalemer Al-Aqsa-Moschee überzogen sind, um die Norweger zu begrüßen. Nachdem sich Arafat und Holst lange umarmt haben, gehen sie in einen anderen Raum. Der norwegische Minister nimmt die beiden Briefe aus seinem Diplomatenkoffer aus kastanienbraunem Leder. Der PLO-Vorsitzende setzt seine Brille auf und liest sie aufmerksam durch, bevor er seine Unterschrift daruntersetzt, vor die er die Bemerkung »Mit freundlichen Grüßen« geschrieben hat. Der erste Brief ist für Jitzhak Rabin bestimmt, der zweite für Holst. Die Zeremonie findet in einer seltsam bedrückenden Atmosphäre statt. Ein einziger Photograph hält diesen Augenblick fest. Arafat hat eine letzte israelische Forderung akzeptiert: Er unterzeichnet nicht, wie er es gewünscht hatte, mit »Präsident Palästinas«, sondern mit »Vorsitzender der PLO«.

Ahnt er in diesem Augenblick die Grenzen des Abkommens, das er geschlossen hat?

Er begleitet Holst nach draußen, wo ihnen eine feuchte Hitze entgegenschlägt. Die Journalisten kommen näher. Arafat lächelt sonderbar, fast wie abwesend. Auf eine Frage antwortet er in mechanischem Tonfall: »Ja, wir haben unterschrieben.«

Am Abend dieses 9. September steigt Holst in eine schwarze

Limousine, die ihn zu dem oberhalb von Tunis gelegenen Hotel Hilton bringt, in dem er sich vor seinem Weiterflug nach Tel Aviv ein paar Stunden ausruhen möchte. Nach seiner Ankunft auf dem Flughafen Lod fährt er nach Jerusalem, wo Schimon Peres ihn zum Frühstück im Hotel King David erwartet. Danach stoßen beide zu Jitzhak Rabin. Peres und Holst setzen sich an einen eigens aufgestellten Tisch links bzw. rechts neben den Ministerpräsidenten, direkt gegenüber den Kameras des israelischen Fernsehens, das die Zeremonie live überträgt.

Mit einem leisen Lächeln wendet sich Rabin an Holst:

– Ich glaube, Sie haben einen Brief für mich.

Der Norweger überreicht ihm den von Arafat unterzeichneten Brief. Auch Rabin setzt seine Brille auf und liest den Text aufmerksam durch, obgleich er jede Zeile auswendig kennt. »Er glich«, sagt später ein Zeuge der Szene, »jemandem, der ein Auto kaufen möchte und noch einmal den Vertrag durchliest, um sicherzugehen, daß er in jedem Punkt dem entspricht, was er mit dem Verkäufer ausgehandelt hat.«

Zufrieden mit dem Text, zieht er aus der Innentasche seines Sakkos einen blauen Füllfederhalter hervor und unterzeichnet den Brief, der für den PLO-Führer bestimmt ist, mit »J. Rabin«. Er streicht das Wort »mit freundlichen Grüßen« durch, das am Ende des Briefes steht.

Es ist etwa 10 Uhr am Morgen dieses 10. September.

Yassir Arafat an Jitzhak Rabin:

9. September 1993

Herr Ministerpräsident,

die Unterzeichnung der Grundsatzerklärung markiert eine neue Ära in der Geschichte des Nahen Ostens. In dieser festen Überzeugung möchte ich die folgenden Verpflichtungen der PLO bestätigen:

Die PLO erkennt das Recht des Staates Israel an, in Frieden und Sicherheit zu leben.

Die PLO akzeptiert die Resolutionen 242 und 338 des Sicherheitsrates der Vereinten Nationen.
Die PLO bekennt sich zum Friedensprozeß im Nahen Osten, verpflichtet sich zu einer friedlichen Beilegung des Konfliktes zwischen den beiden Parteien und erklärt, daß sämtliche ungelösten Fragen im Zusammenhang mit dem endgültigen Status durch Verhandlungen gelöst werden sollen.
Nach Ansicht der PLO stellt die Unterzeichnung der Grundsatzerklärung ein historisches Ereignis dar, das eine neue Epoche des friedlichen Zusammenlebens einleitet, in der auf Gewalt und jeden anderen Akt, der den Frieden und die Stabilität gefährden könnte, verzichtet wird.
Aus diesem Grund verzichtet die PLO auf den Terrorismus und auf jede andere Form von Gewalt und übernimmt die Verantwortung für alle Mitglieder und Bediensteten der PLO, um die Einhaltung [dieser Verpflichtung] zu gewährleisten, jeglichen Verstoß zu verhüten und disziplinarische Maßnahmen bei Zuwiderhandlungen zu ergreifen.
In Anbetracht des Beginns einer neuen Ära und der Unterzeichnung der Grundsatzerklärung sowie im Rahmen der Anerkennung der Resolutionen 242 und 338 des Sicherheitsrates durch die Palästinenser beteuert die PLO, daß die Paragraphen und Punkte der PLO-Charta, die das Existenzrecht Israels leugnen, sowie die Punkte der Charta, die im Widerspruch zu den Verpflichtungen dieses Briefes stehen, unwirksam und ungültig sind.
Daher wird die PLO die erforderlichen Änderungen an der PLO-Charta dem Palästinensischen Nationalrat (PNR-Exilparlament) zur formellen Billigung vorlegen.

Mit freundlichen Grüßen
Yassir Arafat
PLO-Vorsitzender

Yassir Arafat an Johan Jorgen Holst,
norwegischer Außenminister:

9. September 1993

Verehrter Minister Holst,

ich möchte Ihnen bestätigen, daß ich nach der Unterzeichnung der Grundsatzerklärung folgende Stellungnahme in meine öffentlichen Erklärungen einbeziehen werde:
– Aufgrund der neuen Ära, die durch die Unterzeichnung der Grundsatzerklärung markiert wird, ruft die PLO die Palästinenser im Westjordanland und im Gaza-Streifen auf, sich an den Maßnahmen zu beteiligen, die zu einer Normalisierung führen, Gewalt und Terrorismus abzulehnen, den Frieden und die Stabilität zu fördern und sich aktiv an dem Wiederaufbau, der wirtschaftlichen Entwicklung und der Zusammenarbeit zu beteiligen.

Mit freundlichen Grüßen
Yassir Arafat
PLO-Vorsitzender

Das Antwortschreiben von Jitzhak Rabin an Yassir Arafat:

9. September 1993

Herr Vorsitzender,

in Beantwortung Ihres Schreibens vom 9. September 1993 möchte ich Ihnen bestätigen, daß die israelische Regierung aufgrund der darin enthaltenen Verpflichtungen der PLO beschlossen hat, die PLO als Vertreterin des palästinensischen Volkes anzuerkennen und im Rahmen des Friedensprozesses im Nahen Osten Verhandlungen mit der PLO aufzunehmen.

Jitzhak Rabin,
Ministerpräsident von Israel.

»Ich glaube«, erklärt Rabin unmittelbar nach Abschluß der Zeremonie, »daß dies der Beginn einer neuen Ära ist. Ich hoffe, daß dieses Abkommen einhundert Jahre blutiger Auseinandersetzungen zwischen Palästinensern und Juden und zwischen Palästinensern und Israelis sowie dem damit verbundenen Leid ein Ende setzen wird.« Und bald darauf erklärt er im privaten Kreis mit finsterer Miene: »Es liegt noch ein langer Weg vor uns.«

Eine am selben Tag in der Presse veröffentlichte Umfrage zeigt, daß 57 Prozent der Israelis die Option Gaza-Jericho befürworten und 41 Prozent dagegen sind.

Mit diesem Abkommen gibt die PLO das Ziel auf, das 29 Jahre zuvor der Anlaß für ihre Gründung war: »die Befreiung aller besetzten Gebiete Palästinas.«

»Die PLO erkennt das Recht Israels auf eine Existenz in Frieden und Sicherheit an.« Im Gegenzug »beschließt Israel, die PLO als Vertreterin des palästinensischen Volkes anzuerkennen«. Aber Rabin und seine Unterhändler lehnten den Zusatz »einzige Vertreterin« ab.

Am Vortag hat der Ministerpräsident seinen Kritikern entgegengehalten: »Man schließt niemals Frieden mit seinen Freunden, sondern immer mit unsympathischen Feinden.«

Einige Stunden später verschickt das Weiße Haus die Einladungen zu der feierlichen Vertragsunterzeichnung am 13. September an die israelische Regierung und die PLO. Die Einladungen sind nicht an bestimmte Personen gerichtet. Daher erwartet in Washington zu diesem Zeitpunkt niemand, daß Arafat und Rabin persönlich kommen werden. Man geht vielmehr davon aus, daß das Abkommen von Vertretern der zweiten Führungsebene unterzeichnet wird: Schimon Peres für Israel und Abu Mazen für die PLO.

Bill Clinton, der an Bord der Präsidenten-Boeing 747, Air Force One, nach Kalifornien fliegt, nutzt die Flugstunden, um sich in jener »Geheimdiplomatie« zu üben, die George Bush so sehr am Herzen lag. Er führt mehrere Telefonate mit den wichtigsten Protagonisten.

In einem Ledersessel sitzend, neben dem ein hölzerner Beistelltisch steht, auf dem Schriftstücke ausgebreitet sind, ruft er zunächst Jitzhak Rabin an.

– Meine Glückwünsche, Jitzhak. Wie fühlen Sie sich heute? Dieses Abkommen ist eine wahre Meisterleistung. Wir sind alle stolz auf Sie.

Rabin antwortet in seiner langsamen Sprechweise halb ungläubig, halb erfreut:

– Können Sie es glauben, Herr Präsident? Ich habe soeben einen Brief an Yassir Arafat unterschrieben, den ich jahrzehntelang bekämpft habe.

– Haben Sie erwartet, fragt Clinton, daß der Vorsitzende Arafat den Weg konsequent zu Ende gehen würde?

Rabin zögert einen Augenblick, bevor er antwortet:

– Offen gesagt, nein!

– Ich auch nicht, antwortet der Chef der amerikanischen Regierung, doch mit dieser hervorragenden Entscheidung hat er der nächsten Generation palästinensischer Kinder die Chance eröffnet, ein normales Leben zu führen.

Anschließend spricht Clinton mit König Fahd.

– Majestät, sagt er zu ihm, Sie waren ein bedeutender Verbündeter der Vereinigten Staaten und eine wichtige Kraft, die auf eine friedliche Lösung des Golf-Konfliktes hingearbeitet hat. Doch hat sich die Lage seit dem Camp-David-Abkommen, bei dem die Vereinigten Staaten aufgrund der weltpolitischen Umstände und der damaligen Konfrontation zwischen den Supermächten die finanzielle Hauptlast trugen, grundlegend gewandelt.

– Bestimmen Sie die organisatorische Gestaltung, antwortet der saudische Herrscher, und sagen Sie mir, was wir tun sollen. Wir werden mitmachen. Die Sache ist zu wichtig. Sie kennen meine Vorbehalte gegenüber Arafat, doch das Abkommen ist von außerordentlicher Bedeutung.

Sein letzter Anruf gilt Hafiz al-Asad. Clinton erinnert sich an die Aussage eines Nahost-Experten: »In dieser Region gibt es keinen Krieg ohne Ägypten und keinen dauerhaften Frieden ohne Syrien.«

Das Gespräch zwischen den beiden Männern dauert 30 Minuten.

Der Syrer zeigt sich zugleich entgegenkommend und bestimmt:

– Ich glaube, daß Sie recht haben, sagt er zu Clinton. Dieses Abkommen ist ein positiver Faktor für uns alle. Ich bin bereit, sämtliche Abmachungen zwischen PLO und Israel zu unterstützen, doch das genügt nicht. Die Vereinbarungen müssen von einem Durchbruch in den israelisch-syrischen Beziehungen begleitet werden. Ich möchte wissen, ob Sie bereit sind, eine globale Friedensregelung zu unterstützen.

– Ich gebe Ihnen ein ganz entschiedenes »Ja« zur Antwort. Doch auch Sie müssen eine solche Vereinbarung unterstützen. Das wichtigste Problem, fügt Clinton hinzu, ist die Sicherheit Israels. Die Israelis, die das Abkommen ablehnen, tun dies, weil sie glauben, daß es ihre Sicherheit weiter verschlechtert. Deshalb ist es unerläßlich, daß Sie, Herr Präsident, Ihre Differenzen mit Israel beilegen. Am Montag, dem 13. September, haben Sie die Gelegenheit, ein deutliches Signal an die um ihre Sicherheit besorgten Israelis zu senden. Falls Ihr Botschafter an diesem Tag an der Zeremonie teilnimmt, ist dies eine Geste, die beweist, daß Sie es ernst meinen.

– Ich verstehe Ihre Sorgen, gibt Asad durch den Mund seines Dolmetschers zur Antwort, doch ich muß sicher sein, daß Sie der Verteidigung unserer Interessen die gleiche Aufmerksamkeit widmen. Sie müssen wissen, daß auch die Menschen hier beunruhigt sind und daß sie sich nach der Unterzeichnung des Abkommens nicht benachteiligt oder vernachlässigt fühlen möchten.

Nachdem Clinton aufgelegt hat, führt er ein langes Telefongespräch mit dem Verteidigungsminister Les Aspin: »Die Meinung der israelischen Öffentlichkeit hat für uns absoluten Vorrang. Die Menschen in Israel müssen das Gefühl haben, daß ihr Schutz und ihre Sicherheit gewährleistet sind. Andernfalls wird die Ablehnung zunehmen und schließlich eine umfassende Regelung – unter Einschluß Syriens – blockieren.

Les, fügt er hinzu, die Israelis müssen wissen, daß auch ein Friedensvertrag nicht zu einer Verminderung der amerikanischen Militärhilfe oder unseres militärischen Beistandes führen wird. Ich möchte, daß Sie die Experten des Pentagon anweisen, die Möglichkeit zu prüfen, unsere Militärhilfe an Israel zu erhöhen, um dem Land einen Teil der Kosten abzunehmen, die durch die Verlegung der Truppen entstehen, die im Gaza-Streifen und in Jericho stationiert sind.«

Am Spätnachmittag dieses Freitag, dem 10. September, überstürzen sich die Ereignisse. Dennis Ross, der für die Koordinierung der Nahost-Probleme zuständige Mitarbeiter des State Department, erhält die Antworten beider Seiten. Schimon Peres wird die israelische Delegation leiten, die zu der für Montag, den 13. September, anberaumten Zeremonie anreist. Die Antwort aus Tunis dagegen ist recht vage gehalten: Die Mitglieder der palästinensischen Delegation sind noch nicht benannt worden, doch die Amerikaner erfahren, daß sie wahrscheinlich von Abu Mazen, der Nummer zwei, angeführt werden wird.

Um 19 Uhr erhält ein Beamter des State Department, der Bereitschaftsdienst hat, eine Nachricht, die ihm nach Aussage eines seiner Mitarbeiter »auf den Nägeln brannte«. Hanan Aschrawi setzt die amerikanische Regierung davon in Kenntnis, daß Yassir Arafat persönlich nach Washington kommt.

Der Beamte unterrichtet auf der Stelle Dennis Ross, der sich nun in allergrößter Verlegenheit befindet. Er ruft Warren Christopher an, der an diesem Abend einige Journalisten zu einem kleinen Umtrunk in sein Haus in Georgetown eingeladen hat.

Der Außenminister verläßt das Empfangszimmer, um den Anruf entgegenzunehmen.

– Arafat wird am Montag auf dem Rasen des Weißen Hauses stehen, eröffnet ihm Ross.

Christopher fragt ungläubig:

– Sind Sie sicher?

– Absolut sicher. Wir haben die Information soeben erhalten.

Der Chef des amerikanischen Außenministeriums geht zurück zu seinen Gästen und erweist sich als perfekter Gastgeber, der sich keinerlei Ungeduld anmerken läßt, obwohl sich die zwanglose Zusammenkunft bis spät in den Abend hinzieht. Nachdem der letzte Journalist gegangen ist, eilt er zum Telefon und führt über eine Spezialleitung ein langes Gespräch mit dem Präsidenten Bill Clinton.

Der Präsident, den diese Nachricht völlig überrascht, erklärt:

– Rabin muß unbedingt kommen.

– Sie haben recht, Herr Präsident, doch er hat gerade eine Erklärung abgegeben, in der er mitteilt, daß er »sich nach reiflicher Überlegung entschlossen hat, nicht zu fliegen«.

– Rufen Sie ihn an, entgegnet Clinton, und wenn es Ihnen nicht gelingen sollte, ihn zu überzeugen, werde ich selbst mit ihm sprechen.

Kurz nach Mitternacht Washingtoner Ortszeit ruft Christopher im Privathaus von Rabin an. In Jerusalem ist es sechs Uhr früh. Der Ministerpräsident liegt schon wach in seinem Bett, als ihn der Anruf des Amerikaners erreicht. Tatsächlich hat die israelische Botschaft in Washington Rabin bereits über das Kommen Arafats informiert. Er antwortet dem Außenminister knapp und ironisch: »Wenn er kommt und Sie mich einladen, bleibt mir wohl nichts anderes übrig, als auch zu kommen.«

Wenig später sagt er zu einem Vertrauten: »Ich hatte keine andere Wahl!«.

Der israelische Regierungschef weiß, wie sehr er auf die Unterstützung der Amerikaner angewiesen ist. Genauso wie Arafat. Der PLO-Vorsitzende lebt in der panischen Angst, die Amerikaner könnten ihn fallenlassen. Er weiß, daß man in der amerikanischen Regierung, vor allem im Außenministerium, großen Argwohn gegen ihn hegt.

1988 hatte Washington die Verweigerung eines Visums für

Arafat damit begründet, daß ein Vertrauter Arafats für einen Anschlag auf ein TWA-Flugzeug im Jahre 1986 verantwortlich gewesen sei. Der Beschuldigte, Oberst Hawari, gehörte dem Kommando 17 und dem Geheimdienst der Fatah an. Doch die Anschuldigungen konnten nie untermauert werden. »Wir sind ein Volk, das unter Besatzung lebt«, hatte Arafat dem amerikanischen Diplomaten geantwortet, der ihm die Ablehnung mitteilte. »Gibt uns das nicht das Recht zum Widerstand? Hat der Amerikaner George Washington etwa nicht gegen die Engländer gekämpft? War er deshalb ein Terrorist?«

An diesem 11. September erklärt ein Mitglied der Fatah, das die Politik des PLO-Chefs ablehnt: »Dieses Abkommen wird entweder der größte Sieg Arafats oder sein Ende sein.«

Auch in Israel bricht – vor allem in der Presse – ein Sturm der Entrüstung los angesichts des bevorstehenden Treffens zwischen Rabin und dem Palästinenserführer. Für die Öffentlichkeit kommt dies einem regelrechten psychologischen Erdbeben gleich, das in dem Leitartikel einer israelischen Tageszeitung genau auf den Punkt gebracht wird: »30 Jahre lang verkörperte Arafat für uns den leibhaftigen Teufel. Als Rafael Eytan 1982 Generalstabschef war, nannte er die PLO-Kämpfer ›drogensüchtige Banditen‹. Ariel Scharon, der zur gleichen Zeit Verteidigungsminister war, beschrieb Arafat als ›ein bizarres Lebewesen, dessen Gesicht völlig von Haaren bedeckt ist‹. Auch wenn viele von uns der Propaganda auf den Leim gegangen sein mögen, so sind wir doch mit diesen Vorstellungen groß geworden. Man hätte der Öffentlichkeit schon ein wenig Zeit lassen müssen, um die Anerkennung der PLO zu verdauen. Doch nun überstürzen sich die Dinge, und die Regierung vermittelt den Eindruck, das Tempo nicht mehr zu kontrollieren. Das ist besorgniserregend.«

Die *Jerusalem Post* sagt voraus, daß die Unterzeichnung »ein schmutziges Schauspiel« sein wird.

Den schwersten Schlag in ganz Israel aber muß Schimon Peres einstecken. Der Außenminister hatte bereits seinen Koffer für die Reise nach Washington gepackt. Er glaubte, die Zeremonie vor dem Weißen Haus werde zur Krönung seiner politischen Laufbahn.

Eine Kurzmeldung des israelischen Rundfunks zerstört seinen Traum. Der Sprecher erklärt, der Ministerpräsident werde nun doch persönlich die israelische Delegation leiten. Peres ist am Boden zerstört. Rabin hat sich nicht einmal die Mühe gemacht, ihn zu unterrichten.

Dann tobt er vor Wut. Er beschließt, nicht mitzufliegen, und fordert seine Mitarbeiter und die von ihm eingeladenen Persönlichkeiten auf, das gleiche zu tun. Zu guter Letzt aber besinnt er sich doch eines Besseren: So erklimmt er am Sonntag, dem 12. September, kurz nach 18 Uhr, hinter Rabin die Gangway zu dem Flugzeug, das sie in die amerikanische Hauptstadt bringen soll

Den mitfliegenden Journalisten fällt sofort auf, daß zwei Personen fehlen. Sie fragen Peres:

– Wo sind Yair Hirschfeld und Ron Pundik?

Der Minister antwortet ihnen kühl:

– Die beiden hatten bei ihren Kontakten mit den Palästinensern keinen offiziellen Auftrag. Sie werden verstehen, fügt er mit erschreckendem Zynismus hinzu, daß bei einer Entbindung nicht das gesamte Personal des Krankenhauses zugegen sein muß.

Die beiden wagemutigen »Friedensboten«, ohne die die feierliche Unterzeichnung niemals stattgefunden hätte, werden fein säuberlich aus dem öffentlichen Gedächtnis gestrichen. Hirschfeld und Pundik sind nicht im geringsten darüber gekränkt. Nur ein wenig erstaunt über so viel Unverfrorenheit. »Man kennt uns nicht mehr«, sagt uns Pundik, »es ist schwierig für all diese Leute, zu sagen, daß es uns nicht gibt, aber vielleicht waren einige einfach unzufrieden, daß sie es nicht selbst bewerkstelligt haben.«

Hirschfeld und Pundik fliegen mit einer Linienmaschine nach Washington: »Wir haben frühzeitig erfahren«, erzählt uns Hirschfeld, »daß wir nicht eingeladen waren, weil es in dem offiziellen Flugzeug keinen Platz mehr für uns gab. Aber«, fügt er mit schelmischem Blick hinzu, »wir konnten dennoch an der Zeremonie teilnehmen. Wir hatten sogar sehr gute Plätze.«

Am 11. September unterbricht Bill Clinton in Houston kurz sein Jogging, um den wartenden Journalisten zu verkünden, daß Arafat und Rabin zu der Unterzeichnung kommen werden. Mit schwarzen Shorts und einer gleichfarbigen Jogging-Mütze bekleidet, läuft er mit kleinen Schritten in Begleitung von etwa zehn Personen. Er lächelt flüchtig in die Kameras, als er erklärt: »Ministerpräsident Rabin und der Vorsitzende Arafat werden am Montag zur Unterzeichnung des Friedensabkommens nach Washington kommen.«

Der amerikanische Präsident hat einige hochkarätige Experten gebeten, vertrauliche Kurzanalysen über die Folgen dieses Ereignisses für ihn anzufertigen. Zbigniew Brzezinski, der Sicherheitsberater unter Jimmy Carter, gibt eine positive Einschätzung. Der Mann mit dem kantigen Gesicht, der über einen scharfen Verstand verfügt, hält dieses »Abkommen für das Ergebnis einer Geschichtsmüdigkeit und einer allmählichen Einsicht in die Realitäten«.

»Die Araber haben eingesehen, daß sie Israel nicht vernichten und keinen Frieden erreichen konnten. Der jüdische Staat wiederum hat eingesehen, daß sein Traum von einem Großisrael ihm weder Sicherheit noch Frieden einbringen würde.«

Nach Ansicht eines anderen Experten »werden Arafat und Rabin Kräfte freisetzen, die sie kaum beherrschen können, wie es Gorbatschow 1985 in der Sowjetunion erfahren mußte«.

Bill Clinton dagegen sieht dieses Problem mit einer erstaunlichen Gelassenheit. Nach dem Jogging erklärt er gegenüber den Journalisten, die ihn umlagern: »Das Schöne an diesem Augenblick liegt darin, daß jede Partei der anderen auf eine nette Weise die Chance gibt, ein normales Leben zu führen.«

Einige Minuten später schildert er eine sehr persönliche Erinnerung: »Dieses Ereignis hat auch für die Christen Bedeutung. Israel ist auch für uns das Heilige Land. Ich werde niemals vergessen, daß ich auf meiner bislang einzigen Reise nach Israel vom Pfarrer meiner Gemeinde begleitet wurde. Nach unserer Rückkehr vertraute er mir an, daß ich seiner Meinung nach eines Tages Präsident der Vereinigten Staaten würde. Ich war damals 34 Jahre alt, und ich war der jüngste Ex-Gouverneur der USA. Ich war mir damals sicher, daß er nicht wußte, wovon er sprach.«

Am nächsten Tag leitet Clinton im Weißen Haus eine lange Lagebesprechung mit hochrangigen Beamten des CIA, des Außenministeriums und des Pentagon. Es geht darum, die Folgen des Abkommens zu bewerten.

Nach Ansicht der Beamten der Nahost-Abteilung des CIA »muß das Abkommen minuziös und zügig umgesetzt werden. Das ist die Voraussetzung für seinen Erfolg. Denn bei den Verhandlungen wurden viele wesentliche Fragen ausgeklammert. Sehr viel wird auch von den Geldern abhängen, die für Investitionen in den besetzten Gebieten bereitgestellt werden. Ohne eine kräftige Finanzspritze wird der Gaza-Streifen zu einem neuen Somalia werden.«

Die Experten des State Department analysieren kurz die Lage in den einzelnen arabischen Staaten nach Unterzeichnung des Abkommens.

Saudi-Arabien verfolgt nur ein Ziel: Jerusalem. Die große Frage lautet, wie die saudische Regierung ihre Arafat- und PLO-feindliche Haltung mit der Unterstützung der neuen Selbstverwaltungskörperschaft in Einklang bringen wird.

Ägypten hat die Funktion eines Wegbereiters gehabt, doch eine israelisch-arabische Versöhnung wird dem Land seine diplomatische Bedeutung als einziger arabischer Vermittler zwischen den beiden Lagern rauben. Schließlich macht sich Kairo

Sorgen über eine mögliche Verringerung der amerikanischen Finanzhilfe (drei Milliarden Dollar jährlich) zugunsten der neuen palästinensischen Selbstverwaltungskörperschaft.

Bagdad, das den Rückzug seiner Truppen aus Kuweit mit einer Regelung des israelisch-palästinensischen Konfliktes hatte verknüpfen wollen, wird durch das Abkommen noch stärker isoliert.

Jordanien sieht sich durch den Vertrag in seinen Grundfesten erschüttert und durch einen etwaigen Konföderationsplan mit der neuen palästinensischen Selbstverwaltungskörperschaft in seinem Bestand bedroht.

Für den syrischen Staatspräsidenten Assad hat der Kampf gegen den Zionismus immer den Schwerpunkt seines politischen Handelns gebildet. Er wird sich nun möglicherweise wachsenden Spannungen mit dem Libanon gegenübersehen, der versucht sein könnte, auf Distanz zu Damaskus zu gehen und sich Israel anzunähern.

»In Zukunft«, so folgern die Experten, »muß sich die Zusammenarbeit zwischen den arabischen Staaten auf andere Grundlagen stützen als auf den Kampf gegen Israel. Die Bürger dieser Staaten werden mit Nachdruck mehr Demokratie und grundlegende wirtschaftliche Reformen verlangen. Langfristig werden diese Diktaturen, die überwiegend von Militärs geleitet werden, zu weitreichenden Zugeständnissen gezwungen sein, wenn sie ihren Fortbestand sichern wollen.«

Diese Schlußfolgerung war vielleicht etwas voreilig und allzu optimistisch. Amr Musa, der ägyptische Außenminister, drückt sich vorsichtiger aus: »Ist der Nahe Osten bereits in eine neue Ära eingetreten? Nein, aber er wird in eine neue Ära eintreten.«

Der amerikanische Präsident, der den Ausführungen der Experten aufmerksam zuhört, interessiert sich besonders für einen Bericht über die »Unsicherheiten und Mehrdeutigkeiten des Abkommens«, das nach Ansicht eines Experten »die strittigen Punkte auf später vertagt«.

– So sagt der Text nicht genau, ob der Abzug des israelischen Militärs lediglich die Stadt Jericho oder auch die Region um die Stadt betrifft.

Er sagt auch nichts darüber, wer die Allenby-Brücke, die Israel mit Jordanien verbindet, kontrollieren soll.

Auch dürfen die 150 000 arabischen Bewohner Jerusalems zwar an den Wahlen zum Palästinenser-Rat teilnehmen, doch ist die Stadt nicht in die Autonomiezone einbezogen, deren genaue Grenzen im übrigen unbekannt sind. Schließlich gelten die Bestimmungen des Abkommens nicht für die 150 jüdischen Siedlungen mit ihren insgesamt mehr als 100 000 Bewohnern. Es gibt keine Vertragsklausel, die ihre Auf- oder Rückgabe vorsieht. Auch sucht man vergeblich nach genauen Angaben darüber, wie viele palästinensische Flüchtlinge, die während der Kriege von 1948 und 1967 geflüchtet sind, in ihre Heimat zurückkehren dürfen.

Arafat hatte von Rabin die Erlaubnis dafür gefordert, »gemeinsam mit 100 000 Flüchtlingen zurückkehren zu dürfen«. Der israelische Regierungschef hatte dies abgelehnt.

Der amerikanische Präsident unterbricht den Experten und fragt ihn ein wenig ratlos: »Was wird geschehen, wenn Aktivisten der Hamas-Regierung einen Terroranschlag in Israel verüben und sich dann in den Gaza-Streifen absetzen? Wird die künftige palästinensische Polizei eingreifen, oder wird Israel Truppen entsenden?«

Der CIA-Beamte schlägt die Hände über dem Kopf zusammen, um seine Unwissenheit einzugestehen: »Herr Präsident, niemand weiß das. Es gibt tausend Szenarios, die alle gleich plausibel sind.«

Jitzhak Rabin hatte zum selben Thema gereizt erklärt: »Wer behauptet, dieses Abkommen gefährde die Sicherheit Israels, beleidigt die Armee.«

Einige Militärfachleute in seiner Umgebung waren jedoch der Meinung, daß »das Abkommen in zahlreichen Punkten, die die Sicherheit betreffen, zu vage, viel zu vage ist«.

Bei einer Zusammenkunft hatte ein Offizier des israelischen Inlandsgeheimdienstes Schin Beth den Ministerpräsidenten gefragt: »Falls Arafat nach seinem Umzug nach Jericho eines Tages auf die Idee kommt, in das nur 40 Kilometer entfernte Jerusalem zu fahren, um dort zu beten, stellt sich die Frage, wie wir ihn daran hindern können?«

Jitzhak Rabin war überzeugt, einen Trumpf in der Hand zu haben, der ihm erlauben würde, allen möglichen Entscheidungen Arafats zuvorzukommen. Es handelte sich um einen »Maulwurf«, den der Mossad vor vier Jahren in die Umgebung des PLO-Führers eingeschleust hatte. Der Mann hieß Hasan Yassin und war die Nummer zwei der PLO-Vertretung in Tunis. Er war insbesondere für die Vorbereitung der Reisen und die Sicherheit der Mitarbeiter der PLO-Zentrale zuständig. Er konnte die streng geheimen Gespräche zwischen Abu Mazen und dessen Unterhändlern in Norwegen, Abu Ala' und Hasan Asfur, mithören, nachdem er das Büro der Nummer zwei der PLO mit hochmodernen Abhörgeräten gespickt hatte. So waren die israelischen Verhandlungsführer in kritischen Phasen bestens über die Taktik informiert, die ihre palästinensischen Gesprächspartner anwenden würden. Doch Yassin wird im November 1993 kaltgestellt.

Die feierliche Vertragsunterzeichnung, die am 13. September in Washington stattfindet, wäre beinahe noch in letzter Minute an einem Streit hinter den Kulissen gescheitert. Um 5 Uhr früh ruft Arafat im Zimmer von Ahmad Tibi an und fordert ihn mit erregter Stimme auf:

– Komm sofort zu mir. Ich kann das Abkommen nicht unterzeichnen.

Tibi begibt sich unverzüglich in die Suite des Vorsitzenden.

– Was ist los?

– Hör zu, ich habe die ganze Nacht kein Auge zugetan. Ich habe den Text des Abkommens mehrfach gelesen. Es gibt darin noch immer einen Punkt, den ich nicht akzeptieren kann. Er spricht von uns als »palästinensische Delegation«. Ich möchte dies durch das Wort »PLO« ersetzen.

Um 6.15 Uhr ruft Tibi Schimon Peres an, der im Hotel Mayflower untergebracht ist. Der Minister läßt Joel Singer zu sich kommen, der sich gerade in einem der benachbarten Zimmer rasiert.

Das Kräftemessen zwischen den beiden Delegationen dauert bis weit in den Vormittag hinein, da jede Seite auf ihrem Standpunkt beharrt.

Gegen 9.30 Uhr teilt Tibi Peres mit, daß Arafat sofort nach Tunis zurückfliege, falls das Wort »PLO« nicht eingefügt werden sollte.

– Ausgezeichnet, antwortet Peres ungerührt. Sie fliegen nach Tunis, während wir ins Weiße Haus gehen.

Um 10 Uhr werden Peres und Rabin darüber informiert, daß Arafat weder seine Limousine noch die Eskorte angefordert hat, die ihn zur Zeremonie geleiten soll. Um 10.31 Uhr teilt Peres Tibi mit: »Na schön, ich bin mit dem Ausdruck ›Delegation der PLO‹ einverstanden.« Er fügt hinzu: »Da alle Texte bereits mit Schreibmaschine geschrieben sind, werden wir die strittige Formulierung durchstreichen und ›PLO‹ handschriftlich ergänzen.«

Tibi stürzt ans Telefon und verkündet Arafat:

– Paßt Ihnen ›Delegation der PLO‹?

– Ja, aber sind Sie auch sicher, daß die Israelis vorbehaltlos damit einverstanden sind?

– Peres hat mir sein Wort gegeben.

– Dann, antwortet Arafat, schicke ich Ihnen drei Küsse. Zwei für Sie und einen für Peres.

Um 10.45 Uhr unterrichtet das State Department Singer, daß eine »neue Mißhelligkeit« aufgetaucht sei. Dennis Ross erklärt ihm: »Wir sind nicht mehr sicher, was genau vereinbart wurde. Eine mögliche Lösung bestünde darin, ›palästinensische Delegation‹ mit dem Füller durchzustreichen und handschriftlich durch ›Delegation der PLO‹ zu ersetzen.« Doch die Palästinenser weigern sich und fordern, daß die bereits getippte Seite durch eine andere Seite ersetzt wird, auf der »PLO« nicht hand-, sondern maschinenschriftlich eingetragen ist.

– Was macht das für einen Unterschied? fragt Singer.

– Sie müssen das Abkommen als erste unterzeichnen, antwortet Ross. Peres wird also den maschinengeschriebenen Ausdruck »palästinensische Delegation« durchstreichen, um ihn handschriftlich durch »PLO« zu ersetzen. Die Palästinenser befürchten nun, daß Sie später erklären könnten, dies habe für Sie keine bindende Wirkung.

Die Zeremonie soll in fünf Minuten beginnen. Singer läßt die beanstandete Seite in vierfacher Ausfertigung neu tippen. Er gelangt gerade noch rechtzeitig ins Weiße Haus und eilt vor dem Rasen vorbei, auf dem bereits alle geladenen Gäste Platz genommen haben. Ein Sicherheitsbeamter geleitet ihn in die Nähe des Raumes, in dem die beiden Delegationen warten. Es ist zwei Minuten vor 11 Uhr. Er fragt einen Mitarbeiter Clintons:

– Würden Sie Außenminister Schimon Peres bitten, zu mir zu kommen? Es ist sehr dringend.

Der Minister erscheint:

– Was gibt's denn jetzt noch?

Singer legt ihm das Problem dar.

– Ich bin mit dem Austausch der Seiten einverstanden, antwortet Peres, doch ich muß Rabin fragen.

Der Ministerpräsident gibt grünes Licht, worauf Singer auf die Tribüne eilt, wo er versucht, die Schnüre aufzumachen, mit denen die vier Dokumente, die unterzeichnet werden müssen, gebunden sind, um die neuen Seiten einzufügen. Als ihm dies nicht gelingt, befestigt er sie mit Büroklammern.

Die Zeremonie beginnt mit zehn Minuten Verspätung.

Unmittelbar nach Abschluß der Feier besteigen Rabin und Peres das Flugzeug, das sie nach Israel zurückbringen soll. Kaum ist die Maschine von dem in der Nähe von Washington gelegenen Luftwaffenstützpunkt Andrews gestartet, als von dort eine Botschaft an den Königspalast in Rabat gefunkt wird. Die israelischen Regierungsmitglieder schlagen Hassan II. vor, eine kurze Zwischenlandung in Marokko zu machen, um »ihm ihre Anerkennung und ihren Dank für all seine Bemühungen auszudrücken«.

Zwei Stunden später erreicht sie die klare und knappe Antwort: »Sie sind herzlich willkommen.«

Die mit einem David-Stern geschmückte Boeing landet auf dem Flughafen von Rabat. Rabin und Peres besteigen einen bereitstehenden Wagen, der sie zu dem am Meer gelegenen Skhirat-Palast bringt, der Residenz des Monarchen. Dieser wünscht dem israelischen Volk vor laufenden Fernsehkameras auf hebräisch ein »glückliches neues Jahr«. Rabin und Peres erläutern ihm anschließend die Einzelheiten des Abkommens und ihre daran geknüpften Erwartungen. Im Verlauf ihres Gesprächs neigt sich Rabin zum König:

– Majestät, da Sie Arafat gut kennen, könnten Sie ihn da nicht bitten, nun sehr zügig an die Arbeit zu gehen?

– Ich verspreche es Ihnen, antwortet der Monarch.

Am selben Abend führt er ein Gespräch mit Abu Mazen, der Nummer zwei der PLO, dem er erklärt:

– Ich möchte, daß Sie Arafat und allen Mitgliedern des Exekutivkomitees der PLO ausrichten, daß ich noch nie zwei Männern begegnet bin, die so zum Erfolg entschlossen sind wie Rabin und Peres.

Am 15. September führt Bill Clinton ein weiteres Telefongespräch mit Hafiz al-Asad. Die Berichte des CIA und des militärischen Geheimdienstes DIA, die auf den Schreibtisch des Präsidenten gelangt sind, deuten sämtlich darauf hin, daß Damaskus die in Syrien ansässigen palästinensischen Organisationen, die den Vertrag ablehnen, »reaktivieren« möchte. Asad befürchtet, daß der mit den Palästinensern geschlossene *deal* Israel dazu veranlassen wird, gegenüber Damaskus eine unnachgiebigere Haltung einzunehmen, zumal Syrien ein umfassendes Abkommen über die Golanhöhen forderte und eine stufenweise Lösung ablehnte, die die Verhandlungen mit der PLO zum Erfolg geführt hatte. Zudem ist Rabin der Ansicht, daß die israelische Öffentlichkeit nur schwer für ein Abkommen mit Syrien zu gewinnen sei.

»Unser Problem«, vertraut der israelische Ministerpräsident seinen Beratern an, »besteht darin, Asad deutlich zu signalisieren, daß wir ihn nicht vergessen haben, ohne jedoch sofort ein öffentliches Abkommen mit ihm zu schließen.«

In seinem Gespräch mit dem syrischen Staatschef findet Bill Clinton Worte, die an Deutlichkeit nichts zu wünschen übriglassen.

»Herr Präsident, Sie müssen den Organisationen, die das Friedensabkommen ablehnen, Zügel anlegen.«

Im Laufe der Wochen und mit nachlassender Euphorie erwies sich die Umsetzung des Abkommens als sehr viel schwieriger, als man ursprünglich angenommen hatte. Israel und die PLO hatten zwar mit ganzen Bergen von Tabus gebrochen, und es stand zu erwarten, daß jede Seite künftig am Erfolg der anderen interessiert sein würde.

Doch die PLO erfüllte die ihr obliegenden Aufgaben mit einer Langsamkeit, die manchmal ärgerlich war. Arafat hielt verbissener denn je an seiner Macht fest, und diejenigen, die im Dezember 1993 versuchten, die Leitung der PLO zu demokratisieren, mußten eine Niederlage einstecken. Arafat »blokkierte alles«, wie uns einer seiner Vertrauten erzählte. Zudem war die PLO offensichtlich sehr schlecht für den Aufbau der künftigen Verwaltung gerüstet. Sie bestand aus einem Heer von Bürokraten, die im Lauf der Jahrzehnte immer stärker den Bezug zur konkreten Lebenswirklichkeit verloren hatten und die damit beschäftigt waren, in aller Herren Länder PLO-Vertretungen zu eröffnen.

Außerdem hatten einige Palästinenserführer aus Gaza kurz nach der Unterzeichnung des Abkommens befremdliche Erklärungen gegenüber ihren Truppen abgegeben: »Dieses Abkommen ist nur ein erster Schritt, um die Juden ins Meer zu treiben. Wir haben dieses Abkommen akzeptiert, weil wir so besser imstande sind, Israel auszulöschen.«

Jitzhak Rabin wiederum hatte in einer Kabinettssitzung erklärt: »Wir haben es nicht eilig, wir werden sie ein bißchen schwitzen lassen.« Der Ministerpräsident, der eine unnachgiebige Haltung befürwortete, ahnte nicht sämtliche Gefahren, die damit verbunden waren.

Auch wenn das Ereignis nur fünf Millionen Israelis und zwei Millionen Palästinenser betraf, so war es doch ebenso bedeutsam wie der Zusammenbruch des Kommunismus. Ein Kommentator schrieb: »Es ist so, als ob Gott eine neue Welt erschaffen wollte.«

Doch die jahrzehntelangen Konfrontationen hatten psychologische Traumata hinterlassen. Uri Savir umreißt die genaue Eigenart dieser Schwierigkeiten: »Was mich im Hinblick auf die Zukunft am meisten beunruhigt, ist die Tatsache, daß die Palästinenser vor allem eine Hebung ihres Selbstwertgefühls brauchen. Wir verstehen es aber gerade nicht, die Selbstachtung anderer Menschen zu stärken. In den Verhandlungen legten wir eine Art Großzügigkeit an den Tag, die sich in praktischen Dingen äußerte: ›Sie legen Wert auf eine eigene Polizei, schön, wir gestehen Ihnen 1000 Polizisten mehr zu.‹ Sogar Rabin ist so. Doch im Schmeicheln sind wir sehr schlecht. Wir begreifen einfach nicht, daß unser Gegenüber die gleichen Bedürfnisse hat wie wir. Diese kulturelle Kluft wird die Dinge nicht erleichtern.«

20 Die Völker der Schrift

Können die israelisch-palästinensischen Verhandlungen als Modell für die Beilegung anderer Konflikte dienen? Die Norweger waren davon überzeugt – allen voran Johan Jorgen Holst, bis er völlig unverhofft einer Hirnblutung zum Opfer fiel. Er lud die Serben, Kroaten und Bosnier nach Oslo ein. Dann die Briten und Iren. Ohne großen Erfolg. Denn jeder Konflikt ist einzigartig, das Ergebnis einmaliger historischer Umstände.

Die Idee, die Punkte, über die beide Parteien Einvernehmen erzielen konnten, schriftlich niederzulegen, hat Israelis und Palästinensern nur deshalb erlaubt, den über 100 Jahre angesammelten Haß – zumindest für die Zeit der Verhandlungen – zu vergessen, weil der Ursprung beider Völker im Nahen Osten liegt, in dem seit Jahrtausenden das Gesetz der Schrift gilt. Ein Gesetz, das ursprünglich in Tontafeln geritzt, später auf Papyrus, Pergament und Papier übertragen wurde und das bekanntlich so oft übertreten wurde.

Anhang

Der Selbstverwaltungsplan

Der Entwurf für das Abkommen zur Selbstverwaltung der Palästinenser, wie er in Geheimverhandlungen zwischen Israel und der PLO erarbeitet wurde, besteht aus einer 17 Artikel umfassenden »Grundsatzerklärung der Bestimmungen für eine Übergangs-Selbstverwaltung, zwei Zusatzprotokollen über wirtschaftliche und regionale Zusammenarbeit« sowie einer Aufstellung von »vereinbarten Anmerkungen« zu der Grundsatzerklärung. Deren wichtigste Passagen haben nach einer inoffiziellen Übersetzung der Nachrichtenagentur AP folgenden Wortlaut:

Grundsatzerklärung der Bestimmungen für eine Übergangs-Selbstverwaltung

Die Regierung des Staates Israel und die palästinensische Gruppe (in der jordanisch-palästinensischen Delegation bei der Nahost-Friedenskonferenz) als Vertretung des palästinensischen Volkes stimmen darin überein, daß es an der Zeit ist, den Jahrzehnten der Konfrontation und des Konflikts ein Ende zu setzen, ihre beiderseitigen legitimen und politischen Rechte anzuerkennen und danach zu streben, in friedlicher Koexistenz und wechselseitiger Achtung und Sicherheit zu leben, um in dem vereinbarten politischen Prozeß eine gerechte, dauerhafte und umfassende Friedensregelung und eine historische Versöhnung zu erreichen. Daher stimmen die beiden Seiten in den folgenden Grundsätzen überein.

Artikel I – Ziel:

Das Ziel der israelisch-palästinensischen Verhandlungen im Rahmen des gegenwärtigen Friedensprozesses für den Nahen Osten besteht unter anderem darin, eine Palästinensische Übergangs-Selbstverwaltungskörperschaft zu bilden, einen gewählten Rat für das palästinensische Volk im Westjordanland und im Gaza-Streifen (im folgenden »Rat« genannt). Dieser soll für eine Übergangszeit, die fünf Jahre nicht überschreitet, gebildet werden und zu einer dauerhaften Regelung auf der Grundlage der Resolutionen 242 und 338 des Sicherheitsrates führen.
(. . .)

Artikel III – Wahlen:

1. Damit das palästinensische Volk im Westjordanland und im Gaza-Streifen sich selbst nach demokratischen Grundsätzen regieren kann, wird der Rat in direkten, freien und allgemeinen Wahlen bestimmt. Diese werden unter vereinbarter Aufsicht und internationaler Kontrolle stattfinden, während die palästinensische Polizei die öffentliche Ordnung gewährleistet.
2. Es wird eine Vereinbarung über den genauen Modus und die Bedingungen der Wahl getroffen (. . .) mit dem Ziel, daß die Wahlen nicht später als neun Monate nach der Inkraftsetzung dieser Grundsatzerklärung stattfinden.
3. Diese Wahlen werden für eine Übergangszeit einen bedeutenden vorbereitenden Schritt zur Verwirklichung der legitimen Rechte des palästinensischen Volkes und seiner gerechten Bedürfnisse darstellen.

Artikel IV – Zuständigkeit:

Die Zuständigkeit des Rates erstreckt sich auf Westjordanland und das Gebiet des Gaza-Streifens mit Ausnahme derjenigen Fragen, die bei den Verhandlungen über den dauerhaften Status erörtert werden. Beide Seiten betrachten das Westjordanland und den Gaza-Streifen als eine einzige territoriale Einheit, dessen Integrität während der Übergangsperiode bewahrt wird.

Artikel V – Übergangszeit:

1. Die fünfjährige Übergangszeit beginnt mit dem Rückzug aus dem Gaza-Streifen und dem Gebiet von Jericho.
2. Verhandlungen zwischen der Regierung Israels und den Vertretern des palästinensischen Volkes über den dauerhaften Status werden so bald wie möglich beginnen, aber nicht später als mit Beginn des dritten Jahres der Übergangszeit.
3. Es ist vereinbart, daß sich diese Verhandlungen auf offene Fragen erstrecken wie: Jerusalem, Flüchtlinge, Siedlungen, Sicherheitsvorkehrungen, Grenzen, Beziehungen und Zusammenarbeit mit anderen Nachbarn sowie weitere Fragen von gemeinsamem Interesse.
4. Die beiden Parteien stimmen darin überein, daß das Ergebnis der Verhandlungen über den dauerhaften Status nicht von Vereinbarungen präjudiziert wird, die für die Übergangszeit getroffen wurden.

Artikel VI – Übergabe der Macht:

1. Mit Inkrafttreten dieser Grundsatzerklärung und dem Rückzug vom Gazastreifen und dem Gebiet um Jericho wird eine Übergabe der Autorität von der israelischen Militärregierung und ihrer Zivilverwaltung auf die mit dieser Aufgabe betrauten Palästinenser beginnen. Diese Übergabe der Macht wird bis zur Einsetzung des Rates vorläufig sein.
2. Sofort nach dem Inkrafttreten dieser Grundsatzerklärung und dem Rückzug vom Gazastreifen und dem Gebiet um Jericho wird die Zuständigkeit in den folgenden Bereichen (...) auf die Palästinenser übertragen: Bildung und Kultur, Gesundheitswesen, Sozialwesen, direkte Besteuerung und Fremdenverkehr. Die palästinensische Seite wird damit beginnen, wie vereinbart eine palästinensische Polizei aufzubauen. Bis zur Einsetzung des Rates können beide Seiten über die Übertragung weiterer Befugnisse verhandeln.

Artikel VII – Übergangsabkommen:

1. Die Delegationen der Israelis und Palästinenser werden in Verhandlungen ein Abkommen über die Übergangszeit schließen. (...)
5. Nach der Einsetzung des Rates wird die Zivilverwaltung aufgelöst und die israelische Militärregierung abgezogen. (...)

Artikel XIII – Streitkräfte:

1. Nach der Inkraftsetzung dieser Grundsatzerklärung und nicht später als am Vorabend der Wahlen für den Rat wird eine Verlegung der israelischen Streitkräfte im Westjordanland und im Gazastreifen erfolgen. (. . .)
2. Bei der Verlegung der Streitkräfte wird sich Israel von dem Grundsatz leiten lassen, daß seine Streitkräfte außerhalb von bevölkerten Gebieten stationiert werden sollen. (. . .)

Artikel XIV – Rückzug:

Israel wird sich vom Gazastreifen und dem Gebiet um Jericho zurückziehen, wie es das Zusatzprotokoll II im einzelnen regelt.

Artikel XV – Streitfragen:

Streitfragen, die bei der Umsetzung oder Auslegung dieser Grundsatzerklärung entstehen (. . .), sollen durch Verhandlungen im Gemeinsamen Verbindungskomitee geklärt werden.
(. . .)

Artikel XVII

Diese Grundsatzerklärung tritt einen Monat nach ihrer Unterzeichnung in Kraft.

(Text nach: Fischer Weltalmanach 1994, S. 163–166)

Kommentiertes Personenregister